奔驰汽车
故障维修要点难点
解析

郭建英　等编著

U0314243

化学工业出版社

·北京·

内 容 简 介

《奔驰汽车故障维修要点难点解析》针对奔驰汽车，详细介绍和解读其相关技术和故障维修的要点、难点。

全书内容系统全面、新颖实用，涵盖奔驰汽车的基本技术，以及奔驰发动机、底盘、自动变速器、电气系统、信息娱乐系统的故障维修，按照各系统部件的构造原理、主要特点、易出故障的部位，并结合一线车间的常见故障诊断与维修案例，循序渐进地进行介绍。本书还提供了奔驰汽车的全新技术通报和相关案例分析。

本书适合大修厂、汽修店的中高级汽车维修技术工人阅读，也可供职业技术院校汽车维修相关专业的师生和汽车企业培训机构参考。

图书在版编目（CIP）数据

奔驰汽车故障维修要点难点解析：配视频/郭建英等编著 . —北京：化学工业出版社，2022.8

ISBN 978-7-122-41277-5

Ⅰ.①奔…　Ⅱ.①郭…　Ⅲ.①汽车-车辆修理　Ⅳ.①U472.4

中国版本图书馆 CIP 数据核字（2022）第 067962 号

责任编辑：黄　滢　　　　　　　　　　　　装帧设计：王晓宇
责任校对：宋　玮

出版发行：化学工业出版社（北京市东城区青年湖南街 13 号　邮政编码 100011）
印　　装：三河市延风印装有限公司
787mm×1092mm　1/16　印张 18　字数 462 千字　　2023 年 1 月北京第 1 版第 1 次印刷

购书咨询：010-64518888　　　　　　　　　售后服务：010-64518899
网　　址：http://www.cip.com.cn
凡购买本书，如有缺损质量问题，本社销售中心负责调换。

定　　价：128.00 元

前　言

随着我国汽车产业的迅猛发展，私家车的普及率和持有量也在持续增加。如今，汽车已经日益成为人们日常生活不可缺少的代步工具。

奔驰，作为深受我国百姓喜爱的汽车品牌之一，在国内的保有量较大。尤其是一些热门车型，如 C 级、 E 级、 GLA 级、 GLC 级等，已经逐渐进入一般消费者家庭。

奔驰汽车拥有多项先进技术，无论是在发动机还是在变速器等多个领域，都在不断进行技术更新，引领汽车时代新潮流。随之而来的，是其构造原理也越来越复杂，汽车产生故障的原因、种类和表现形式也越来越多样化，这就给维修工作带来了诸多困难，汽车维修人员遇到的技术难题也越来越多。因此，不断学习和掌握相关技术，尤其是熟悉各系统部件故障维修的要点难点，无疑是新一代汽车维修技术人员不可或缺的重要技能。鉴于此，化学工业出版社组织编写了这本《奔驰汽车故障维修要点难点解析》。

本书系统介绍了奔驰汽车的相关技术和其故障维修的要点、难点。内容涵盖奔驰汽车的基本技术，以及奔驰发动机、底盘、自动变速器、电气系统、信息娱乐系统的故障维修，按照各系统部件的构造原理、主要特点、易出故障的部位，并结合一线车间的常见故障诊断与维修案例，循序渐进地进行介绍。本书还提供了奔驰汽车的全新技术通报和相关案例分析。

此外，为便于读者理解和掌握，对于较复杂难懂的知识点，本书还提供了高清操作视频讲解。读者可在阅读本书的过程中，用手机或者其他电子设备扫一扫书中相应章节的二维码，即可观看配套的操作视频。将丰富的高清视频资源与图文内容对照学习，更加直观易懂，学习过程事半功倍。

本书由郭建英、顾惠烽、潘婷婷、徐建编写而成。

限于笔者水平，书中疏漏之处在所难免，恳请广大读者批评指正。

编著者

目录

第一章
基本技能

第一节 奔驰 XENTRY 的介绍和
使用 ·················· 001
第二节 奔驰 WIS 查询系统的
使用 ·················· 012
第三节 尾气处理 ·············· 019

第四节 电子手刹更换后刹车片 ··· 020
第五节 奔驰保养归零 ··········· 020
第六节 检查及调整凸轮轴的基本
位置 ·················· 025
第七节 更换正时链流程 ········· 030

第二章
发动机故障维修

第一节 奔驰发动机简介 ········· 034
第二节 奔驰 M260 发动机 ········ 036
第三节 奔驰 M264 发动机 ········ 048
第四节 奔驰 M271 发动机 ········ 060
第五节 奔驰 M256 发动机 ········ 077

第六节 奔驰 M282 发动机 ········ 092
第七节 奔驰 M176 发动机 ········ 102
第八节 发动机电控 ············· 119
第九节 发动机故障案例分析 ····· 123

第三章
自动变速箱

第一节 9速变速箱 ·············· 129   第二节 无级变速器 ·············· 143

目录

第三节　自动变速箱维修要点和难点 …………… 162

第四节　自动变速箱故障诊断 …… 176

第四章　电气系统故障维修

第一节　整车网络 ………… 181

第二节　车辆照明 ………… 189

第三节　安全系统 ………… 193

第四节　空调控制系统 ……… 195

第五节　音频和通信系统 …… 204

第六节　防盗系统 ………… 207

第七节　无钥匙启动系统 ……… 210

第八节　雨刮系统 ………… 214

第九节　电动座椅 ………… 215

第十节　供电系统 ………… 221

第十一节　中控锁系统 ……… 227

第十二节　电气系统故障诊断 …… 231

第五章　驾驶辅助系统

第一节　系统概述 ………… 237

第二节　注意力辅助系统 ……… 237

第三节　带电子限速功能的定速巡航控制系统 ………… 238

第四节　碰撞预防辅助系统增强版 ………… 239

第五节　限距控制系统增强版 …… 240

第六节　带转向辅助系统和停走向导的限距控制系统增强版 …… 241

第七节　带交叉口辅助的制动辅助系统增强版 ………… 241

第八节　主动式车道保持辅助系统 ………… 242

第九节　主动式盲点辅助系统 …… 243

第十节　主动式驻车辅助系统 …… 243

第十一节　倒车摄像头 ……… 244

第十二节　360°摄像头 ……… 245

目录

第十三节　预防性安全系统制动　　　　第十四节　车尾预防性安全系统 … 246
　　　　　　功能 …………………… 246

第六章
底盘系统

第一节　车轴和悬挂系统 ………… 248　第四节　制动系统 ……………… 253
第二节　铝制后轴齿轮箱 ………… 251　第五节　底盘系统故障诊断 ……… 253
第三节　转向系统 ………………… 252

第七章
新技术通报及典型案例

第一节　新技术通报 …………… 258　第二节　典型技术案例 …………… 271

第一章

基本技能

第一节 奔驰 XENTRY 的介绍和使用

一、诊断仪界面、相关功能及诊断

XENTRY 的相关功能如图 1-1-1～图 1-1-18 所示。

图 1-1-1 XENTRY 图标

图 1-1-2 诊断盒

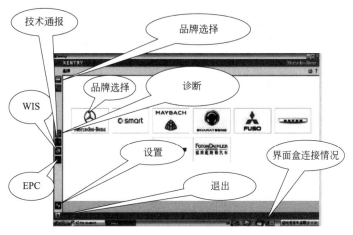

图 1-1-3 XENTRY 首页

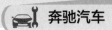

奔驰汽车

故障维修要点难点解析（配视频）

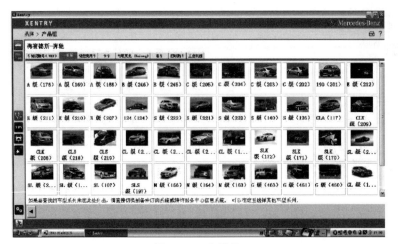

图 1-1-4　产品组

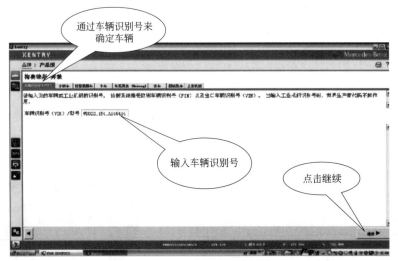

图 1-1-5　通过车辆识别号来确定车辆

图 1-1-6　识别完成

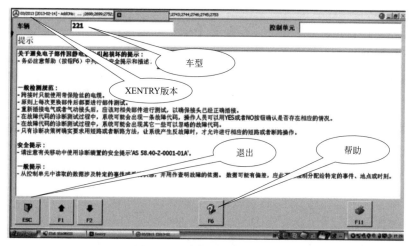

图 1-1-7　诊断过程提示信息

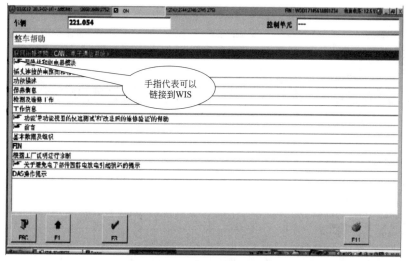

图 1-1-8　帮忙界面

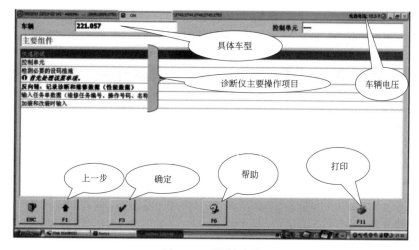

图 1-1-9　诊断过程

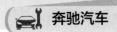
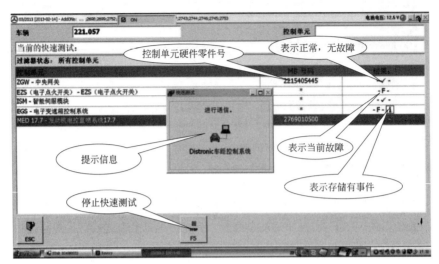

图 1-1-10　快速测试诊断过程

图 1-1-11　快速测试完成界面

图 1-1-12　症状视图

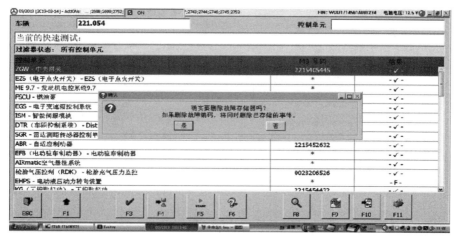

图 1-1-13 删除故障码界面

图 1-1-14 快速测试完成界面

图 1-1-15 引导性查询方法

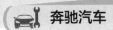

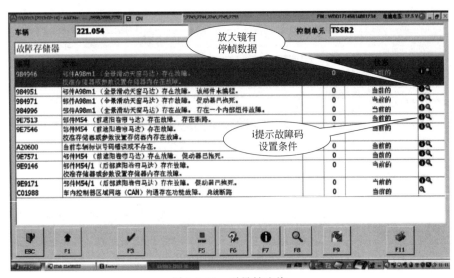

图 1-1-16　引导性查询

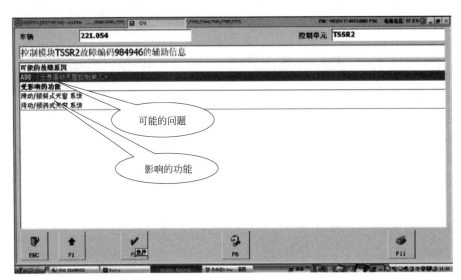

图 1-1-17　引导性功能界面

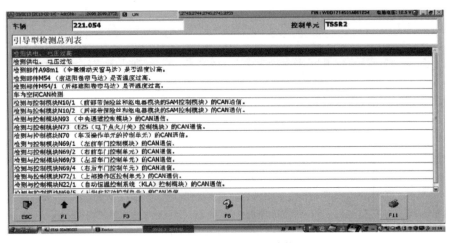

图 1-1-18　所有的引导功能

二、示范操作

诊断操作如图 1-1-19～图 1-1-34 所示。

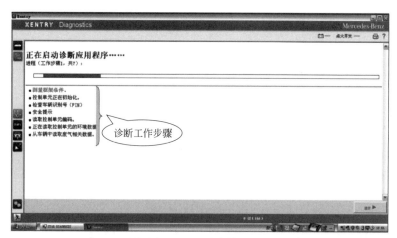

图 1-1-19 诊断过程

图 1-1-20 快速测试初始界面

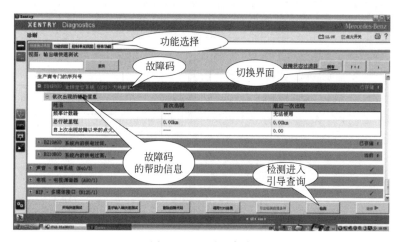

图 1-1-21 测量完成

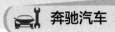
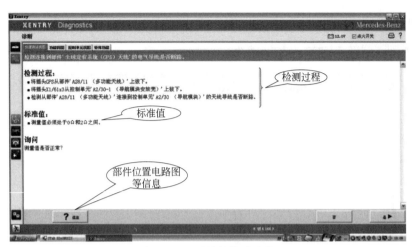

图 1-1-22　引导性故障查询

图 1-1-23　信息界面

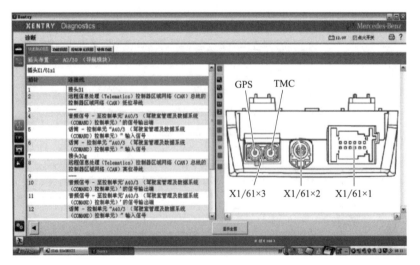

图 1-1-24　插头位置

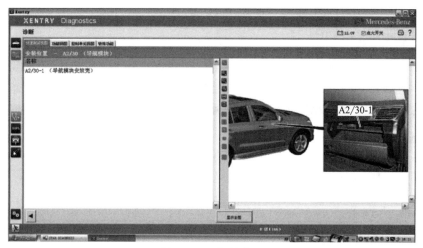

图 1-1-25　安装位置

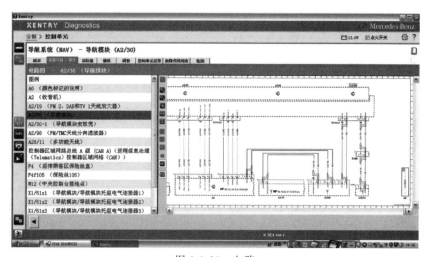

图 1-1-26　电路

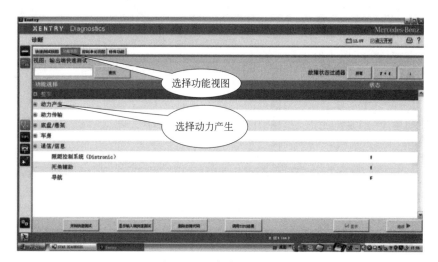

图 1-1-27　专家模式应用

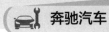

图 1-1-28　专家模式

图 1-1-29　安全提示

图 1-1-30　功能原理

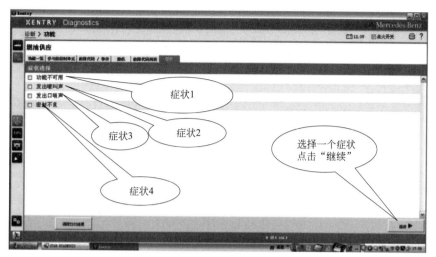

图 1-1-31　选择症状

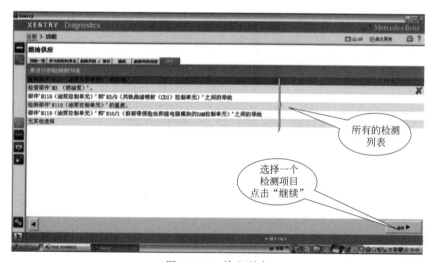

图 1-1-32　检查列表

图 1-1-33　专家模式过程

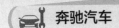

图 1-1-34　读数据流的方法

第二节　奔驰 WIS 查询系统的使用

WIS 的界面如图 1-2-1 所示。相关功能操作如图 1-2-2～图 1-2-15 所示。

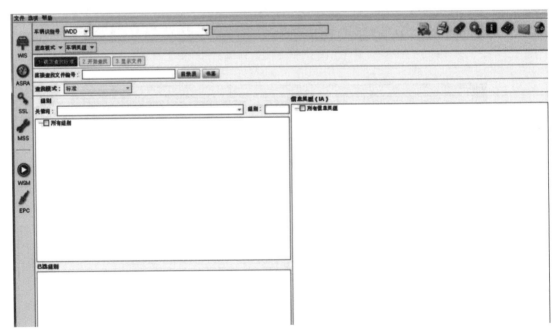

图 1-2-1　WIS 的界面

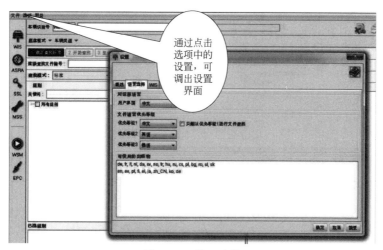

图 1-2-2　设置功能

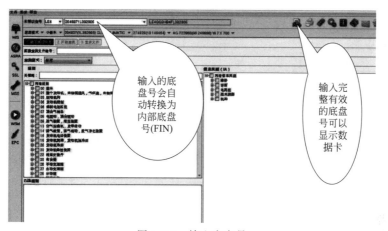

图 1-2-3　输入底盘号

图 1-2-4　调用数据卡

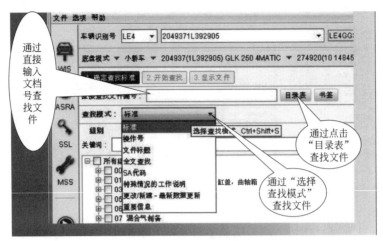

图 1-2-5 查找文件

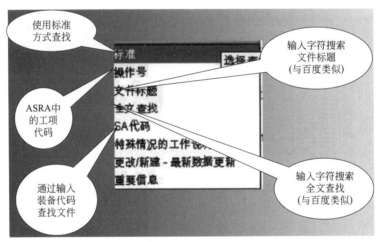

图 1-2-6 查找模式

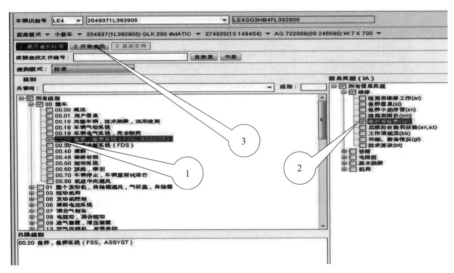

图 1-2-7 查找保养单步骤

图 1-2-8 显示保养单

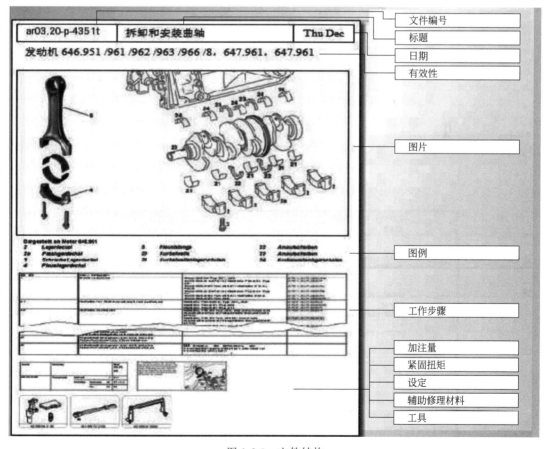

图 1-2-9 文件结构

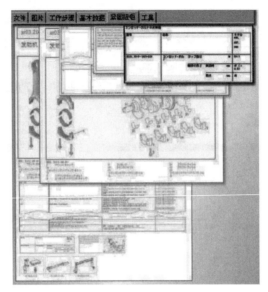

图 1-2-10　文件标签

图 1-2-11　文件颜色的含义

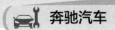

图 1-2-12　链接

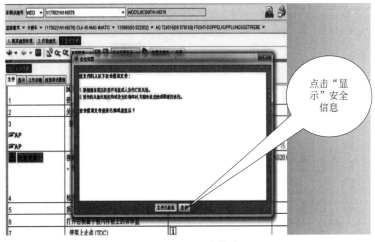

图 1-2-13　安全信息

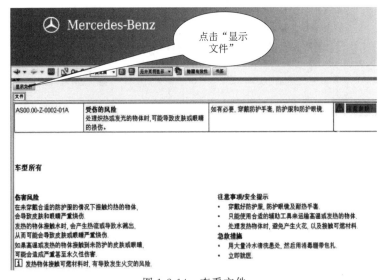

图 1-2-14　查看文件

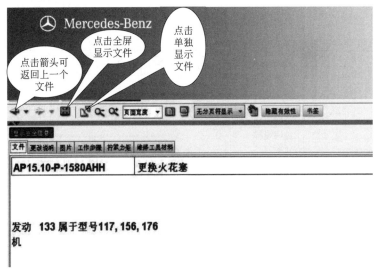

图 1-2-15　功能键介绍

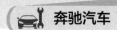
由于文件过长，为了快速地找到相关信息，可通过点击文件标签选择需要的信息。

除了以上所述的电路图，还有另外一种结构图：Electrical function schematic for ＊＊＊。在此，以"Electrical function schematic for convenience feature"为例，如图 1-2-16 所示。

结构图比电路图采用了更简洁的方式进行功能的描述，若想知道部件的具体细节，可以通过提供的链接，跳转至详细的电路图。

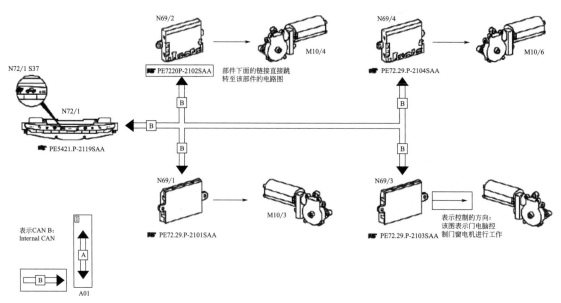

图 1-2-16　识别结构

电路图：解释每一个符号的含义（以门电脑为例）。如图 1-2-17 所示。

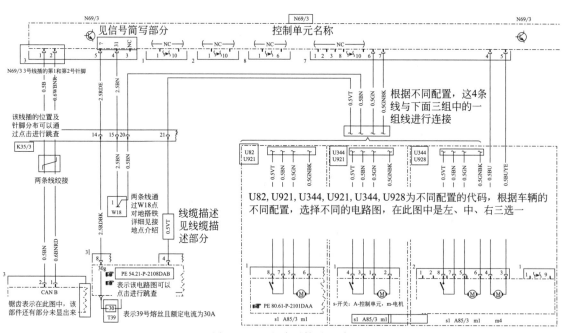

图 1-2-17　电路图符号识读

第三节 尾气处理

一、选择性催化还原

选择"选择性催化还原",选择"调校",选择"取消剩余里程限制",点击"继续"(图 1-3-1)。

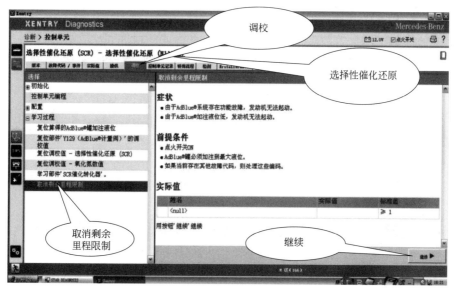

图 1-3-1 选择性催化还原

二、仪表盘

选择"仪表盘",选择"操纵",选择"重新初始化",点击"继续"(图 1-3-2)。

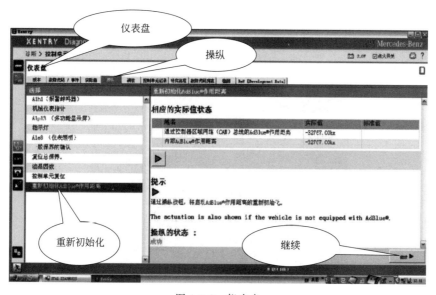

图 1-3-2 仪表盘

电子手刹更换后刹车片

进入"电子驻车制动器（EFB）"，选择"操纵"，选择"安装位置"，点击"开始"，点击"继续"（图 1-4-1）。

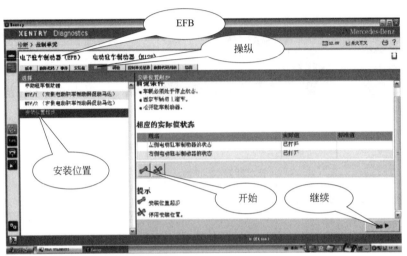

图 1-4-1　打开电动驻车制动器

奔驰保养归零

一、奔驰 C、E、GLK 等车型（W204/W211）保养灯归零

按以下步骤操作。

① 奔驰 C、E、GLK、CLS 等车型可以通过方向盘左侧按键的操作，调出仪表信息中心菜单（图 1-5-1）。

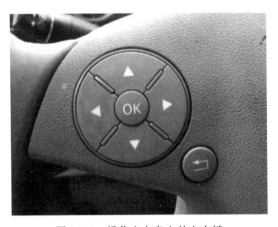

图 1-5-1　操作方向盘上的左右键

② 通过方向盘上的左右键调至保养菜单（图 1-5-2）。

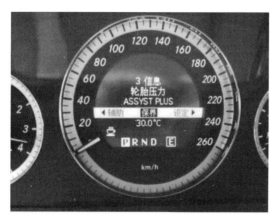

图 1-5-2 保养菜单

③ 通过方向盘上的上下键调整至"ASSYST PLUS"，然后按"OK"键（图 1-5-3）。

图 1-5-3 调整至"ASSYST PLUS"

④ 仪表盘会显示当前距离下一次保养剩余的里程（km）（图 1-5-4）。

图 1-5-4 仪表盘会显示当前距离下一次保养剩余的里程（km）

二、奔驰 W129 保养灯归零

① 点火开关开到第一段。
② 按下归零键并固定。

③ 点火开关开到第二段。

④ 10s 后听到一声信号响声并显示 7500mile（12000km）

⑤ 释放归零键即可。

三、奔驰 W210 保养灯归零

在定期保养里程数到时，奔驰新 C 系列（202）及 E 系列（210）仪表板上会出现一个"扳手"的符号，可依以下程序进行归零。

① 将点火开关钥匙置于 ON，然后按仪表左侧边上的键 2 次，再将点火开关钥匙置于 OFF。

② 按键不要放，将点火开关钥匙置于 ON，等待一会儿听到"哔"声后放开按键即可。

四、2011～2014 年奔驰车系保养灯归零

2014 年后：C-CLASS（W205）、CLA-CLASS（W117）、GLA-CLASS（X156）。

2013 年后：GL-CLASS（X166）、A-CLASS（W176）。

2012 年后：ML-CLASS（W166）、SL-CLASS（R231）、B-CLASS（W246）。

2011 年后：SLK-CLASS（R172）、CLS-CLASS（C218）。

① 关闭发动机罩。

② 关闭车门、后备厢盖或掀开式尾门。

③ 将电子点火开关控制单元中的遥控钥匙转到位置"1"。多功能显示屏中必须显示标准显示（总里程）；如有必要，反复按下前/后滚动按钮。

④ 反复按下系统选择按钮，直至"里程"（Trip）菜单项在多功能显示屏中高亮显示。"里程"（Trip）保持选择状态约 5s。必须在此时间内执行操作步骤⑤。

⑤ 首先按住接听和挂断电话按钮，然后在 1s 内按住"OK"按钮约 5s。多功能显示屏上显示带"车辆数据"（Vehicle data）、"测功测试"（Dynamometer test）、"更换制动器摩擦片"（Change brake lining）（仅限车型 166、172、176、231、246）和"主动保养提示系统增强版"（ASSYST PLUS）选项卡的授权服务中心菜单。

⑥ 反复按下前/后滚动按钮，直至"主动保养提示系统增强版"（ASSYST PLUS）高亮显示，然后按下"OK"按钮确认选择。多功能显示屏中出现"保养数据"（Service data）和"整套保养"（Full service）选项卡。

⑦ 选择"保养数据"（Service data）选项卡并按下"OK"按钮确认。在验收报告中，记录多功能显示屏上显示的授权服务中心代码（例如 505）和保养代码（例如 A）。在维修间资料系统（WIS）/保养维修系统（MSS）中创建车辆专用保养单时需要这些代码。

⑧ 反复按下向前滚动按钮，然后读取剩余时间、剩余里程和机油数据记录。将读取数据记录到验收协议中。

⑨ 按下前/后滚动按钮，以高亮显示"整套保养"（Full service），然后按下"OK"按钮确认选择。当前保养项目显示在多功能显示屏中。

⑩ 反复按下前/后滚动按钮，直至"确认保养"（Confirm service）在多功能显示屏中高亮显示，然后按下"OK"按钮确认选择。选择机油或"已执行保养？"（Service carried out?）出现在多功能显示屏中。

⑪ 用前/后滚动按钮的向前滚动按钮选择所使用的发动机油规格，然后按下"OK"按钮确认选择。对于装配机油选择系统的车辆，为达到最大里程间隔，必须确认汽油发动机和

柴油发动机使用符合工作液规格的发动机油。

⑫ 反复按下前/后滚动按钮直至"是"（Yes）高亮显示，然后按下"OK"按钮确认选择。多功能显示屏中显示"操作不可逆"（Reversal not possible）。

⑬ 重复按下前/后滚动按钮直至"确认"（Confirmation）高亮显示，然后按下"OK"按钮确认选择。多功能显示屏中显示"已完成整套保养"（Full service completed）。如果复位保养计算机后未执行或仅部分执行保养工作，必须再次将保养计算机复位到默认值。将保养显示复位到之前的保养状态。

⑭ 反复按下"返回"和声控系统关闭按钮，直至多功能显示屏中显示标准显示（总里程）。

⑮ 将电子点火开关控制单元中的遥控钥匙转到位置"0"。

五、2009~2015 年奔驰 GLK-Class(X204)保养灯归零

① 关闭后备厢盖或举升门以及发动机罩和车门。

② 将点火开关中的钥匙转到位置"1"。仪表多功能显示屏（A1p13）中必须显示标准显示（总里程），如有必要，则反复按下向前滚动按钮（S110s1）进行调节。

③ 反复按下系统选择按钮（S110s3），直至菜单项"里程"（Trip）高亮存储在多功能显示屏（A1p13）中。"里程"（Trip）保持选择状态约 5s。必须在这一时间内执行操作步骤④。

④ 首先按下并按住接听电话按钮（S111s3），然后在 1s 内按下并按住"OK"按钮（S110s6）。将两个按钮（S111s3，S110s6）同时按住约 5s，直至多功能显示屏（A1p13）上显示带"车辆数据"（Vehicle data）、"测功机测试"（Dynamometer test）和"主动保养提示系统增强版"（ASSYST PLUS）的授权服务中心菜单。

⑤ 反复按下向前滚动按钮（S110s1）直至"主动保养提示系统增强版"（ASSYST PLUS）高亮显示，然后使用"OK"按钮（S110s6）确认选择。

多功能显示屏（A1p13）中出现索引"保养数据"（Service data）和"整套保养"（Full service）。

⑥ 按下向前滚动按钮（S110s1）以高亮显示"整套保养"（Full service），然后用"OK"按钮（S110s6）确认选择。多功能显示屏（A1p13）中显示当前保养项目。

⑦ 反复按下向前滚动按钮（S110s1）直至"确认保养"（Confirm service）高亮显示，然后使用"OK"按钮（S110s6）确认选择。选择机油或"已执行保养?"（Service carried out）出现在多功能显示屏（A1p13）中。

⑧ 用向前滚动按钮（S110s1）选择使用的发动机油规格，然后使用"OK"按钮（S110s6）确认选择。注意：需在仪表盘中进行机油选择。为达到每年 10000km 的最大距离间隔，必须确认使用符合工作液表中规格的发动机油。

⑨ 按下向前滚动按钮（S110s1）直至"是"（Yes）高亮显示，然后使用"OK"按钮（S110s6）确认选择。多功能显示屏（A1p13）中显示"不可撤消"。

⑩ 按下向前滚动按钮（S110s1）直至"确认"（Confirmation）高亮显示，然后使用"OK"按钮（S110s6）确认选择。多功能显示屏中出现"已执行整套保养"。

⑪ 反复按下"OK"按钮（S110s6）和"后退"（Back）按钮（S110s4），直至多功能显示屏（A1p13）中显示标准显示内容（总里程）。

⑫ 将点火开关中的钥匙转到位置"0"。

⑬ 保养复位操作结束。

六、2007~2014 年北京奔驰 C-Class（w204）保养灯归零

① 关闭后备厢盖或举升门以及发动机罩和车门。

② 将点火开关中的钥匙转到位置"1"。多功能显示屏（A1p13）中必须显示标准显示（总里程），如有必要，则反复按下向前滚动按钮（S110s1）。

③ 反复按下系统选择按钮（S110s3），直至菜单项"里程"（Trip）高亮存储在多功能显示屏（A1p13）中。"里程"（Trip）保持选择状态约 5s，必须在这一时间内执行操作步骤④。

④ 首先按下并按住接听电话按钮（S111s3），然后在 1s 内按下并按住"OK"按钮（S110s6）。将两个按钮（S111s3，S110s6）按住约 5s，多功能显示屏（A1p13）上显示带标签"车辆数据"（Vehicle data）、"测功机测试"（Dynamometer test）和"主动保养提示系统增强版"（ASSYST PLUS）的授权服务中心菜单。

⑤ 反复按下向前滚动按钮（S110s1）直至"主动保养提示系统增强版"（ASSYST PLUS）高亮显示，然后使用"OK"按钮（S110s6）确认选择。多功能显示屏（A1p13）中出现索引"保养数据"（Service data）和"整套保养"（Full service）。

⑥ 按下向前滚动按钮（S110s1）以高亮显示"整套保养"（Full service），然后用"OK"按钮（S110s6）确认选择。多功能显示屏（A1p13）中显示当前保养项目。

⑦ 反复按下向前滚动按钮（S110s1）直至"确认保养"（Confirm service）高亮显示，然后使用"OK"按钮（S110s6）确认选择。选择机油或"已执行保养？"（Service carried out?）出现在多功能显示屏（A1p13）中。

⑧ 用向前滚动按钮（S110s1）选择使用的发动机油规格，然后使用"OK"按钮（S110s6）确认选择。

⑨ 按下向前滚动按钮（S110s1）直至"是"（Yes）高亮显示，然后使用"OK"按钮（S110s6）确认选择。多功能显示屏（（A1p13）中显示"不可撤销"（No take-back possible）。

⑩ 按下向前滚动按钮（S110s1）直至"确认"（Confirmation）高亮显示，然后使用"OK"按钮（S110s6）确认选择。多功能显示屏（A1p13）中出现"已执行整套保养"（Full service carried out）。

⑪ 反复按下"OK"按钮（S110s6）和"后退"（Back）按钮（S110s4），直至多功能显示屏（A1p13）中显示标准显示内容（总里程）。

⑫ 将点火开关中的钥匙转到位置"0"。

七、奔驰 W140 保养灯归零

① 打开点火开关。

② 1s 内按仪表左键两次，第二次保持按住不放。

③ 关闭点火开关，保持按住左键。

④ 打开点火开关，等 15s 左右（保持按住）。

⑤ 归零完成。

八、奔驰 W220 保养灯归零

① 打开点火开关。

② 用方向盘上的主菜单键（在方向盘上左侧，左侧有 4 盖个按键：两个主菜单循环按键，两个分菜单的循环选择按键）选择到里程数菜单。

③ 用分菜单按钮切换至保养提示（小扳手）出现为止。

④ 按住仪表右侧"R"键不放。

⑤ 等仪表显示："DO YOU WANT TO RESET SERVICE INTERVAL? CONFIRM BY PRESSING R BUTTON"（你想要复位保养间隔时间吗？确认请按 R 键）的字样，松开 R 键。

⑥ 再按 R 键，归零完成。

九、奔驰 C 级（203 底盘）保养灯归零

① 将点火开关转至第 2 挡位置。

② 重复按下归零按钮 A，直至行驶里程数出现在转速表的液晶显示器上为止。

③ 重复按下多功能方向盘上的按钮 C，直至里程表上出现一个扳手归零符号和到下一次的维护距离符号为止。

④ 按下多功能方向盘上的按钮 A 约 3s，直至里程表显示器上显示"DO YOU WANT TO RESET THE SERVICE INTERNAL? CONFIRM BY PRESSING THE R BUTTON"（你想要复位保养间隔时间吗？确认请按 R 键）为止。

⑤ 在 5s 内按下按钮 A，直至新的维护间隔出现在里程表显示器上为止。

⑥ 放松按钮 A，关闭点火开关。

第六节　检查及调整凸轮轴的基本位置

一、检查 M270 发动机凸轮轴的基本位置

通过在气缸盖罩 3 上的霍尔传感器开口进行目视检查凸轮轴的基本位置（图 1-6-1）。若

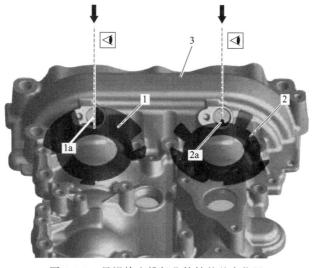

图 1-6-1　目视检查排气凸轮轴的基本位置

1，2—扇形盘；1a—边缘；2a—轴承狭槽；3—气缸盖罩

扫一扫

视频精讲

要对排气凸轮轴进行调节，在霍尔传感器开口的中央必须可以看到扇形盘 1 扇形段的边缘 1a。扇形盘 2 的轴承狭槽 2a 必须位于霍尔传感器开口的中央（图 1-6-2）。

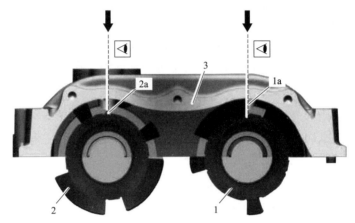

图 1-6-2 目视检查进气凸轮轴的基本位置

1,2—扇形盘；1a—边缘；2a—轴承狭槽；3—气缸盖罩

如果基本设定不正确：设定凸轮轴的基本位置；按照与拆卸的相反顺序进行安装。

二、调节 M270 发动机凸轮轴的基本位置

1. 专用工具

套筒扳手头（001 589 65 09 00）如图 1-6-3 所示。

固定装置（270 589 01 61 00）如图 1-6-4 所示。

套筒（270 589 01 07 00）如图 1-6-5 所示。

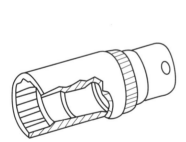

图 1-6-3 套筒扳手头

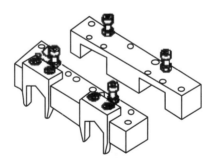

图 1-6-4 固定装置

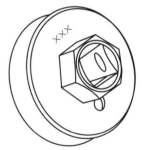

图 1-6-5 套筒

如图 1-6-6 所示为未装配可变气门升程系统的发动机。

凸轮轴基本位置示意图如图 1-6-7 所示。

如图 1-6-8 所示为可变气门升程系统凸轮轴。

2. 拆卸

① 拆下气缸盖罩（图 1-6-9）。

以下操作可参见图 1-6-6。

② 拆下凸轮轴调节器 3a 和 3e。

③ 通过曲轴中央螺栓沿发动机转动方向转动发动机，直到达到 1 号气缸的点火上止点（TDC）。

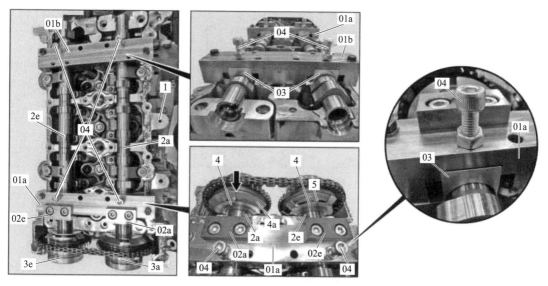

图 1-6-6 未装配可变气门升程系统的发动机

01a,01b—压紧工具；04—螺栓；3e—凸轮轴调节器（进气）；1—气缸盖；4—扇形盘；02a,02e—支架；
2a—排气凸轮轴；4a—扇形段；2e—进气凸轮轴；5—轴承狭槽；03—轴承座；3a—凸轮轴调节器（排气）

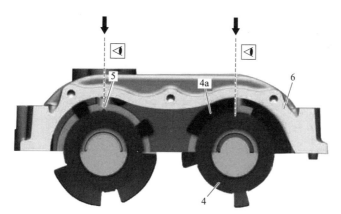

图 1-6-7 凸轮轴基本位置示意

4—排气凸轮轴处的扇形盘；4a—扇形段；5—进气凸轮轴上的尖端；6—气缸盖罩

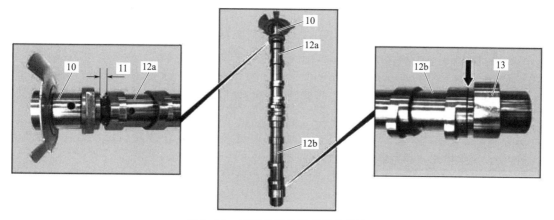

图 1-6-8 可变气门升程系统凸轮轴

10—托架轴；11—间隙；12a—前部凸轮部分；12b—后部凸轮部分；13—高压泵传动凸轮

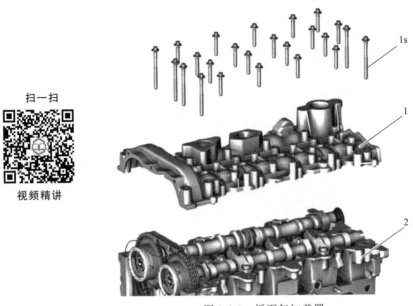

扫一扫

视频精讲

图 1-6-9　拆下气缸盖罩

1—气缸盖罩；1s—螺栓；2—气缸盖

注意：以下操作中要确保曲轴未被转动。

带轮/减振器上的上止点（TDC）标记必须与正时箱盖罩上的定位缘对齐。

④ 将排气凸轮轴 2a 和进气凸轮轴 2e 转动到基本位置。

如果排气凸轮轴 2a 上扇形盘 4 扇形段 4a 的边缘（图 1-6-6 中箭头所示）和进气凸轮轴 2e 上的轴承狭槽 5 垂直朝上，则表明排气凸轮轴 2a 和进气凸轮轴 2e 处于基本位置。

⑤ 安装压紧工具 01a 和 01b。

注意：

a. 未装配可变气门升程系统（CAMTRONIC）/代码（A14）的车辆，使用直径为 26mm 的插入件；

b. 装配可变气门升程系统（CAMTRONIC）/代码（A14）的车辆，使用直径为 29mm 的嵌件。

c. 拧入螺钉/螺栓 04，直至轴承座 03 平放在气缸盖上。

⑥ 安装支架 02a 和 02e。

注意：

a. 装配支架 02a 和 02b 前。排气凸轮轴 2a 和进气凸轮轴 2e 必须处于上止点（TDC）。以便将支架放置就位。并无压力地安装；

b. 不宜用支架 02a 和 02e 将排气凸轮轴 2a 或进气凸轮轴 2e 固定就位，这会导致支架 02a 和 02b 发生损坏，还可能导致正时不正确；

c. 只能使用套筒或将螺钉/螺栓（N000000005561）与盘（A6049900040）配套使用转动排气凸轮轴 2a 和进气凸轮轴 2e，否则会损坏排气凸轮轴 2a 和进气凸轮轴 2e；

d. 为将支架 02a 和 02e 安装到压紧工具 01a 上，要使用套筒或将螺钉/螺栓（N000000005561）与盘（A6049900040）配套使用转动排气凸轮轴 2a 和进气凸轮轴 2e

（如有必要）。

⑦ 安装凸轮轴调节器 3a 和 3e。然后用手拧紧控制阀。

注意：

a. 在安装凸轮轴调节器或正时链时，确保曲轴不会转动；

b. 安装链条张紧器后先将控制阀完全拧紧；

c. 凸轮轴调节器 3a 和 3e 必须能够自由转动到排气凸轮轴 2a 和进气凸轮轴 2e 上。

3. 安装

① 安装链条张紧器。

② 将凸轮轴调节器 3a 和 3e 的控制阀拧紧至最终扭矩。

力矩如下。

第 1 级：18N·m。

第 2 级：45°。

注意：

a. 必须用机油润滑控制阀的螺纹和螺栓头接触面；

b. 必须按照扭矩连续均匀地拧紧控制阀。

③ 将支架 02a 和 02e 从压紧工具 01a 上分开。注意：压紧工具 01a 和 01b 安装在气缸盖上。

④ 松开压紧工具 01a 和 01b 处的螺钉/螺栓 04，直至可以转动凸轮轴 2a 和 2e。注意：压紧工具 01a 和 01b 安装在气缸盖上。

4. 检验

① 通过曲轴中央螺栓沿发动机转动方向转动发动机两圈，直到 1 号气缸到达点火上止点（TDC）。注意：带轮/减振器上的上止点（TDC）标记必须与正时箱盖罩上的定位缘对齐。

② 用手将螺钉/螺栓 04 拧紧到压紧工具 01a 和 01b 上。

③ 检查凸轮轴 2a 和 2e 的基本位置；为此，将支架 02a 和 02e 安装到压紧工具 01a 上。

注意：

a. 排气凸轮轴 2a 和进气凸轮轴 2e 只能用套筒转动，否则会损坏排气凸轮轴 2a 和进气凸轮轴 2e；

b. 装配支架 02a 和 02b 前，排气凸轮轴 2a 和进气凸轮轴 2e 必须处于上止点（TDC），以便将支架 02a 和 02e 放置就位，并无压力地安装；

c. 不宜用支架 02a 和 02e 将排气凸轮轴 2a 或进气凸轮轴 2e 固定就位，这会导致支架 02a 和 02b 发生损坏，还可能导致正时不正确。

d. 为将支架 02a 和 02e 安装到压紧工具 01a 上，要使用套筒转动排气凸轮轴 2a 和进气凸轮轴 2e；

e. 如果不能安装支架 02a 和 02e，则必须从操作步骤②开始重复工作流程。

④ 拆下支架 02a 和 02e 及压紧工具 01a 和 01b。

⑤ 安装气缸盖罩。

力矩如下。

第 1 级：10N·m。

第 2 级：90°。

第七节 更换正时链流程

这里以更换 M270 发动机正时链为例。

1. 专用工具

铆接冲压工具（276 589 00 39 00）如图 1-7-1 所示。

装配元件（271 589 09 63 00）如图 1-7-2 所示。

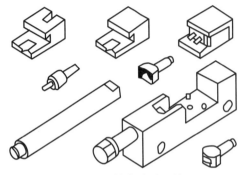

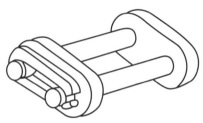

图 1-7-1 铆接冲压工具　　　　　　图 1-7-2 装配元件

发动机正时链如图 1-7-3 所示。

2. 拆卸

① 分开蓄电池接地线（图 1-7-4）。

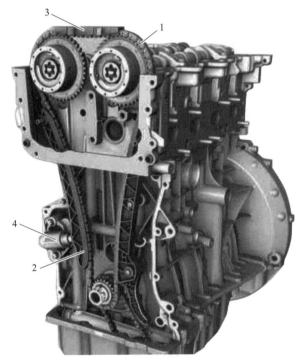

图 1-7-3 发动机正时链

1—正时链；2,3—链条张紧轨；4—链条张紧器

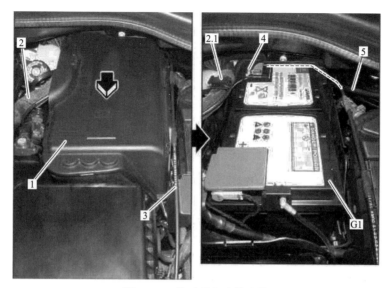

图 1-7-4 分开蓄电池接地线

1—车载网络蓄电池护盖；2—发动机线束；2.1—固定卡；3—发动机罩线；4—螺母；5—接地线；G1—车载电网蓄电池

② 拆下带凸轮轴调节器的凸轮轴。注意：凸轮轴调节器留在凸轮轴上。

③ 分开正时链。注意：使用铆接冲压工具（图 1-7-5）。

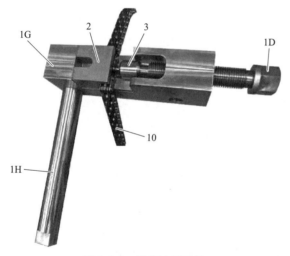

图 1-7-5 铆接冲压工具

1D—芯轴；1G—基础托架；1H—把手；2—固定件 C1；3—固定件 C2；10—正时链

扫一扫

视频精讲

3. 检验

① 检查链条张紧轨 5 是否磨损及出现外部损坏，必要时更换。

② 检查链条张紧轨 3 和 6 是否磨损及出现外部损坏，必要时更换。

4. 安装

① 拉入新的正时链（图 1-7-6）。

a. 需要使用装配链节 01 拉入正时链。

b. 用清洁的抹布遮盖正时箱凹槽。

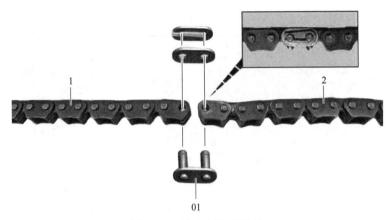

图 1-7-6　拉入新的正时链

注意：

- 必须固定正时箱凹槽，防止部件滑落；
- 必须取出已掉入正时箱凹槽中的零部件。

c. 使用装配链节 01 将新正时链 2 和旧正时链 1 连接在一起。注意：沿与拉入正时链相反的方向安装装配链节 01 上的锁止装置；否则其可能卡在滑轨上，甚至在拉入正时链时掉落。

d. 从正时箱凹槽上取下抹布，否则当转动发动机时会将其拉入正时箱凹槽。

e. 如图 1-7-7 所示，沿发动机运转方向（箭头所示）慢慢转动曲轴并拉入新的正时链 2，直至可以连接新正时链 2 的末端。注意：按照拉入新正时链 2 的方法，均匀地拉出旧正时链 1 的松开端（箭头所示）。

图 1-7-7　安装正时链

f. 分开装配链节 01，然后将旧正时链 1 从新正时链 2 上分开。

注意：必须拆下装配链节 01；装配链节 01 仅作为装配辅助，并不适用于发动机运转。

② 铆接正时链 1。

③ 安装带凸轮轴调节器的凸轮轴。注意：只有在检查凸轮轴的基本位置后，才能安装气缸盖罩。

④ 在安装链条张紧器的情况下检查凸轮轴的基本位置，如有必要，则进行校正。

⑤ 连接蓄电池接地线。注意：发动机运转时，汽车可能会自行启动而造成事故。发动机启动或运转期间，在附近工作存在导致擦伤和烧伤的风险。

⑥ 执行发动机试运行；为此，检查发动机是否正常工作及其密封性。

扫一扫

视频精讲

第二章

发动机故障维修

第一节 奔驰发动机简介

1. 奔驰发动机的认识

（1）发动机命名规律　发动机代码：M271DE18AL，字母＋数字组合＋字母＋数字＋后缀。

M：汽油发动机。

OM：柴油发动机。

271（数字组合）：发动机系列号。

D（字母）：缸内直喷。

E（字母）：电子燃油喷射。

K（字母）：进气道燃油喷射。

18（数字）：发动机排量。

AL（后缀）：涡轮增压。

ML（后缀）：机械增压。

无后缀：自然吸气。

（2）M260 发动机概述　自 2018 年，从 A 级车型 177 开始，梅赛德斯-奔驰推出了一款新的 4 缸火花点火型发动机，型号名称为 M260。横向安装的直列式 4 缸火花点火型发动机，采用直接喷射，装配增压装置（图 2-1-1）。

2.0L 排量的直列式发动机 M260 被用于 2 个输出等级，140kW 和 165kW。

由于改装的气缸盖、优化的燃烧以及通过带摩擦优化环组件的冷却道活塞而减少的摩擦改善了热力。

（3）M264 发动机概述　2017 年底，从 E 级轿跑车车型 238 开始，梅赛德斯-奔驰引入型号名称为 M264 的新一代 4 缸火花点火式发动机。2L 排量的直列发动机 M264 及其110kW/L 的高单位功率使其在输出功率方面独树一帜，之前只有 6 缸发动机可做到。相比之下，该发动机系统性地精简机构，同时与可变气门升程系统（CAMTRONIC）结合改善了发动机摩擦，尤其是引入的带皮带驱动启动发电机（BSA）的 48V 系统减少了 20% 以上的油耗（图 2-1-2）。

皮带驱动启动发电机还执行混合动力功能，可达到节省油耗的目的。

图 2-1-1　M260 发动机

图 2-1-2　M264 发动机

"双涡流技术"是一种用于对发动机增压，以获得较高的动力输出和自发响应特性的方法。与传统系统相比，双涡流涡轮增压器将每两个气缸的排气管组合在一个流动性优化的歧管中。该增压概念与气缸的系统涌流分离相结合，可以在低转速范围以及高比输出的情况下产生高转矩。同时还采用了更多的有效措施，如进气可变气门升程系统（CAMTRONIC）和减少摩擦的组件。

（4）M271 发动机概述　C 级和 E 级 BlueEFFI-CIENCY 车型采用 M271 EVO，1.8L 排量。提供有三种功率型号：115kW、135kW 和 150kW（图 2-1-3）。

M271 EVO 的主要特点如下：

① 通过功率和转矩的增加提高响应性；

② 通过更平稳的运转提高舒适型；

③ 显著降低燃油消耗量并减少二氧化碳排放；

④ 符合欧 5 排放标准。

因此，M271 EVO 将 BlueEFFICIENCY 对经济性和环保性的要求与舒适性和驾驶乐趣结合在一起。

图 2-1-3　M271 发动机

（5）M256 发动机概述　M256 为火花点火式六缸直列发动机，3.0L 排量，带 48V 电气化装置（图 2-1-4）。

M256 作为火花点火式发动机，代表了梅赛德斯-奔驰新的直列式发动机系列的开始，且当前替代了其成功的"前辈"型号，M276 V6 发动机。48V 电气化装置也是发动机设计过程的一部分，从一开始以及伴随着一系列进一步创新措施，意味着尽管涉及艰巨的性能目标，但其也可能实现消耗水平的明显降低。

带集成式起动机-发电机（ISA）的无带式发动机，在整个转速范围内表现出出色的响应特性。这可通过使用电动辅助压缩机和高性能涡轮增压器实现，且可通过集成式起动机-发电机产生助力效果。

随着 48V 部件的安装启用，创新驱动机构中的技术范围还包括其他模块，例如可变控制机油回路、智能加

图 2-1-4　M256 发动机

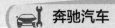

热管理系统、汽油微粒滤清器和减少摩擦的措施。

与"前辈"型号相比，结果是二氧化碳排量减少约 20% 且输出功率增加 15% 以上，同样是六缸发动机，就消耗方面而言，其与四缸发动机相比毫不逊色，同时对于八缸发动机来说其可保持自身的输出功率。

（6）M282 发动机概述　始自 2018 年 5 月，从 A 级车型 177 开始，梅赛德斯-奔驰推出一款新的 4 缸火花点火型发动机，型号名称为 M282。横向安装的直列式 4 缸火花点火型发动机，采用直接喷射，装配增压装置。

前部横向支架上安装的"小型 4 缸发动机"采用排量为 1.4L 的新款 4 缸火花点火型发动机 M282。由于较小的气缸行程（85mm）和排量，小型 4 缸发动机占据了越来越重要的地位。在驾乘舒适性、油耗和品质方面设立新的标准。在纵向动态方面，与较高排量的旧型号 M270 相比，有明显的改善，该发动机分三个输出等级：80kW、100kW 和 120kW。

在发动机的概念中，降低耗油量是主要关注点。此外，特别是新的微粒排放标准和高负荷驾驶循环，要求整体改善发动机总成、燃烧室和喷射。M282 旨在协调利益和二氧化碳效率。首先，对于 120kW 的 M282，可理想使用梅赛德斯-奔驰的直列式 4 缸火花点火型发动机的停缸技术，在此期间 2 号和 3 号气缸在低负荷和转速范围内关闭。

总体来说，该发动机具有尺寸非常紧凑、重量轻以及动态刚性高的特点（图 2-1-5）。

（7）M176 发动机概述　M176 是一款新研发的 4.0L 排量 V8 汽油发动机。该发动机配备"内置涡轮增压器"形式的双涡轮增压直接喷射系统，并且低温回路与增压空气冷却系统的冷却回路分开。

全新的发动机概念使排量得到减小，排气量也降低，同时输出功率和效率得到增加（图 2-1-6）。最大输出功率：5500r/min 时为 345kW。最大扭矩：2000～4000r/min 时为 700N·m。

图 2-1-5　M282 发动机

图 2-1-6　M176 发动机

第二节　奔驰 M260 发动机

一、M260 发动机技术原理

1. 曲轴箱

由铸铁铝制成的曲轴箱以及曲轴总成的工程规格包括 120bar（1bar＝10^5Pa，下同）峰值压力下的抗疲劳强度和驱动单元摩擦显著降低。曲轴箱包括铸铁铝和铸铁气缸套。为通过更高的结构刚度实现更佳的"NHV"舒适水平，与"前辈"车型曲轴箱相比进一步优化了刚性结构，带有耐磨铸铁套的圆柱管由气缸中央和边缘上的双出口阀冷却孔进行冷却。

与"前辈"车型发动机类似，套管的表面精密几何结构或精密珩磨与称为"筒形珩磨"的成型珩磨相结合。气缸直径在活塞下止点处的锥形扩张提供了较大的活塞间隙，从而大大减小了套管和活塞之间的摩擦力。在活塞的上止点中，保持较小的活塞间隙以确保满足"NHV"要求。此外，优化活塞环还有助于减少摩擦损失。同时还采用低黏度发动机油以进一步降低发动机的平均摩擦水平。

成形珩磨如图 2-2-1 所示。

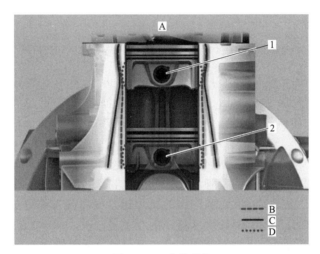

图 2-2-1　成形珩磨

1—活塞上止点（TDC）；2—活塞下止点（BDC）；A—发动机运转（热态）；
B—圆柱形珩磨；C—筒形珩磨；D—活塞裙的热膨胀

2. 曲轴总成

曲轴通过锻造制成并有 8 个平衡锤，其布置和形式确保曲轴低挠度和低总高度。

由于现代方式的持续使用，其可在增压式发动机中使用带冷却道的铸铁活塞。铸铁活塞的凹槽已根据燃烧系统和喷油阀排列进行了调整。活塞冷却为降低活塞顶部温度创造了条件，在保持稳定燃烧的同时降低发动机排放。优化了活塞环的剪应力，与成型珩磨相结合，减小（轻）了摩擦力、耗油量、重量和漏油量。在减小环应力的同时，通过大幅减小不对称活塞裙轴承表面（碳涂层已优化）以及对活塞间隙进行的微调，连同机油喷射冷却一起，对减小摩擦起到了决定性作用。金银丝锻造连杆的设计实现了轻量化，小连杆环眼处为梯形连杆，并配有薄壁全铜轴承套。活塞如图 2-2-2 所示。

3. 链条传动机构

为产生更大的输出功率并经受住更频繁的曲轴启用，研发出了带过压阀的新型链条张紧器，即使处于极端条件下，也有助于确保链条磨损延伸小于 0.2%。

采用了"前辈"车型发动机控制驱动的齿形链条，精准成形凸耳和高光泽度形成极光滑的功能性表面，与改善后的滑轨几何结构相结合，在摩擦方面具有明显优越性。

4. 机油回路和通风装置

M260 根据旋转叶片原则，利用机械式驱动，通过压力控制机油泵进行供油。阀门

图 2-2-2　活塞

1—冷却道；2—环形支架；3—摩擦减小的活塞环；4—加硬活塞销子

集成在机油泵壳体中，可促动两个压缩级以匹配发动机负荷和转动速度特性图，尤其可减少部分负荷范围内的驱动输出。可变换的机油滤清器安装在固定至曲轴箱的机油滤清器模块或机油冷却器模块上。使用机油冷却液热交换器进行机油冷却，其是牢固的模块附属部件。

从气缸盖罩集中吸收漏出的气体。护盖的几何结构和防飞溅系统配有分支点，可作为简易的油气分离器。漏出气体通过回流管流入部分集成装置，然后流入曲轴箱机油分离器进行简易分离或精确分离。根据工作状态和产生的压力比，气体流入部分负荷或全负荷通气管，然后直接流入增压空气分配器和涡轮增压器中的相关进口处。M260 还配有通风功能，可在低负荷操作时使曲轴箱通风。电动转换阀集成在部分负荷通气管中，有多个节气门等级，同时还可调节通风量。即使在极端使用条件下，较大的横截面、部分集成式气体传输以及接口的设计均可提供稳定的机油分离，同时还可确保满足国家制定的排放标准。

5. 优化冷却性能的排气门

图 2-2-3　优化冷却性能的排气门

1—中空气门杆；2—中空圆盘阀

（M260 新采用的排气门）

在新的 M260 中，首次在高增压发动机中采用中空阀盘版本的排气门。中空阀盘的内侧轮廓通过极其复杂的步骤进行了改良，无需关键性的焊接过程或其他复杂的生产过程来形成空腔，这就是以环保方式生产该气门的原因。

使用镍含量较低的低价材质，进一步改善了导热性能，明显降低了高负载阀颈的温度。改善后的散热性能也大大降低了阀盘下侧的温度，从而也降低了燃烧室中的温度，并在改善燃烧中心位置的同时减少爆震的可能性，且对燃油消耗产生有利影响。优化冷却性能的排气门如图 2-2-3 所示。

6. NVH 舒适水平

带离心摆的双质量飞轮：与常规系统相比，对于节省消耗方面来讲，在特殊低速下驾驶时具有更大的可能性。离心摆平衡了发动机和变速箱之间产生的多余的扭转振动，摆动的质量部件与发动机的扭转振动相反，因此驱动装置的输出潜力完全释放出来。

模块化构造的扭转摩擦平衡器位于曲轴箱的较低部分。该动态平衡器补偿了 4 缸直列式发动机产生的自由惯性力。为平衡惯性力，两个平衡轴沿着双曲轴转速的相反方向转动，平衡锤分别位于两个位置。扭转摩擦平衡如图 2-2-4 所示。

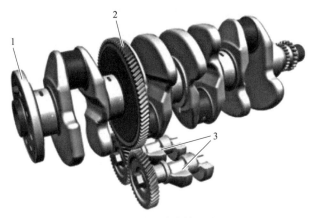

图 2-2-4　扭转摩擦平衡
1—曲轴；2—挡位；3—平衡轴

7. 可变气门升程系统（CAMTRONIC）

一般情况下，M260 发动机现配有全部排量和输出类型的可变气门升程系统（CAMTRONIC）。通过可变气门升程调节，在部分负荷范围内，较小的气门升程可将较少的空气导入燃烧室中。这意味着增压变化导致发动机损坏的概率更低。在较高负荷范围内，为实现主总成的全部性能特性，可切换至大气门升程。

1 号和 2 号气缸以及 3 号和 4 号气缸的连接器分别位于一个凸轮轴件上，意味着所有四个气缸的气门升程的进气凸轮轴可利用气门升程切换促动器在凸轮轴旋转范围内进行调节。除了热力优势外，减小的摩擦力会改善较小凸轮冲程中的摩擦力。即使气门升程较小，为确保最佳燃烧，在低部分负荷范围内，燃油被多次喷注且燃油-空气混合物被多次点燃，因此燃烧室中火花塞周围的燃油-空气混合物扰流减少。凸轮升程转换，相关的提前进气关闭以及摩擦减少均可实现燃烧优势：在相关测试循环中，每千米减少约 1g 二氧化碳（CO_2）排放；同时，可变气门升程系统（CAMTRONIC）及其全行程凸轮，确保了 M260 的高输出功率。

采用 2L 排量的可变气门升程系统（CAMTRONIC）意味着在实际驾驶条件下增大了可用操作范围，从而对燃油消耗产生有利影响。这意味着 M260 在较小气门升程时的运转转速可高达 120km/h。发动机俯视图如图 2-2-5 所示。气门升程切换部件如图 2-2-6 所示。

进气凸轮轴气门升程切换促动器位于气缸盖上，与发动机油的加注口相邻。它控制进气凸轮轴上凸轮套筒的轴向移动，从而可在进气门的小凸轮行程和大凸轮行程之间进行切换。进气凸轮轴视图如图 2-2-7 所示。

进气凸轮轴气门升程切换促动包括两个提升电磁阀：每个提升电磁阀分别促动一个气门挺杆。提升电磁阀线圈通电时，气门挺杆展开。相应的气门挺杆通过曲线轨道的形状以机械方式复位，两个气门挺杆的当前位置由进气凸轮轴（Y49/8b1）上气门行程转换的集成式霍尔传感器进行检测。两个气门挺杆在初始位置收回，通过进气门的长行程启动发动机。在暖机阶段结束时首次切换至短行程。

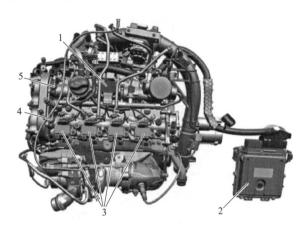

图 2-2-5 发动机俯视图

1—进气凸轮轴气门升程切换促动器；2—电控多端顺序燃料喷注/点火系统（ME-SFI）（ME）控制单元；

3—点火线圈；4—进气凸轮轴霍尔传感器；5—排气凸轮轴霍尔传感器

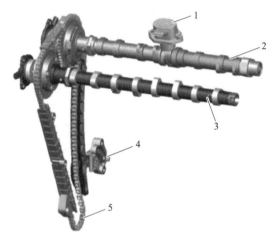

图 2-2-6 气门升程切换部件

1—进气凸轮轴气门升程切换促动器；2—进气凸轮轴；3—排气凸轮轴；4—链条张紧器正时链；5—凸轮轴调节器

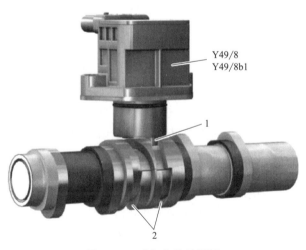

图 2-2-7 进气凸轮轴视图

1—柱塞；2—曲线轨道；Y49/8—进气凸轮轴气门升程切换促动器；Y49/8b1—进气凸轮轴气门升程切换霍尔传感器

通过电控多端顺序燃料喷注/点火系统（ME-SFI）（ME）控制单元促动进气凸轮轴气门升程切换促动器时，促动器中相应的线圈通电，且两个气门挺杆中的一个移至相关曲线轨道。根据凸轮轴上曲线轨道的位置和形状，仅一个气门挺杆可展开。

凸轮轴按照设计的曲线轨道进行轴向移动，并切换为较小的凸轮行程和以机械方式复位气门挺杆。通过对线圈进行再通电复位凸轮轴，此时另一个气门挺杆展开且在大行程的作用下凸轮轴朝与凸轮的相反位置移动。

电控多端顺序燃料喷注/点火系统（ME-SFI）（ME）控制单元利用 1kHz 的脉冲宽度调制信号，在 1000～4000r/min 的转速范围内促动促动器。

8. 燃油喷射系统

燃油喷射压力高达 200bar。作为高压泵，单活塞泵和集成在泵模块中的流量控制阀一起使用。燃油经高压油轨输送至喷油器，后者位于燃烧室的中央位置并导入燃烧室中。喷油器由多孔压电式控制阀进行控制，该阀位于燃烧室的中央位置。M260 专为均匀燃烧系统设计。喷射过程中设计的高水平动态以及最小开启时间会产生高脉冲保持能力，并对"NVH"特性产生影响。

以下杠杆因素会改善喷射区域中的噪声特性：喷射脉冲次数；喷油器行程；开启梯度；喷射压力。根据 NVH 要求，通过减少 20％的冲程和部分平稳开启梯度，可在关键操作范围内将支持混合物形成的多点喷射转换为单点喷射，处于低速范围时，喷射压力也会降低。在高压泵的燃油流量控制阀（可控制流入高压泵的燃油量）中，对移动零部件进行了定量减重。除此之外，在其对喷射阀底座产生影响前立即采用引导控制使流量控制阀的浮子针阀动作逻辑性延迟。以上双重措施可使来自脉冲阀底座区域的脉冲力减少。

整个组件均磨光且通过所谓的硬度较低的多孔盘，加强了喷射器接触面在气缸盖上的退耦，提高了减振性能，有助于减少脉冲转为结构传播声音。基本要求是在发动机的整个使用寿命中压电式喷油嘴保持其在燃烧室中的精准位置。总而言之，与"前辈"车型发动机相比，多孔盘的硬度降低了近一半。燃油喷射系统如图 2-2-8 所示。燃油喷射系统原理图（低压和高压燃油回路）如图 2-2-9 所示。

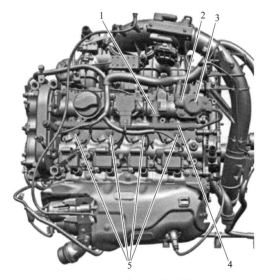

图 2-2-8　燃油喷射系统

1—燃油压力和温度传感器；2—油量控制阀；3—燃油泵（FP）；4—轨道；5—喷油器（1～4 号气缸）

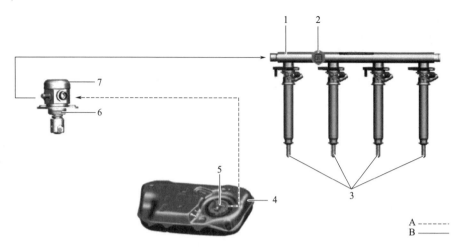

图 2-2-9　燃油喷射系统原理

1—燃油分配器；2—燃油分配器压力和温度传感器；3—喷油器；4—燃油箱；5—供油模块；

6—燃油系统高压泵；7—油量控制阀；8—低压管；9—燃油高压管路

9. 空气导管

与 "前辈" 车型发动机相比，输出功率显著提高的主要要求是重新设计了在空气进入燃烧室前传输空气的部件。

空气滤清器和进气格栅被重新设计并适用于发动机舱中的新的可用空间。该过程中，还需考虑行人保护相关的要求。设计空气导管，使流路的阻力尽可能减小，从而在现有条件下获得低成本的流动条件。空气滤清器外壳中的空气导管将流通阻力最小化。将进气歧管设计为双壳式。除了气体循环设计外，增压移动还通过转速范围的大部分区域对高转矩、低耗油量和低废气排放产生明显影响。为此，通过气缸盖相应设计产生高湍流，这可进一步改善燃烧过程。增压系统如图 2-2-10 所示。涡轮增压器如图 2-2-11 所示。

（1）增压　增压的核心装置是带集成式气隙绝缘排气歧管的单管涡轮增压器，其可承受最高 1050℃ 的温度。

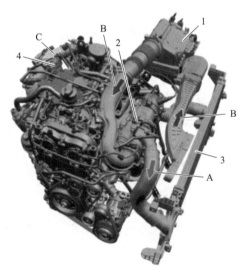

图 2-2-10　增压系统

1—空气滤清器外壳；2—涡轮增压器；3—增压空气冷却器；4—节气门；A—热增压空气；B—进气；C—冷却的增压空气

（2）增压压力控制的功能顺序　为了充分发挥涡轮增压器的潜在性能，还对增压压力控制系统进行了重新设计。之前为真空操作的促动器，现在更换为由增压压力控制风门的电动促动器。由于其位置反馈和更高的定位率，增压压力控制和诊断明显改善。

为减小增压压力，通过打开增压压力控制阀，用于驱动涡轮的废气流通过旁路被转移。增压压力控制风门促动器通过连杆促动增压压力控制风门，后者关闭旁路。一部分废气流通过旁路被引导至涡轮，由此可调节增压压力并限制涡轮转速。通过这种方式，可根据发动机的当前负荷需求调节增压压力。

图 2-2-11　涡轮增压器
1—增压压力控制阀促动器；
2—带排气歧管的涡轮增压器

为监测由涡轮增压器到增压空气分配器的增压空气管路中的当前压力和温度情况，电控多端顺序燃料喷注/点火系统（ME-SFI）（ME）控制单元评估来自压力和温度传感器的信号，并将增压压力调节至发动机相关请求。增压压力控制通过增压压力控制风门促动器实现。电控多端顺序燃料喷注/点火系统（ME-SFI）（ME）控制单元以特性图和负荷控制方式促动增压压力控制风门促动器，以进行增压压力控制。为此，电控多端顺序燃料喷注/点火系统（ME-SFI）（ME）控制单元评估来自以下传感器的信号和发动机管理系统的功能。

① 节气门上游的压力和温度传感器，增压压力以及增压空气温度。

② 节气门下游的压力和温度传感器，增压压力以及增压空气温度。

③ 空气滤清器下游的压力传感器，进气压力。

④ 油门踏板传感器，驾驶员发出的负荷请求。

⑤ 曲轴霍尔传感器，发动机转速。

⑥ 爆震控制，变速箱过载保护，过热保护。

（3）压缩机进口和压缩机出口　还对压缩机进口和压缩机出口进行了优化，以达到相对一致的压力分配。

10. 排气系统和废气清洁系统

在车型 177 中，M260 的排气系统为满足排气和外部噪声的消耗形成了基础规范；同时还对排气系统进行设计，达到了发动机的全负荷数值目标。排气系统和废气清洁系统如图 2-2-12 所示。

11. 汽油微粒滤清器

汽油微粒滤清器的工作原理与柴油车辆中采用的技术相匹配。废气流穿过微粒滤清器系统，该系统位于车辆底部。该滤清器为蜂房式结构，可交替关闭进气和排气通道，以此推动废气流入多孔式滤清器壁中。由此分离炭黑，从而使滤清器可通过相应的行驶条件持续再生。

与依赖于耐热堇青石的汽油微粒滤清器技术相比，采用碳化硅制成柴油发动机陶瓷微粒滤清器。采用优化背压的汽油微粒滤清器，具有高过滤效果，且免保养，还可自动调节。

汽油微粒滤清器再生（炭烟燃烧）时车辆在常规驾驶模式下运行，主要是在超速运转模式下。一旦汽油微粒滤清器中可提供氧气时，炭烟就开始燃烧。1150℃的最高温度出现在汽油微粒滤清器的中后部。在超速运转模式下，汽油微粒滤清器的热负荷主要取决于炭黑含量

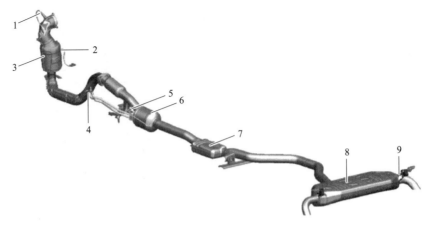

图 2-2-12　排气系统和废气清洁系统

1—三元催化转换器上游的氧传感器；2—三元催化转换器下游的氧传感器；3—三元催化转换器；4—汽油微粒滤清器压差传感器；5—排气系统温度传感器；6—汽油微粒滤清器；7—前消声器；8—后消声器；9—排气阀门控制器

和汽油微粒滤清器上游的排气温度。如果炭烟燃烧过程中温度过高，则会对整个汽油微粒滤清器造成损坏。

　　排气温度由相应的汽油微粒滤清器上游的温度传感器进行检测。炭黑含量通过相应汽油微粒滤清器压差传感器确定。控制单元直接读取传感器信号并对其进行评估，如果测量值超过规定值，则控制单元对发动机正时开始进行适当的干预并授权服务中心将相关的故障输入且记录在控制单元中。

12. 冷却系统

　　热量管理系统调节冷却回路，电动控制节温器提供地图控制式预热控制，由于该控制为闭环控制，因此预热阶段可快速对燃烧室进行预热。根据驾驶模式和环境条件设计冷却液回路，自由调节冷却液温度，使车内尽可能快速变暖。冷却液回路示意图如图 2-2-13 所示。

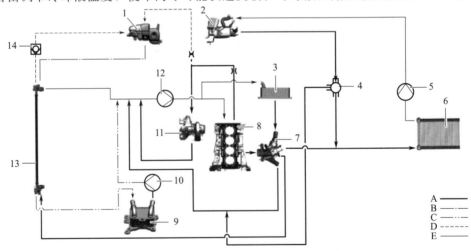

图 2-2-13　冷却液回路示意

1—冷却液膨胀容器；2—驻车加热器；3—发动机油热交换器；4—转换阀；5—冷却液循环泵；6—加热系统热交换器；7—冷却液节温器；8—曲轴箱；9—变速箱油热交换器；10—变速箱冷却系统低温回路冷却液循环泵；11—涡轮增压器；12—发动机冷却回路冷却液泵；13—散热器；14—止回阀；A—暖冷却液（发动机冷却回路）；B—发动机冷却回路加油管路；C—变速箱冷却系统低温回路；D—发动机冷却回路通风；E—冷冷却液（发动机冷却回路）

二、M260 发动机主要特点

1. 发动机新特性

① 减小摩擦成形珩磨。

② 带环形支架的冷却管活塞。

③ 居中式压电式喷油嘴。

④ 进气侧的可变气门升程系统（CAMTRONIC）。

⑤ 带传感器系统的汽油微粒滤清器。

⑥ 压缩比增大。

2. 首款将 CONICSHAPE 技术量产化的发动机

此发动机上的一大亮点在于 CONICSHAPE 技术，奔驰公司也是首次将这一技术大规模用于量产。所谓 CONICSHAPE 技术，其实是指在一定程度上增大下止点附近的气缸内径，使气缸内壁略微成锥形。这一设计可以有效降低活塞与气缸壁之间的摩擦，并减少油耗。

为了辅助 CONICSHAPE 技术，获得更高效的燃效，工程师也针对活塞做了独特的设计，包括采用低摩擦系数机油和在活塞上集成冷却管道等方法。但 CAMTRONIC 技术在带来油耗经济性的同时，也会导致低负载工况下（低进气门升程）进气紊流减小，使得燃烧不够充分。为了解决这一问题，M260 发动机集成多次燃油喷射技术，在一个冲程内最多可以喷油 5 次，能够有效提升燃油效率。

3. 电控式涡轮泄压阀

新的家族模块化带来的另一个变化就是发动机进一步"电子化"。M260 采用了电控式涡轮泄压阀。相较传统的依靠真空驱动的泄压阀，电子化能让它更精确、快速地对压力进行调节，进一步优化了涡轮增压的性能。此外，冷却系统中的节温阀也升级为电控节温阀，灵活调节流经气缸套的冷却液温度，保证发动机在最合适的温度工作。

4. 轻量化

M260 的缸体为铸铝合金，追求轻量化；气缸套为铸铁材质，同时采用 NANOSLIDE 工艺涂层，减小了活塞与气缸壁之间的摩擦；气缸盖则采用了硅铝合金材质，具有高度的耐热和耐磨性能。

三、M260 发动机维修要点和难点

1. 拆卸/安装气门升程转换促动器

① 关闭点火开关并将遥控钥匙存放在发射范围之外（至少 2m）。

② 拆下上部发动机罩。

③ 如图 2-2-14 所示，松开并断开进气凸轮轴气门升程切换促动器（Y49/8）处的电气连接器 2。

④ 拆下螺钉/螺栓 1。

⑤ 将进气凸轮轴气门升程切换促动器 Y49/8 从气缸盖罩上的支座上拆下。

按照与拆卸的相反顺序进行安装。

注意：

① 确保进气凸轮轴气门升程切换促动器（Y49/8）的安装位置正确；

② 更换密封圈。

图 2-2-14　气门升程转换促动器

1—螺栓；2—电气连接器；Y49/8—进气凸轮轴气门升程切换促动器

2. 拆卸/安装凸轮轴

① 拆下气缸盖罩。

② 用固定装置 02a 和 02e 安装排气凸轮轴 2a 和进气凸轮轴 2e 的压紧工具 01（图 2-2-15）。

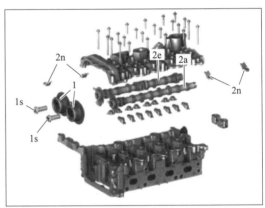

图 2-2-15　拆装进排气凸轮轴

01—压紧工具；02a—固定装置；02e—固定装置；1—凸轮轴调节器；
1s—控制阀；2a—排气凸轮轴；2e—进气凸轮轴；2n—压紧工具

注意：

a. 对于装配凸轮轴调节器 1 的车辆，使用直径为 29mm 的嵌件；

b. 对于未装配凸轮轴调节器 1 的车辆，使用直径为 26mm 的嵌件；

c. 确保在固定装置 02a 和 02e 上使用正确的轴承座。

③ 使用合适的工具撬下护盖 4 并拆下链条张紧器 5（图 2-2-16）。

④ 松开各凸轮轴调节器 1 的控制阀 1s。

注意：

a. 润滑控制阀 1s 的螺纹和螺栓头接触面；

b. 按照规定扭矩持续均匀地紧固控制阀 1s。

⑤ 拆下各凸轮轴调节器 1 的控制阀 1s。

⑥ 将凸轮轴调节器 1 从排气凸轮轴 2a 和进气凸轮轴 2e 上取下并拆下。注意：安装或拆下凸轮轴调节器 1 时，相应放上或拆下正时链。

图 2-2-16 链条张紧器

4—护盖；5—链条张紧器

⑦ 拆下排气凸轮轴 2a 和进气凸轮轴 2e 的压紧工具 2n。注意：5 安装时，压紧工具 2n 必须重新安装到相同的位置（必要时做标记），否则会损坏排气凸轮轴 2a 和进气凸轮轴 2e 或气缸盖 7。

⑧ 用固定装置 02a 和 02e 拆下排气凸轮轴 2a 和进气凸轮轴 2e 的压紧工具 01。

⑨ 拆下进气凸轮轴 2e。

注意：

a. 将进气凸轮轴 2e 插到 1 号气缸上后，进气凸轮轴 2e 上的凸轮必须倾斜指向上方，否则进气凸轮轴 2e 和排气凸轮轴 2a 存在破损的风险；

b. 安装时，用发动机油润滑补偿元件和凸轮轴支撑点；

c. 安装时，确保进气凸轮轴 2e 安装在全行程位置，全行程位置位于托架轴 10 和前部凸轮部分 12a 之间 6.5mm 宽的间隙 11 处（图 2-2-17）；

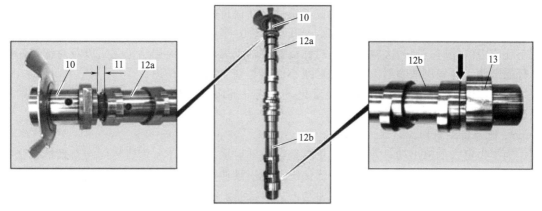

图 2-2-17 凸轮轴

10—托架轴；11—间隙；12a—前部凸轮部分；12b—后部凸轮部分；13—高压泵传动凸轮

d. 后部凸轮部分 12b 和高压泵传动凸轮 13 之间不应有间隙，如有必要，用手调节前部凸轮部分 12a 或后部凸轮部分 12b。

⑩ 拆下排气凸轮轴 2a。

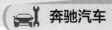
注意：

a. 将排气凸轮轴 2a 插到 1 号气缸上后，排气凸轮轴 2a 上的凸轮必须倾斜指向上方，否则进气凸轮轴 2e 和排气凸轮轴 2a 存在破损的风险；

b. 安装时，用发动机油润滑补偿元件、真空泵驱动装置和凸轮轴支撑点；

c. 检查凸轮轴轴颈的直径是否磨损，如有必要，则更换进气凸轮轴 2e 或排气凸轮轴 2a；

d. 检查进气凸轮轴 2e、排气凸轮轴 2a 和气缸盖轴承以及气缸盖罩是否磨损。

按照与拆卸的相反顺序进行安装。

第三节　奔驰 M264 发动机

一、M264 发动机技术原理

1. 曲轴箱

由铸铁铝制成的曲轴箱以及曲轴总成的工程规格包括 120bar 峰值压力下的抗疲劳强度和驱动单元摩擦显著降低。为通过更高的结构刚度实现更佳的噪声、振动、声振粗糙度（NHV）舒适水平，与"前辈"车型曲轴箱相比进一步优化了刚性结构。带有耐磨未抛光铸铁内衬的圆柱管由气缸中央和边缘上的双出口阀冷却孔进行冷却。

与"前辈"车型发动机类似，套管的表面精密几何结构或精密珩磨与称为"筒形珩磨"的成形珩磨相结合。气缸直径在活塞下止点处的锥形扩张提供了较大的活塞间隙，从而大大减少了套管和活塞之间的摩擦力。在活塞的上止点中，保持较小的活塞间隙以确保满足噪声、振动、声振粗糙度（NHV）要求。同时还采用低黏度发动机油以进一步降低发动机的平均摩擦水平。

2. 曲轴总成

由钢制成的曲轴包括八个轻量级平衡锤，通过采用现代的系统性方法，可在单位功率为 110kW/L 的增压发动机中使用带冷却管和环形支架的铸造活塞。

活塞冷却为降低活塞顶部温度创造了条件，在保持稳定燃烧的同时降低发动机排放。优化了活塞环的剪应力，与成形珩磨相结合减小（轻）了摩擦力、耗油量、重量和漏油量。在减小环应力的同时，通过大幅减小不对称活塞裙轴承表面（碳涂层已优化）以及对活塞间隙进行的微调，连同机油喷射冷却一起对减小摩擦起到了决定性作用。

金银丝锻造连杆的设计实现了轻量化，小连杆环眼处为梯形连杆，并配有薄壁全铜轴承套。

3. 链条传动机构

为产生更大的输出功率并经受住更频繁的曲轴启用，研发出了带过压阀的新型链条张紧器。即使处于极端条件下，也有助于确保链条磨损延伸小于 0.2%。

采用了"前辈"车型发动机控制驱动的齿形链条。精准成形凸耳和高光泽度形成极光滑的功能性表面，与改善后的滑轨几何结构相结合，在摩擦方面具有明显优越性。

4. 机油回路和通风装置

在 M264 中，根据叶片式传输原则以机械式驱动，通过压力控制机油泵供给机油。阀门集成在机油泵壳体中，可促动两个压缩机以匹配发动机负荷和转动速度特性图，尤其可减少部分负荷范围内的驱动输出。用于控制机油温度的可替换机油过滤器滤芯和节温器安装在正时箱盖罩中，同时与热交换器相连。

从气缸盖罩集中吸收漏出气体，护盖几何结构和防飞溅系统配有分支点，可作为简易的油气分离器。漏出气体通过回流管流入部分集成装置，然后流入曲轴箱机油分离器，进行简易分离和精确分离。根据工作状态和产生的压力比，气体流入部分负荷或全负荷通气管，然后直接流入增压空气分配器和涡轮增压器中的相关进口处。

M264 还配有通风功能，可在低负荷操作时使曲轴箱通风。电动转换阀集成在部分负荷通气管中，有多个节气门等级，同时还可调节通风量。即使在极端使用条件下，较大的横截面、部分集成式气体传输以及接口的设计均可提供稳定的机油分离，同时还可确保满足国家制定的排放标准。

5. 振动和声振粗糙度（NHV）舒适性

在火花点火式发动机中，作为带有纵向安装的传动系统的三点式支承概念的一部分，首次在两侧安装塑料发动机支架。与铝制发动机支架相比，该发动机支架在大频谱范围内显著改善了传输特性。这意味着明显改善了发动机结构噪声传播的主要导入路径之一，从而在各种操作条件下调和车内的发动机声音类型。

6. 燃油喷射系统

燃油喷射过程中的高水平动态性能以及小于 $100\mu s$ 的最小打开时间，可产生高脉冲保持性能，并对噪声、振动、声振粗糙度（NHV）特性产生影响。

关于喷射区域的噪声特性改善，分析显示提供以下杠杆效应：喷射脉冲次数；喷油器行程；开启梯度；喷射压力。根据噪声、振动、声振粗糙度（NHV）要求，通过减少约 20% 行程以及部分更平顺的开启梯度，可在重要工作范围内从混合物形成支撑多点喷射转换为单点喷射过程。处于低速范围时，喷射压力也会降低。

在燃油高压泵的流量控制阀（可控制流入高压泵的燃油量）中，对移动零部件进行了定量减重。除此之外，在其对喷射阀和底座产生影响前立即采用引导控制逻辑性延迟流量控制阀的浮子针阀。双重措施可使来自脉冲阀底座区域的脉冲力减小。整个组件均磨光且通过所谓的硬度较低的多孔盘加强了喷射器接触面在气缸盖上的退耦，提高了减振性能，有助于减少脉冲转为结构传播声音。基本要求是在发动机的整个使用寿命中压电式喷油嘴保持其在燃烧室中的精准位置。总而言之，与"前辈"车型发动机相比，多孔盘的硬度降低了近一半。

7. 可变气门升程系统（CAMTRONIC）

一般情况下，M264 发动机配有可变气门升程系统（CAMTRONIC）全部排量和输出类型。低开启度阀门行程（提前进气关闭）时的操作等同于米勒燃烧系统。

凸轮升程转换，相关的提前进气关闭以及摩擦减少均可实现燃烧优势：在相关测试循环中，每千米减少约 1g 二氧化碳（CO_2）排放；同时，可变气门升程系统（CAMTRONIC）及其全行程凸轮，也确保了 M264 的高输出功率。

采用 2L 排量的可变气门升程系统（CAMTRONIC）意味着在实际驾驶条件下增大了可用操作范围，从而对燃油消耗产生有利影响。这表示可实现在 $v=120km/h$ 的小气门行程下操作 M264。发动机左前视图如图 2-3-1 所示。

进气凸轮轴气门升程切换促动器位于气缸盖上，与发动机油的加注口相邻。进气凸轮轴气门升程切换促动器控制进气凸轮轴上凸轮套筒的轴向移动，从而可在进气门的小凸轮行程和大凸轮行程之间进行切换。

促动器包括两个提升电磁阀，每个提升电磁阀促动一个气门挺杆。提升电磁阀线圈通电时，气门挺杆展开。根据凸轮轴上曲线轨道的位置和形状，仅一个气门挺杆可展开。相应的

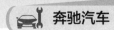

图 2-3-1　发动机左前视图

B6/15—进气凸轮轴霍尔传感器；B6/16—排气凸轮轴霍尔传感器；N3/10—电控多端顺序燃料喷注/点火系统（ME-SFI）（ME）控制单元；Y49/1—进气凸轮轴电磁阀；Y49/2—排气凸轮轴电磁阀；Y49/8—进气凸轮轴气门升程切换促动器

气门挺杆通过曲线轨道的形状以机械方式复位，两个气门挺杆的当前位置由进气凸轮轴（Y49/8b1）上气门行程转换的集成式霍尔传感器进行检测。

两个气门挺杆在初始位置收回，通过进气门的长行程启动发动机。在暖机阶段结束时首次切换至短行程。通过电控多端顺序燃料喷注/点火系统（ME-SFI）（ME）控制单元促动促动器时，促动器中的线圈通电，且两个气门挺杆中的一个移至相关曲线轨道。

凸轮轴按照设计的曲线轨道进行轴向移动，并切换为较小的凸轮行程和以机械方式复位气门挺杆。通过对线圈进行再通电复位凸轮轴，此时另一个气门挺杆展开且在大行程的作用下凸轮轴朝与凸轮的相反位置移动。

促动器由电控多端顺序燃料喷注/点火系统（ME-SFI）（ME）控制单元在 1000～4000r/min 转速范围内的线性控制图下通过 1kHz 的脉冲宽度调制信号促动。

8. 喷油器

喷油器位于气缸盖处的中央位置。喷油器在特定的时间点按计算的数量将雾化的燃油喷射到相关气缸的燃烧室中。发动机前视图如图 2-3-2 所示。

9. 通风气道插入件

与"前辈"车型发动机相比，输出功率显著提高的主要要求是重新设计了在空气进入燃烧室前传输空气的部件。在没有破坏性偏差的情况下，位于"冷态"发动机侧和压力侧的消声滤清器增加了进气装置的横截面积，全新设计的发动机上游冷却液与增压空气冷却液结合使压力损失最小化。

与"前辈"车型相比，尽管大大提高了空气流率，但通过进行大量的细化工作和精确模拟降低了 4% 的压力损失，与同样的流率相比，实际上提高了 40% 以上。

10. 充气

为实现高额定功率以及极佳瞬时特性的规定性能目标，根据性能、启动特性、组件和重量，采用双涡流涡轮增压器达到最佳效果。在车型 176（AMG A45）的 4 缸火花点火式发动机中，该技术发挥了先驱作用。

为了充分发挥双涡流涡轮增压器的潜在性能，还对增压压力控制系统进行了重新设计。之前的真空操作促动器现替换为电动精密促动器，后者通过其位置反馈和较高的定位率大大

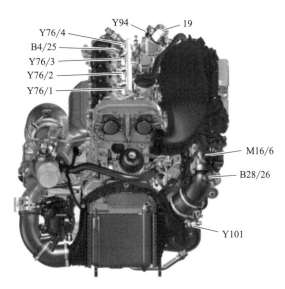

图 2-3-2　发动机前视图

19—燃油泵（FP）；B4/25—燃油压力和温度传感器；B28/26—节气门上游的压力和温度传感器；
M16/6—节气门促动器；Y76/1—1 号气缸的喷油器；Y76/2—2 号气缸的喷油器；Y76/3—3 号
气缸的喷油器；Y76/4—4 号气缸的喷油器；Y94—油量控制阀；Y101—空气分流转换阀

提高了增压压力控制以及诊断性能。

11. 通过双涡流系统增压

M264 现装配有所谓的双涡流涡轮增压器，排气系统下游的废气流分离可以向涡轮传输更多能量（脉冲能量和动能）。

为最大化利用这些能量，需要根据双涡流涡轮增压器调节歧管集气管的直径和长度。通过这些方法，实现了相对较低的废气背压并改善了换气。增压系统如图 2-3-3 所示。双涡流涡轮增压器如图 2-3-4 所示。

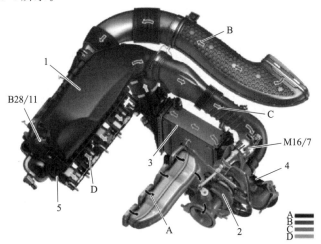

图 2-3-3　增压系统

1—空气滤清器外壳；2—双涡流涡轮增压器；3—增压空气冷却器；4—增压空气管；5—增压空气分配器；
B28/11—空气滤清器下游的压力传感器；M16/7—节气门下游的压力和温度传感器；A—空气分流转换阀；
B—排气门；C—进气；D—增压空气（未冷却）增压空气（已冷却）

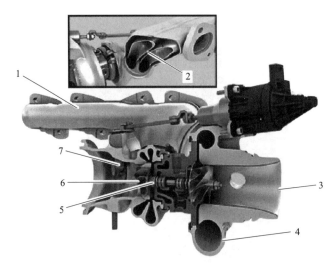

图 2-3-4　双涡流涡轮增压器

1—空气间隙隔热排气歧管；2—涌流分离；3—优化流率的压缩机进口几何结构；4—压缩机出气口

5—噪声优化的支架；6—双涡流涡轮；7—增压压力控制阀

增压压力控制的功能顺序如下。

增压压力控制通过增压压力控制风门促动器实现。电控多端顺序燃料喷注/点火系统（ME-SFI）（ME）控制单元以特性图和负荷控制方式促动促动器，以进行增压压力控制。为此，电控多端顺序燃料喷注/点火系统（ME-SFI）（ME）控制单元评估来自以下传感器的信号和发动机管理系统的功能：

① 节气门上游的压力和温度传感器（B28/26），增压压力以及增压空气温度；

② 节气门下游的压力和温度传感器（B28/27），增压压力和增压空气温度；

③ 空气滤清器下游的压力传感器（B28/11），进气压力；

④ 油门踏板传感器（B37），驾驶员的载荷请求；

⑤ 曲轴霍尔传感器（B70），发动机转速；

⑥ 爆震控制，变速箱过载保护，过热保护。

为减小增压压力，可以打开增压压力控制阀，用于驱动涡轮的废气流通过旁路被转移。增压压力控制风门促动器通过连杆促动增压压力控制风门，后者关闭旁路，一部分废气流通过旁路被引导至涡轮，由此可调节增压压力并限制涡轮转速。通过这种方式，可根据发动机的当前负荷需求调节增压压力。

为监测由涡轮增压器到增压空气分配器的增压空气管路中的当前压力和温度情况，电控多端顺序燃料喷注/点火系统（ME-SFI）（ME）控制单元评估来自压力和温度传感器的信号，并将增压压力调节至发动机相关请求。

12. 排气歧管

为了提高废气能量的利用率，优化了脉冲涡轮增压效应，因此空气间隙隔热排气歧管的流道设计为较小的横截面。由此提高了涡轮处的废气热含量，涡轮输出最大化，从而对电荷变化产生有利影响。高热载荷意味着滑动配合装置之间存在泄漏的危险，通过校正滑动配合装置和优化涡轮外壳的进口横截面来优化间隙宽度，从而减小两个涌流设备的压力损失以及相似的排气质量流率。

13. 涡轮外壳

对涌流设备进口的几何结构，以及将废气能量输送至涡轮外壳流道的角位移进行了修改，这样就导致压力的下降。高流率涡轮以及较低转速范围内的系统涌流分离实现了高效脉冲涡轮增压，从而在较低的发动机转速下也可达到高转矩。优化流量可对两个废气旁通阀特性产生有利影响，并最小化双涡流涡轮增压器的发动机相关基础增压压力。

14. 压缩机进口和压缩机出口

还对压缩机进口和压缩机出口进行了优化，以达到相对一致的压力分配。

15. 排气系统和废气清洁系统

此处说明的 E 级轿跑车型 M264 排气系统是完成规定性能控制排放和外部噪声的基础，同时还对排气系统进行设计，达到了发动机的全负荷数值目标。

为了体验到改进的音响设计动感效果，采用了带风门控制的排气系统。风门打开且废气背压降低时，确保达到额定输出功率。

促动电机由传动系统控制单元（N127）通过线性控制进行促动，其持续操作排气风门以使各开启位置在 0～100％之间移动，其内存储多种特性图以匹配所选驾驶模式。促动电机可进行诊断，如果排气风门无法开启，则会将反馈传送至传动系统控制单元，后者随之向电控多端顺序燃料喷注/点火系统（ME-SFI）（ME）控制单元（N3/10）发出减少发动机输出的请求。排气系统如图 2-3-5 所示。

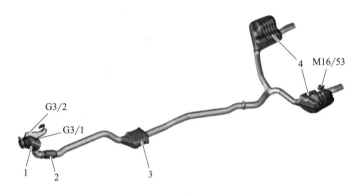

图 2-3-5　排气系统

1—催化转换器；2—挠性元件；3—汽油微粒滤清器；4—后消声器；G3/1—催化转换器下游的
氧传感器；G3/2—催化转换器上游的氧传感器；M16/53—左侧排气风门促动电机

16. 汽油微粒滤清器

该滤清器的工作原理与柴油车辆中采用的技术相匹配。废气流穿过微粒滤清器系统，该系统位于车辆底部。该滤清器为蜂房式结构，可交替关闭进气和排气通道，以此推动废气流入多孔式滤清器壁中。由此分离炭黑，从而使滤清器可通过相应的行驶条件持续再生。

与依赖于耐热堇青石的汽油微粒滤清器技术相比，采用碳化硅制成柴油发动机陶瓷微粒滤清器。采用优化背压的汽油微粒滤清器，具有高过滤效果，且免保养，还可自动调节。

17. 制冷和热量管理

（1）电动冷却液泵　由于目前相关单位功率和 48V 车载电气系统可用，M264 装配了 48V 冷却液泵，输出功率为 950W。M264 中的泵集成为一个模块，相关行驶循环中每千米消耗 CO_2 约 2g，一方面可在停用机械冷却液泵后改善皮带驱动中的摩擦力；另一方面可按需促动冷却液泵。意味着在很长一段时间内，通过其与曲轴速度的刚性连接，比采用机械式冷却液泵时可用的冷却液明显减少，这对燃油消耗产生了有利影响。

（2）冷却　与"前辈"车型发动机相比，M264再一次提高了发动机输出功率，从而发挥了新概念的作用，分散冷却液、增压空气和机油中的废热。

主要目的是将来自变速箱油和皮带驱动启动发电机（BSA）的废热从低温回路中分散并传送至发动机高温回路中。而后，一部分气流穿过下游过冷却装置，进一步冷却中段以达到所需温度水平。该概念意味着低温回路专用于来自增压空气冷却器的废热，这表示即使在极端行驶条件和状况下，利用潜在输出时可在产生相对较小爆震的情况下运转发动机。

对发动机、变速箱和皮带驱动启动发电机采用精心调谐的热量管理，确保达到动态驾驶和高燃油效率，这是之前4缸火花点火式发动机无法达到的。

（3）优化冷却性能的排气门　在新的M264中，首次在高增压发动机中采用中空阀盘版本的排气门。中空阀盘的内侧轮廓通过极其复杂的重塑步骤进行了改良，无需关键性的焊接过程或其他复杂的生产过程来形成空腔，这就是以环保方式生产该气门的原因。

使用镍含量较低的低价材质进一步改善了导热性能，明显降低了高负载阀颈的温度。改善后的散热性能也大大降低了阀盘下侧的温度，从而也降低了燃烧室中的温度，并在改善燃烧中心位置的同时减少爆震的可能性，且对燃油消耗产生有利影响。电动冷却液泵如图2-3-6所示。

图 2-3-6　电动冷却液泵
M75/11—电动冷却液泵；R48—冷却液节温器加热元件

（4）热量管理功能　热量管理的功能要点：电路87M（发动机管理系统）"开启"，发动机运转。发动机的冷却液温度由电控多端顺序燃料喷注/点火系统（ME-SFI）（ME）控制单元（N3/10）控制的热量管理进行调节，具有以下优点：快速达到最佳工作温度；减少废气排放；节约燃油；快速加热车厢内部。

冷却系统如图2-3-7所示。

① 热量管理的功能顺序。在装配电动冷却液泵的启动后阶段，通过关闭电动冷却液泵中断冷却液循环，冷却液流失导致发动机加热加速，且废气排放减少。如果满足以下条件，则冷启动时电动冷却液泵会关闭。

a. 冷却液温度低于 75℃。

b. 智能气候控制系统控制单元（N22/1）未发出"加热"请求。针对该"加热"请求，电动冷却液泵启用，以此方式对 FIR 快速加热。

c. 如果关闭电动冷却液泵的条件无法满足，则电控多端顺序燃料喷注/点火系统（ME-SFI）（ME）控制单元（N3/10）会终止促动电动冷却液泵，因此再次实现冷却液循环。

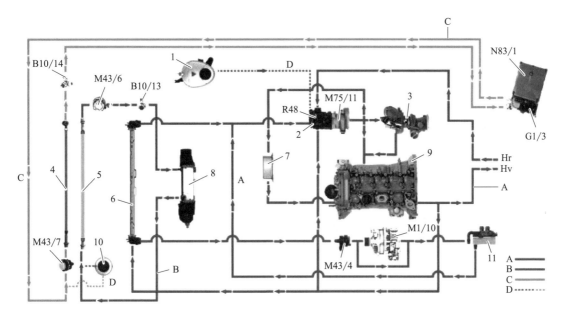

图 2-3-7 冷却系统

1—高温回路膨胀容器；2—冷却液节温器；3—双涡流涡轮增压器；4—低温冷却器 2；5—低温冷却器 1；6—散热器；
7—发动机油热交换器；8—增压空气冷却器；9—曲轴箱；10—低温回路 1 和 2 膨胀容器；11—变速箱油热交换器；
B10/13—低温回路温度传感器 1；B10/14—低温回路温度传感器 2；G1/3—48V 车载电网蓄电池；M1/10—起动机-
发电机；M43/4—起动机-发电机冷却液泵；M43/6—低温回路循环泵 1；M43/7—低温回路循环泵 2；M75/11—电动
冷却液泵；N83/1—直流值流转换器控制单元；R48—冷却液节温器加热元件；A—高温回路；B—低温回路 1；
C—低温回路 2；D—通风/冷却液膨胀；Hr—自加热器芯的回流管；Hv—至加热器芯的供给管

② 冷却液节温器闭环控制。冷却液节温器中的环形滑阀由受温度影响的膨胀蜡元件的膨胀或收缩打开或关闭（温度范围为 102～118℃）。目标温度约为 105℃；环形滑阀在 118℃时完全打开。还可通过促动冷却液节温器加热元件以电子方式打开和关闭冷却液节温器，根据发动机要求，该过程完全可变。冷却液节温器中的环形滑阀可能具有以下状态：环形滑阀关闭；环形滑阀正在打开（混合燃油模式）；环形滑阀打开（冷却器模式）。冷却液节温器如图 2-3-8 所示。

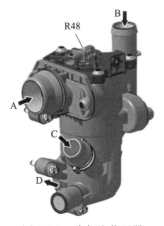

图 2-3-8 冷却液节温器

R48—冷却液节温器加热元件；A—自散热器的回流管；B—自旁通管路的回流管；C—膨胀容器连接；D—至冷却液泵的供给管

③ 环形滑阀关闭。如果满足以下条件，则环形滑阀关闭：冷却液温度低于约 102℃；冷却液节温器加热元件断电；无全负荷请求。在该位置，冷却液流过发动机回路和加热器热交换器以及双涡流涡轮增压器，根据需要，还会流过乘客舱加热器的加热器热交换器。发动机散热器未集成在冷却液回路中，因此冷却液可快速加热。通过此快速加热过程，发动机可更快达到其工作温度，某种程度上对燃油消耗产生有利影响。

④ 冷却液节温器：环形滑阀关闭（图 2-3-9）。

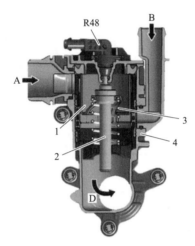

图 2-3-9　环形滑阀关闭

1—滑环阀；2—弹性蜡元件；3—螺旋压缩弹簧；4—冷却液节温器外壳；R48—冷却液节温器加热元件；A—自散热器的回流管；B—自旁通管路的回流管；D—至冷却液泵的供给管

⑤ 环形滑阀正在打开（混合燃油模式）。如果满足下列条件之一，则环形滑阀开始开启：

a. 首次启动后（无全负荷请求）冷却液温度达到约 102℃时；

b. 冷却液节温器加热元件通电；

c. 冷却液温度为 102～118℃时，或根据冷却液节温器加热元件的通电水平，弹性蜡元件展开并促动环形滑阀。

这会打开到散热器的连接，环形滑阀的开口横截面与弹性蜡元件的温度或冷却液温度成正比，有助于改变流向散热器的流量以匹配所需要求。

⑥ 环形滑阀打开（冷却器模式）。冷却液温度达到约 118℃时，环形滑阀完全打开且冷却液可无限制地流入散热器中。环形滑阀打开如图 2-3-10 所示。

18. 电子调节

通过电控多端顺序燃料喷注/点火系统（ME-SFI）（ME）控制单元促动冷却液节温器加热元件以匹配驾驶条件时，可在低温条件下全开。以下数据由电控多端顺序燃料喷注/点火系统（ME-SFI）（ME）控制单元读入：进气温度；车外温度；发动机转速；发动机负荷。

接地信号用于促动，通过电路 287M 供电。根据发动机要求，规定的冷却液温度可能设置为较低或较高的数值。对于较高的规定冷却液温度（约 105℃），由弹性蜡元件的辅助加热支持从 106℃ 开始调节。温度为 110℃ 时，加热元件完全通电，随后完全打开环形滑阀。

增加的冷却液温度在部分负载范围内产生良好的性能水平，对燃油消耗有积极影响。较低的规定冷却液温度约为 85℃，此时对加热元件进行引导控制，从而根据现有环境状况不

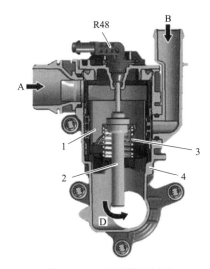

图 2-3-10 环形滑阀打开

1—滑环阀；2—弹性蜡元件；3—螺旋压缩弹簧；4—冷却液节温器外壳；R48—冷却液节温器
加热元件；A—自散热器的回流管；B—自旁通管路的回流管；D—至冷却液泵的供给管

断调节。在夏季室外温度较高的情况下，加热元件可在 80℃ 时全通电以避免临界温度范围。在冬季和室外温度较低的情况下，加热元件在最大输出为 30％～50％ 的情况下通电。在低冷却液温度下进行全负荷操作对发动机输出产生有利影响，因为进气加热不足。

（1）冷却起动机-发电机的功能顺序 对于采用 48V 技术的车辆，还将直流/直流转换器控制单元和 48V 车载电网蓄电池集成在独立的低温回路 2 中，低温回路循环泵 2 将加热的冷却液通过集成在车辆前方的冷却模块中的低温冷却器 2 输送。

在低温冷却器 2 的下游，低温回路 2 温度传感器检测当前冷却液温度并将信号传送至传动系统控制单元（N127）。

根据需要相应地促动低温回路循环泵 2 并在超过特定的温度时才会启用。随后经冷却的冷却液流经 48V 车载电网蓄电池和直流/直流转换器控制单元（两者组成一个总成），吸收该处产生的废热，并传递至低温冷却器 2。

（2）过热保护的功能顺序 传动系统控制单元促动风扇电机（M4/7），通过传动系统（LINC3）进行促动且可在 0～100％ 的范围内设置所有转速。如果促动发生故障，则风扇电机会以最高转速转动（风扇应急模式）。

空调系统控制单元将空调系统的状态通过车内控制器区域网络（CAN B）、电子点火开关控制单元（N73）、悬挂 FlexRay、传动系统控制单元和传动系统控制器区域网络（CAN）（CAN C1）传送至电控多端顺序燃料喷注/点火系统（ME-SFI）（ME）控制单元。

（3）风扇关闭延迟 "点火关闭"后，如果冷却液温度或发动机油温度超过规定的最大值，则风扇电机最多继续运转 6min。如果蓄电池电压下降过多，则会延迟风扇关闭。

19. 皮带驱动启动发电机（BSA）

操作发动机时提供新选择：

① 轻松起动，几乎察觉不到的发动机启动；

② 高达 2500r/min 转速范围的增压效果；

③ 负载点移动，可在更有利的特性图下操作；

④ 发动机关闭时的滑行模式。

4 缸火花点火式发动机 M264 替换为起动机和带皮带驱动启动发电机（BSA）的 12V 发电机。

除发电机功能外，皮带驱动启动发电机（BSA）还会利用 48V 车载电网蓄电池的电能产生转矩，从而为内燃机提供支持。该转矩既可是有利的也可是不利的，这意味着可有效操作发动机且任何多余的能量都会存储在 48V 车载电网蓄电池中。扩展的皮带驱动启动发电机功能表示需要转动的安全带张紧器。

通过产生的正向额外转矩，在发动机转速较低甚至排量很小时传动系统也能产生较大的转矩。通过内燃机和 48V 车载电气系统的配合使用实现了有效运转，从而降低油耗和二氧化碳（CO_2）的排放量，同时明显改善了车辆的响应性。此外，发动机的启动速度和舒适性也明显提高。

刚性皮带轮使皮带驱动启动发电机集成在皮带驱动中。皮带驱动启动发电机通过壳内的两个风扇叶轮进行冷却。

电力电子装置直接安装在皮带驱动启动发电机外壳上。用于促动皮带驱动启动发电机的变压器集成在电力电子装置中。电力电子装置仅设计用作交直流转换器。

由传动系统控制单元（N127）发出请求时，电力电子装置通过 5 相交流电压促动皮带驱动启动机发电机。电力电子装置监测皮带驱动启动发电机和电力电子装置的温度。同时还监测皮带驱动启动发电机转子的位置并提供故障诊断，并将有关可用转矩的诊断和预测提供给传动系统控制单元（N127）。

电力电子装置通过皮带驱动启动发电机的独立式起动机-发电机冷却液泵（M43/4），利用冷却液进行冷却。发动机左视图如图 2-3-11 所示。

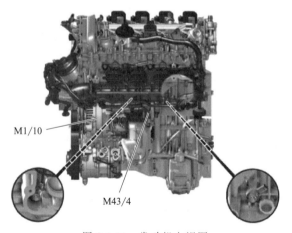

图 2-3-11　发动机左视图
M1/10—起动机-发电机；M43/4—起动机-发电机冷却液泵

20．皮带驱动

在皮带驱动启动发电机（BSA）中，通过专门优化的多楔皮带和皮带驱动启动发电机的 7 根加强筋实现起动机/增压效应和发电机模式/再生功能。可保持当前目视检查的保养策略。

钣金型的转动安全带张紧器拉紧多楔皮带的各负荷释放零件，以匹配两个操作模式再生（增压模式）或增压效果。

为了确保舒适性并延长系统的使用寿命，曲轴侧的激励通过曲轴上的机械式解耦皮带轮几乎完全独立于皮带驱动。曲轴的扭转振动减振集成在该零部件中。回转皮带张紧器的功能如图 2-3-12 所示。

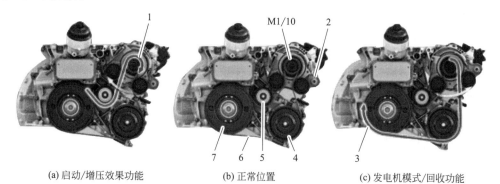

(a) 启动/增压效果功能　　　　　(b) 正常位置　　　　　(c) 发电机模式/回收功能

图 2-3-12　回转皮带张紧器的功能

1—驱动半轴（皮带驱动启动发电机拉动）；2—转动的安全带张紧器；3—驱动半轴（发动机拉动）；
4—制冷剂压缩机；5—导轮；6—V 形皮带；7—皮带轮解耦；M1/10—起动机-发电机

二、M264 发动机主要特点

① 减小摩擦成形珩磨。

② NVH 舒适组件。

③ 带环形支架的冷却管活塞。

④ 居中式压电式喷油嘴。

⑤ 可变气门升程系统（CAMTRONIC），汽油微粒滤清器。

⑥ 带皮带驱动启动发电机（BSA）的 48V 车载电气系统高效冷却液增压空气冷却系统。

⑦ 48V 电动冷却液泵。

三、M264 发动机维修要点和难点

1. 拆卸/安装满负荷通风管

① 拆下进气管。

② 拆下螺钉/螺栓 2（图 2-3-13）。

③ 将全负荷排气管路 1 从正时箱盖罩 3 上拆下。

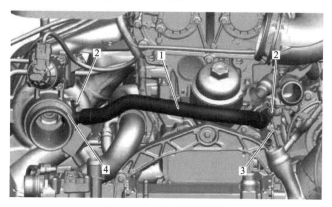

图 2-3-13　满负荷通风管

1—全负荷排气管路；2—螺栓；3—正时箱盖罩；4—涡轮增压器

④ 将全负荷排气管路 1 从涡轮增压器 4 上分开并拆下。

注意：安装时，更换 O 形环。

按照与拆卸的相反顺序进行安装。

2. 拆卸/安装进气凸轮轴调节电磁阀

① 拆下进气管。

② 拆下空气滤清器外壳，然后在保持线路连接的情况下放到一旁。

③ 断开电气连接器 1（图 2-3-14）。

④ 拆下螺栓/螺钉 3。

⑤ 拆下进气凸轮轴电磁阀 Y49/1。

注意：安装时，更换密封圈。

按照与拆卸的相反顺序进行安装。

读取故障记忆并清除。

图 2-3-14　进气凸轮轴调节电磁阀

1,2—电气连接器；3,4—螺栓/螺钉；Y49—电磁阀

第四节　奔驰 M271 发动机

一、M271 发动机技术原理

1. 气缸盖

为满足均质直接喷射的要求，改进了气缸盖（图 2-4-1）和进气门。M271 EVO 根据四气门设计概念，通过两个凸轮轴、两个凸轮轴调节器和中央火花塞进行工作。

2. 凸轮轴调节器

锻造的进气和排气凸轮轴的凸轮轴调节器（图 2-4-2）是叶片式调节器，并进一步进行了改进。与之前相比，实现了对正时更加迅速的无级调节。

凸轮轴调节器采用液压旋转驱动方式。调节角度为 40°（曲轴转角），相当于调节器（排气）处的 20°角度。凸轮轴的调节优化了发动机转矩曲线，改善了排气特性。发动机关闭时，弹簧加载销将凸轮轴调节器锁止在其基本位置，以防止调节器在启动过程中出现不受控制的运动。新型凸轮轴调节器的重量减轻了 34%，但调节速率却是之前的 2 倍。

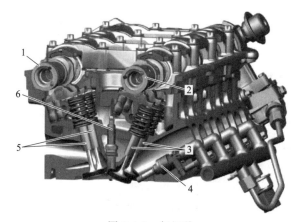

图 2-4-1 气缸盖

1—排气凸轮轴；2—进气凸轮轴；3—进气门；4—喷油器；5—排气门；6—火花塞

图 2-4-2 凸轮轴调节器

1—排气凸轮轴调节器；2—进气凸轮轴调节器

3. 曲轴箱

M271 EVO 装配有 2 个曲轴箱通风系统：带单旋流式机油分离器的部分负荷通风系统；带双旋流式机油分离器的全负荷通风系统。

（1）部分负荷通风系统 单旋流式机油分离器用于分离部分负荷通风管中的机油。部分负荷通风管从发动机左支撑座的凸缘连接到节气门促动器下游的增压空气分配管。漏出气体（漏出量）通过曲轴箱上的开口流入位于发动机左支撑座后方的单旋流分离器。机油分离器采用旋流器的形式：使进入的空气产生旋流，由此产生的离心力将机油分离，并流回到箱体中（图 2-4-3）。

以此方法清洁的空气通过安装在旋流器上方的组合阀离开机油分离器，该组合阀在增压空气分配管中压力过高时充当止回阀，同时也是保护催化转换器的空气切断阀。

（2）全负荷通风系统 全负荷通风管从机油分离器通向涡轮增压器上游的增压空气管。机油分离器集成在气缸盖罩中。全负荷通风气体从排气侧排出（图 2-4-4）。平行的双旋流式机油分离器可高效且精确地分离机油。

4. 低噪声链条传动

凸轮轴由最新研发的带齿套筒链驱动（图 2-4-5）。引导滑轨和张紧轨的布置排列使其不与正时箱盖罩接触，因此显著降低了噪声。此外，链条张紧器更低的安装位置以及由此导致的链条传动作用力的减小也是噪声降低的原因。

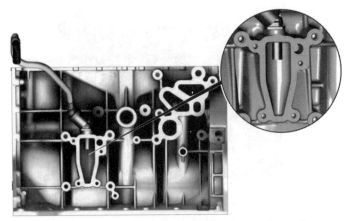

图 2-4-3　带旋流式机油分离器的部分负荷通风系统

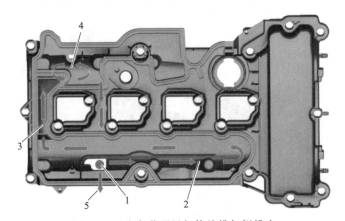

图 2-4-4　全负荷通风气体从排气侧排出

1—漏出气体入口；2—容积分离器；3—缓坡；4—双旋流式机油分离器；5—漏出气体出口

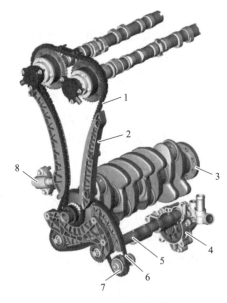

图 2-4-5　链条传动

1—带齿套筒链（驱动凸轮轴）；2—滑轨；3—曲轴；4—机油泵；5—平衡轴；6—单套筒链（驱动扭转摩擦器平衡轴）；7—链轮；8—带张紧轨的链条张紧器

　　两个扭转摩擦器平衡轴由同样位于发动机前部的第二条链条驱动。机油泵通过左侧扭转摩擦器平衡轴驱动。为此，采用了新型单套筒链。注意：除了重量减轻之外，由于链节撞击链轮各侧的齿肩并吸收部分撞击脉动，也减小了齿根中衬套的撞击力。

5. 扭转摩擦平衡器（图 2-4-6）

　　通过采用新型扭转摩擦平衡器，显著降低了活塞运动所导致的干扰振动，从而实现了舒适的平稳运转。扭转摩擦平衡器通过两个逆时针转动的平衡轴工作，每个平衡轴分别固定在一个整体式压铸铝制外壳中的三个轴承上。

　　这些管状的钢制轴插在外壳的轴承槽中，并通过螺栓固定在质量不均衡的配重块上。质量不均衡配重块的表面还用作壳体中轴的定位器和轴向轴承。注意：用于固定平衡轴的壳体位于油底壳内，并且通过螺栓从下面固定在曲轴箱上。该壳体还充当梯式框架，用作轴承座的加强桥，因此加强了对曲轴箱的横向支撑。

6. 皮带驱动（图 2-4-7）

　　M271 EVO 中的主总成改变了安装位置，其部分原因是省略了机械增压器。曲轴皮带轮驱动以下主总成：

① 动力转向泵；

② 制冷压缩机；

③ 发电机；

④ 冷却液泵。

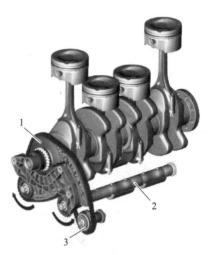

图 2-4-6　扭转摩擦平衡器

1—曲轴驱动装置；2—平衡轴；3—链轮

　　这些主总成由低维护的一体式多楔 V 形皮带驱动。V 形皮带由带张紧轮的自动皮带张紧器张紧。注意：安装多楔 V 形皮带时，应确保安装到修理说明中规定的正确安

图 2-4-7　皮带驱动

1,2—导轮；3—动力转向泵；4—带张紧轮的皮带张紧器；5—制冷剂压缩机；6—皮带轮；7—发电机；8—冷却液泵

装位置。

7. 燃油喷射

（1）喷射技术　M271 EVO 采用了带火花点火和涡轮增压的均质直接喷射，因此提高了燃油经济性，并显著降低了污染物排放。

（2）燃油喷射控制的工作原理　油轨中的当前燃油压力由油轨压力传感器记录，并传送至油量控制阀。该阀使燃油高压泵在油轨中产生高达 140bar 的压力。

准确的喷射时间由电控多端顺序燃料喷注/点火系统（ME-SFI）控制单元计算。ME-SFI 控制单元评估来自以下部件的信号：节气门促动器；凸轮轴传感器；曲轴霍尔传感器；转速传感器；压力传感器；温度传感器。进气门和排气门的正时可变，这就意味着可根据当前工况对燃烧室中的混合物构成进行调节。

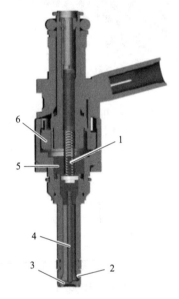

图 2-4-8　喷油器横截面
1—螺旋弹簧；2—气门座；3—多孔盘；
4—喷油嘴针阀；5—电磁阀电枢；
6—磁铁线圈

进气门和排气门由可调节式凸轮轴控制。凸轮轴的准确位置由凸轮轴传感器检测，并传送至 ME-SFI 控制单元。

（3）油轨　在装配燃油轨的存储式燃油喷射系统中，压力产生和喷射功能是相互独立的。喷油压力由燃油高压泵产生并进行调节。喷射过程中，油轨中的压力可以保持。ME-SFI 控制单元促动油量控制阀，喷油器以非常高的精确度将燃油喷入燃烧室中。

（4）喷油器　喷油器的安装可确保以特定的角度喷射燃油。所选角度可防止燃油沉积在燃烧室壁上或覆盖进气门（图 2-4-8）。

根据充气运动和气缸内部压力，喷油器的多孔阀可以实现精确调节的独立喷射（图 2-4-9），从而确保了稳定燃烧、低排放和低燃油消耗量。

（5）燃油高压泵　燃油高压泵位于气缸盖的后部，并由进气凸轮轴驱动。燃油高压泵是单柱塞泵，四个凸轮实现了凸轮轴每转一转即输送四次燃油。

（6）油量控制阀　油量控制阀与燃油高压泵构成一个整体，其功能相当于进油节流阀（比例阀），用于调节燃油量（最大燃油压力为 140bar）。为进行调节，油轨压力传感器记录油轨中的当前燃油

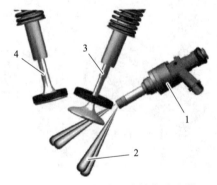

图 2-4-9　进行独立喷射的喷油器
1—喷油器；2—独立喷射；3—进气门；4—排气门

压力。

（7）油轨压力传感器　油轨压力传感器测量油轨中的当前燃油压力，并将相应的电压信号传送至电控多端顺序燃料喷注/点火系统（ME-SFI）控制单元。发动机关闭时，油量控制阀中断燃油供给，从而撤销高压（图 2-4-10）。

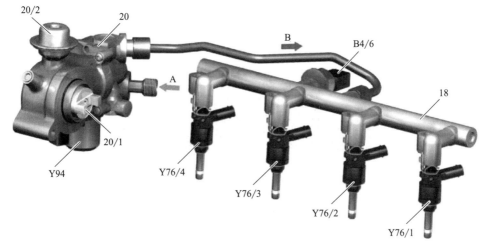

图 2-4-10　高压系统

18—油轨；19—燃油高压泵；20/1—驱动器（驱动系统）；20/2—燃油压力阻尼器；B4/6—油轨压力传感器；
A—来自燃油箱的供油（低压燃油）；B—供至油轨的供油（高压燃油）；Y76/1—气缸 1 的喷油器；
Y76/2—气缸 2 的喷油器；Y76/3—气缸 3 的喷油器；Y76/4—气缸 4 的喷油器；Y94—油量控制阀

（8）低压系统　低压系统通过一个燃油泵控制单元和燃油供油管中的一个燃油压力传感器工作（图 2-4-11）。控制单元集成在发动机的 CAN 网络（控制器区域网络）中，并根据发动机的要求调节燃油泵。燃油压力恒定保持为参考值。

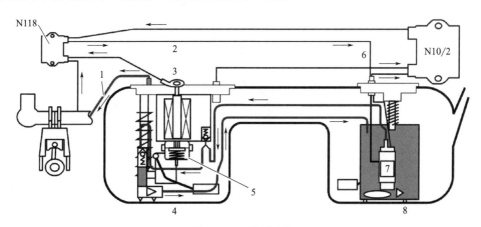

图 2-4-11　低压系统

1—燃油供油管；2—滤清器凸缘；3—燃油压力传感器；4—吸油喷射泵 1；5—减压阀；6—泵凸缘；7—非控制式
燃油泵；8—吸油喷射泵 2；N10/2—带熔丝和继电器模块的后侧 SAM 控制单元；N118—燃油箱控制单元

8. 增压系统

M271 EVO 采用了带增压空气冷却的涡轮增压器，因此其输出功率和转矩都得到了提高，不再通过压缩机进行增压。

（1）增压工作原理　增压过程中，排气的流动能量用于驱动涡轮增压器（图 2-4-12）。新鲜的清洁空气经空气滤清器流向压缩机入口，并通过压缩机出口被引导至增压空气冷却器上游的增压空气管。压缩机涡轮的转速较高，会产生较大容积的流量，增压空气管中的空气因此被压缩。最大增压压力为 1.2bar。压缩机出口处的消声器会抑制增压压力的变化，并减少转速迅速变化过程中产生的相关流动噪声。压缩空气通过增压空气管流入增压空气冷却器，这可冷却由于压缩而变热的增压空气，并将其通过增压空气管导向增压空气分配管（图 2-4-13）。

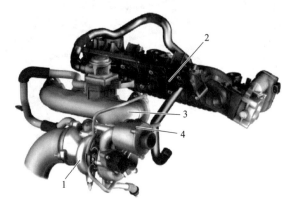

图 2-4-12　增压系统

1—涡轮增压器；2—增压空气分配管；3—排气歧管；4—消声器

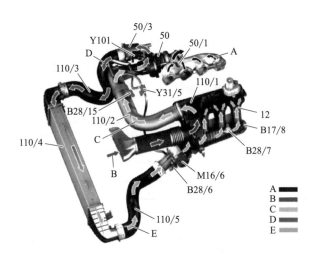

图 2-4-13　增压的功能原理图

12—增压空气分配管；50—涡轮增压器；50/1—增压压力控制风门（增压限制阀）；50/3—消声器；110/1—空气滤清器壳；110/2—增压空气管；110/3—通向增压空气冷却器的增压空气管；110/4—增压空气冷却器；110/5—通向节气门促动器的增压空气管；B17/8—增压空气温度传感器；B28/6—节气门上游的压力传感器；B28/7—节气门下游的压力传感器；B28/15—压缩机叶轮上游的压力传感器；M16/6—节气门促动器；Y31/5—增压压力控制压力转换器；Y101—排空阀；A—排气；B—进气（未过滤）；C—进气（已过滤）；D—增压空气（未冷却）；E—增压空气（已冷却）

（2）增压压力控制风门的工作原理　增压压力通过安装在涡轮入口处的增压压力控制风门（增压限制阀）进行调节（图 2-4-14）。增压压力控制压力转换器通过增压压力促动增压压力控制风门的真空室。如果增压压力过高，则排气会被导向涡轮周围，因此降低了涡轮增压器转速，进而降低了增压压力。

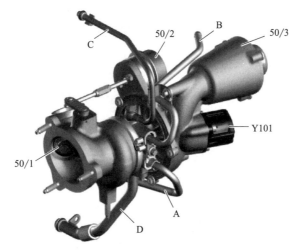

图 2-4-14　增压压力控制风门

50/1—增压压力控制风门；50/2—增压压力控制风门真空组件；50/3—真空件；Y101—排空转换阀；
A—冷却液供给管；B—冷却液回流管；C—发动机油供给管；D—发动机油回油管

（3）增压压力控制压力转换器　压力转换器由电控多端顺序燃料喷注/点火系统（ME-SFI）控制单元根据特性图和负荷促动。为此，ME-SFI 控制单元对以下传感器和功能进行评估：

① 增压空气温度传感器；
② 节气门上游的压力传感器；
③ 压缩机叶轮，上游的压力传感器；
④ 油门踏板传感器，驾驶员发出的负荷请求；
⑤ 曲轴霍尔传感器，发动机转速爆震控制；
⑥ 变速箱过载保护；
⑦ 过热保护。

压力转换器利用来自增压空气管的增压压力促动增压限制阀的真空室。然后，真空室打开增压限制阀，因此打开旁通回路。废气流通过旁通管绕过涡轮，从而调节增压压力并限制涡轮转速（图 2-4-15）。

（4）节气门上游的压力传感器　节气门上游的压力传感器测量增压空气管中的增压空气压力（图 2-4-16）。增压空气压力使膜片变形，并作用于电位计上。这会改变电位计的电阻，从而影响压力传感器传送至电控多端顺序燃料喷注/点火系统（ME-SFI）控制单元的电压信号。

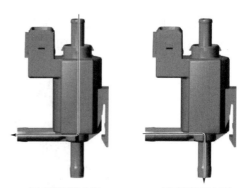

(a) 旁通回路关闭　　(b) 旁通回路打开

图 2-4-15　增压压力控制压力转换器

（5）节气门下游的压力传感器　节气门下游的压力传感器测量增压空气分配管中的增压空气压力，并将该数值传送至 ME-SFI 控制单元（图 2-4-17）。

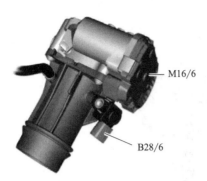

图 2-4-16　节气门上游的压力传感器

M16/6—节气门促动器；

B28/6—节气门上游的压力传感器

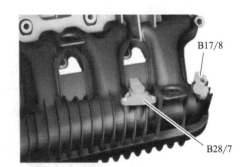

图 2-4-17　节气门下游的压力传感器

B17/8—增压温度传感器；

B28/7—节气门下游的压力传感器

（6）压缩机叶轮上游的压力传感器　压缩机叶轮上游的压力传感器记录清洁空气侧的压力值并传给电控多端顺序燃料喷注/点火系统（ME-SFI）控制单元（图 2-4-18）。因此，该传感器能够检测到空气滤清器滤芯堵塞等原因所导致的突然性压降。压缩机叶轮上游的压力传感器位于涡轮增压器上游的增压空气管中。注意：所有压力传感器的工作原理都相同，均由正压力进行控制。

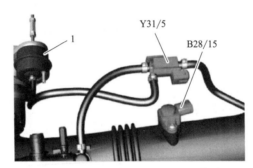

图 2-4-18　压缩机叶轮上游的压力传感器

1—真空组件；Y31/5—增压压力控制压力转换器；B28/15—压缩机叶轮上游的压力传感器

（7）电动排空阀　由于轴、压缩机叶轮和涡轮的惯性，车辆开始减速之后，涡轮增压器总是会稍稍空转。因此，当快速关闭节气门促动器时，增压压力波反作用于压缩机（图 2-4-19）。

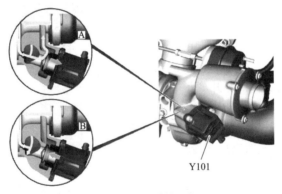

图 2-4-19　电动排空阀

Y101—排空阀；A—排空阀打开；B—排空阀关闭

该增压压力波在压缩机叶轮处实现了低输送量和高压，从而出现了所谓"涡轮增压器发出啸叫声"（短时间的嚎叫声和机械应力）的现象。

为防止出现该增压压力波，排空阀打开，并迅速释放进气管中的压力。检测到由负载模式变为减速模式时，电控多端顺序燃料喷注/点火系统（ME-SFI）控制单元会促动排空阀。排空阀打开压缩机叶轮处的旁通回路，增压压力降低。在负载模式下，排空阀被集成式弹簧关闭。

涡流风门控制改变进气口中的空气导管。每个气缸有两个进气口，其中一个可由涡流风门关闭。涡流风门促动电机通过一个连杆调节涡流风门。八个进气口中的四个进气口被连续关闭，以达到"产生涡流"的目的。为进行涡流风门控制，电控多端顺序燃料喷注/点火系统（ME-SFI）控制单元对以下传感器进行扫描：

① 节气门下游的压力传感器；
② 曲轴霍尔传感器；
③ 涡流风门霍尔传感器。

ME-SFI 控制单元根据特性图，利用脉冲宽度调制信号促动涡流风门促动电机（图2-4-20）。在暖机阶段会特别对涡流风门进行调节，以实现更为理想的混合物成分。怠速和发动机转速较低时，涡流风门关闭。这会产生较强的涡流效果，从而促进混合物的形成。涡流风门根据负荷和发动机转速进行调节，以实现所有情况下空气的最佳运动。发动机负荷较高时，涡流风门完全打开。断电时，涡流风门打开。该情况由集成在促动电机中的回缩弹簧加以保证。

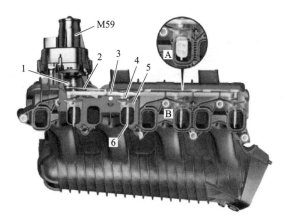

图 2-4-20　增压空气歧管

1—促动电机的调节杆；2—促动电机的连杆；3—调节轴；4—涡流风门的调节杆；5—涡流风门的
上部导向件；6—涡流风门促动电机；A—涡流风门关闭；B—涡流风门打开

9. 废气再处理

（1）空燃比控制　M271 EVO 装配有两个氧传感器：催化转换器上游的氧传感器测量废气流中氧含量的变化；催化转换器下游的氧传感器测量在催化转换器中进行处理之后的废气中的剩余氧含量。

为实现催化转换器中更高的废气转换率，混合物成分被严格控制在 $\lambda = 1$ 的限制范围内。剩余氧含量是混合物成分的一项重要指标。剩余氧含量较低意味着空气不足；换言之，就是混合物"较浓"。剩余氧含量较高则意味着空气过剩或混合物"较稀"。如果氧传感器检测到混合物过浓，则电控多端顺序燃料喷注/点火系统（ME-SFI）控制单元会缩短喷油时间，直至混合物浓度降低。如果混合物过稀，则该过程会反向进行（图 2-4-21）。

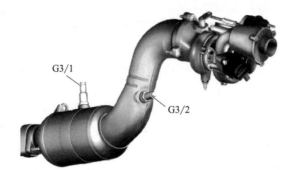

图 2-4-21　空燃比控制

G3/1—催化转换器下游的氧传感器；G3/2—催化转换器上游的氧传感器

　　催化转换器上游的氧传感器是带两个电压跳变传感器的宽频带氧传感器。催化转换器下游的氧传感器测量废气中的剩余氧含量，以实现以下目的：双传感器控制；监测催化转换器的效率。

　　（2）排气系统　排气系统由靠近发动机安装的催化转换器的单管路系统、底部催化转换器和前后消声器组成。

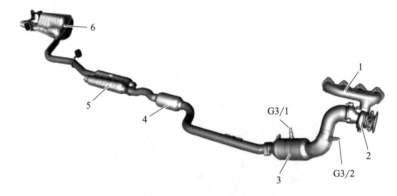

图 2-4-22　排气系统

1—排气歧管；2—涡轮增压器；3—催化转换器；4—底板催化转换器；5—前消声器；6—后消声器；

G3/1—催化转换器下游的氧传感器；G3/2—催化转换器上游的氧传感器

　　（3）二次喷射系统　电动二次空气喷射泵向排气中添加新鲜空气，以便更加迅速地将催化装换器加热至其工作温度。由于空气喷射，温度较高的排气借助于排气口中的新鲜空气燃烧。排气中的碳氢化合物（HC）和一氧化碳（CO）与新鲜空气中的氧气发生化学反应，生成水和二氧化碳。此二次燃烧过程提高了排气温度，而使催化转换器能够更快地加热，从而降低发动机暖机阶段的废气排放值。促动后，空气喷射系统保持停用状态，直至冷却液温度达到 60℃以上，然后降回至 40℃以下。因此，电动二次空气喷射泵得以冷却（图 2-4-23）。

　　转换阀利用来自真空泵的真空促动空气关闭阀，以开始空气喷射。真空泵的空气管路装配有一个止回阀，从而确保了转换阀中产生的真空不断增大并保持住。转换阀由来自电控多端顺序燃料喷注/点火系统（ME-SFI）控制单元的接地信号直接促动。空气关闭阀被促动时，会启用空气喷射。空气喷射切断时，该阀可防止空气随废气流被吸入排气口（图 2-4-24）。空气关闭阀由空气泵转换阀通过真空促动。膜片在真空的作用下打开，

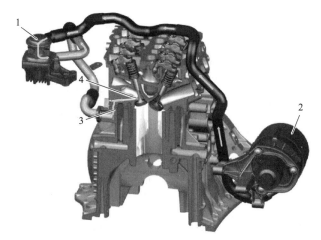

图 2-4-23　二次喷射系统

1—二次空气喷射泵的空气关闭阀；2—二次空气喷射泵；3—通向排气门的空气导管；4—排气门

来自电动二次空气喷射泵的喷射空气通过空气关闭阀进入气缸盖的排气口。膜片可防止空气在转换阀不受真空作用时进入。

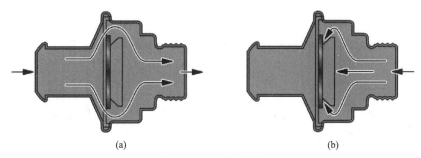

(a)　　　　　　　　　　　　　　　　(b)

图 2-4-24　空气关闭阀

10. 发动机冷却

M271 EVO 中具有三盘式功能性的电子控制双盘式节温器确保了由特性图控制冷却液温度，它可以根据要求调节各个工作位置的冷却液温度（图 2-4-25）。其优点如下。

① 部分负荷下，由于机油温度和发动机温度同时升高，发动机的摩擦力减小。

② 在高负荷范围内，发动机温度显著降低，从而实现了这些工况下更高的发动机效率。

冷启动时，冷却液回路中不存在冷却液流，也没有冷却液流经气缸盖，因此可以使燃烧室和气缸套在暖机阶段更迅速地加热。冷却液达到 80℃时，节温器打开旁通回路。部分负荷下只能达到 103℃的目标冷却液温度，冷却回路开始打开时，冷却液被控制在该温度。冷却液回路如图 2-4-26 所示。

散热器百叶窗（图 2-4-27）控制流经散热器和发动机舱的冷却空气流。随着输入冷却空气的减少，空气阻力降低且燃油经济性提高。

电控多端顺序燃料喷注/点火系统（ME-SFI）控制单元控制散热器百叶窗的关闭，从而可降低发动机舱的冷却量。同时，关闭散热器百叶窗可以显著降低发动机的外部噪声。

散热器外壳上的真空组件/调节元件对散热器百叶窗进行调节。发动机启动后，来自 ME-SFI 控制单元的接地信号促动由该单元控制的促动器。来自制动助力器的真空积聚在真空组件/调节元件中，散热器百叶窗通过连杆关闭。注意：冷却液温度达到 106℃时，散热

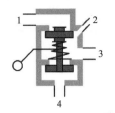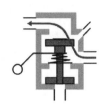

(a) 节流阀全开(发动机处于冷机状态时，两个盘片均关闭)   (b) 旁通模式(压差大于0.7bar时，旁通片打开)   (c) 混合模式〔温度高于103℃(断电)或80℃(通电)时，主盘片打开〕   (d) 冷却模式(主盘片完全打开，旁通片关闭)

图 2-4-25　带三盘式功能性的双盘式节温器的设置

1—散热器；2—加热器；3—发动机；4—旁通回路

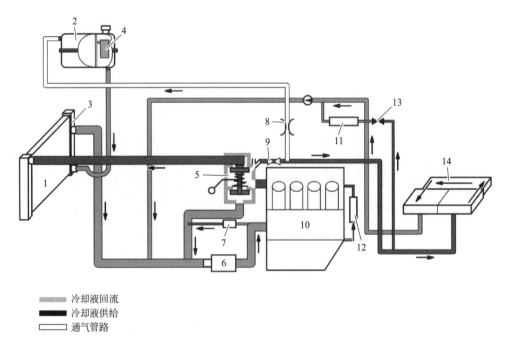

冷却液回流
冷却液供给
通气管路

图 2-4-26　冷却液回路

1—散热器；2—膨胀容器；3—变速箱冷却器；4—硅胶容器；5—具有三盘式功能性的双盘式节温器；
6—冷却液泵；7—涡轮增压器；8—节气门；9—切断阀；10—曲轴箱；11—风挡玻璃
清洗液加热器；12—发动机机油冷却器；13—复合阀；14—加热器热交换器

器百叶窗通过回缩弹簧打开，并在冷却液温度为98℃时再次通过调节元件关闭。

11. 发动机润滑

机油回路由调节式机油泵供给机油。该机油泵排量高，安装空间小且效率高。调节式机油泵（图 2-4-28）设计为叶片泵，并可通过其无限可变的供油量实现对机油压力的调节。调节式机油泵通过凸缘安装在扭转摩擦平衡器外壳后部轴承座的端面上，并由进气侧平衡轴通过一对齿轮驱动。

机油泵在清洁机油侧进行调节。机油从主油槽被引导至调节室中。在该调节室中，机油推动叶片泵的弹簧加载式调节环。达到主油槽中的目标压力时，调节环克服弹簧作用力被推动，从而降低了叶片的偏心率。这减小了机油泵的有效尺寸，供油量也随之降低，机油压力也因此无法继续升高。

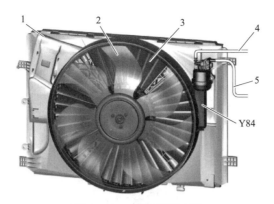

图 2-4-27　散热器百叶窗

1—散热器；2—冷却风扇；3—散热器百叶窗；4—来自制动助力器的真空管路；5—来自 ME-SFI
控制单元的信号线；Y84—散热器百叶窗的真空组件/调节器元件（可诊断）

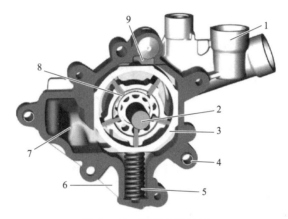

图 2-4-28　调节式机油泵

1—曲轴箱压力侧的传输点；2—驱动器；3—调节环；4—装配套筒；
5—调节环弹簧；6—外壳；7—进气管道；8—叶片；9—调节机油

　　机油液位检查开关记录机油液位，并在达到最低机油液位时将信号传送至电控多端顺序燃料喷注/点火系统（ME-SFI）控制单元。该信息通过控制器区域网络（CAN）继续传送至仪表盘，从而建议客户在润滑不足之前适时地检查机油液位（图 2-4-29）。注意：机油液位检查开关位于变速箱一端的发动机油底壳底部左侧。

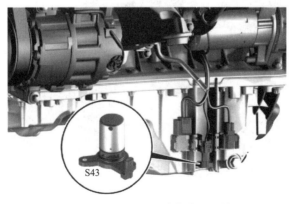

图 2-4-29　S43 机油液位检查开关

二、M271 发动机主要特点

M271 发动机主要特点如图 2-4-30 所示。

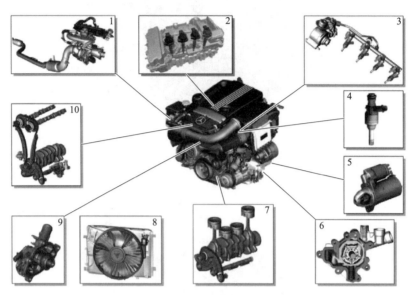

图 2-4-30　M271 发动机主要特点

1—带涡轮增压器、优化空燃比控制和二次空气喷射的排气系统；2—点火系统；3—带油量控制式燃油泵的
均质直接喷射；4—喷油器；5—ECO 启动/停止系统；6—调节式机油泵；7—扭转摩擦平衡器；8—散热器
百叶窗；9—具有三盘式功能性的双盘式节温器；10—带优化凸轮轴调节的低噪声、低维护链条传动

三、M271 发动机维修要点和难点

1. 检查凸轮轴的基本位置

① 拆下气缸盖罩 1（图 2-4-31）。

② 沿运转方向在曲轴中央螺栓处转动发动机，直至气缸 1 的活塞位于点火上止点处。
注意：皮带轮/减振器 2 上的上止点标记必须与定位缘 A 对准。进气凸轮轴和排气凸轮轴上
的凸轮必须倾斜向上地置于气缸 1 上。

图 2-4-31　检查凸轮轴的基本位置

1—气缸盖罩；2—皮带轮/减振器；3—凸轮轴调节器；A—定位缘；B—标记

③ 检查凸轮轴的基本位置。注意：凸轮轴调节器 3 上的标记（箭头所示）必须与凸轮轴轴承壳体处的标记 B 对准，如果基本位置不正确，则调节凸轮轴的基本位置。

④ 无需专门调节凸轮轴调节器 3，因为发动机垂直时，调节器会自动将凸轮轴调节至基本位置。

按照与拆卸的相反顺序进行安装。

2. 拆卸与安装凸轮轴

① 拆下气缸盖罩。

② 拆下气缸盖的前护盖。

③ 沿发动机运转方向转动曲轴的中央螺栓，直至气缸 1 的活塞位于点火上止点处（图 2-4-32）。注意：带轮/减振器上的上止点（TDC）标记必须与正时箱盖罩上的定位缘对齐。气缸 1 处的进气和排气凸轮轴的凸轮必须倾斜向上。

图 2-4-32 凸轮轴链轮

1—定位销；2—固定装置；3—凸轮轴调节器

④ 装配固定装置 2。注意：将固装置 2 安装在凸轮轴外壳顶部开口的上方。

⑤ 松开发动机正时链。

⑥ 拆下链条张紧器。

⑦ 拆下中央螺栓，然后拆下凸轮轴调节器 3。注意：同时取下正时链并固定好，以防其掉落。进气或排气凸轮轴上中央螺栓的拧松方向相同。

安装时，无需对凸轮轴调节器 3 专门进行调节，因为其装配有定位销 1（图 2-4-33）。为

图 2-4-33 凸轮轴调节器

1—定位销；3—凸轮轴调节器

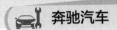

避免混淆，排气凸轮轴调节器 3 上标有"A"，进气凸轮轴调节器上标有"E"。

按照与拆卸的相反顺序进行安装。

四、发动机易出故障的装置

凸轮轴正时调节器和进排气凸轮轴链轮。

五、发动机故障诊断

1. 发动机凉车启动有异响延迟

（1）车型　奔驰 C 级 2011 年款。

（2）行驶里程　85000km。

（3）故障现象　故障灯亮起，接入电脑检测故障码为 P034062，含义为进气凸轮轴（气缸列 1）的位置传感器存在电气故障，信号比较有故障。

故障表现：凉车启动有异响延迟。

（4）解决办法　更换凸轮轴正时调节器；正时链条磨损变长，更换。

凸轮轴进排气链轮损坏的危害：不更换凸轮轴调节轮，短期没事，以后会逐步严重，导致半路熄火，无法启动。最终后果，正时调节误差太大，正时错乱，正时链条被拉断，导致活塞顶气门，发动机报废。

（5）故障原因　进排气链轮材料强度不足，磨损过度造成。

（6）解决方案　更换进排气链。

出现问题的两个正时轮极易导致正时错位，发动机异响在所难免。更换正时轮组件需要注意的是正时的对正。

2. 发动机启动困难故障诊断与排除

（1）车型　底盘号为 W212 的 2010 年款奔驰 E260。

（2）行驶里程　34900km。

（3）故障现象　在高速公路上行驶时，发动机故障灯突然点亮，一会儿就熄灭了，但加速畅顺。直到下次启动发动机时出现了启动困难，发动机故障灯亮起。

（4）故障排除　根据车主反映的情况，先用奔驰专用检测电脑 XENTRY 做快速测试，读取故障码为：P261062（发动机关闭时间存在不可信的数值，信号比较有故障）；P034062（进气凸轮轴位置传感器存在电器故障，信号比较有故障）。

根据故障码做引导测试，用 XENTRY 诊断仪直接控制进气凸轮电磁调节阀动作时，发动机明显抖动偏大，停止电磁调节阀动作时发动机运转平稳。关闭发动机后再次启动，并未出现启动困难现象，但关闭大约 10min 后，再次启动时出现故障现象。根据经验判断，发动机供油系统内泄压导致油压不足，油泵需运转几分钟后，才能形成足够的油压供发动机启动。这辆车配备的为 M271860 型缸内直喷发动机，供油系统分为低压部分与高压部分。

使用举升机将车辆升起，拆下发动机底板和变速器底板，然后接上油压表测试低压油路的泄漏状况，启动发动机后油压表显示为 4.3bar。关闭发动机后等待 30min 观察油压表显示为 3.8bar，在正常压力范围内。由于高压部分是无法接油压表测量的，只能通过 XEN-TRY 电脑检测高压燃油系统的密封性，显示高压燃油系统密封性良好。问题很有可能出现在点火正时机构上。

故障的主要原因：根据 M271860 型发动机电控系统工作原理，主要原因有以下几点：进气凸轮轴霍尔传感器故障；发动机控制单元至进气凸轮轴霍尔传感器之间的线路出现短路或断路；曲轴位置传感器故障；发动机控制单元至曲轴位置传感器之间的线路出现短路或断路；进气凸轮轴调节轮卡滞不能回位；发动机正时机构错位；发动机控制单元故障。

故障诊断与分析：根据 XENTRY 诊断仪显示，故障码与进行凸轮轴霍尔传感器有关。所以先检查进气凸轮轴霍尔传感器和曲轴位置传感器的安装位置与牢固情况，未发现异常。测量进气凸轮轴霍尔传感器和曲轴位置传感器的电压为 12V，正常。测量发动机控制单元进气凸轮轴霍尔传感器和曲轴位置传感器的导线电阻为 0.4Ω，正常。用示波器测量进气凸轮轴霍尔传感器和曲轴位置传感器的波形图，从图形看传感器功能正常。

考虑到发动机控制单元的故障率比较低，所以拆下气门室盖，将曲轴带轮 OT 点对准正时箱盖罩的定位点，检查正时机构的配气状况，发现进气凸轮轴调节轮快了半个齿位。反复将曲轴带轮转动 2 圈，进气凸轮轴调节轮始终快半个齿位。正常情况下曲轴带轮 OT 点应对准正时箱盖罩的定位点，进气和排气凸轮轴上的标记与调节轮的标记对准。由于进气凸轮轴调节轮位置过早，导致发动机控制单元在短时间内未能识别到 1 缸的点火上止点，因此导致故障的出现。

（5）解决方案 将进气凸轮轴调节轮更换后，用 XENTRY 诊断仪清除故障码，经过 4h 的试车后确定故障已排除。

第五节 奔驰 M256 发动机

一、M256 发动机技术原理

1. 曲轴箱和曲轴总成

曲轴箱由压铸铝制成。气缸接触面由梅赛德斯-奔驰专利双丝电弧喷涂方法加工而成。与铸铁衬套相比，内部开发的 NANOSLIDE® 技术可明显降低摩擦损失。双丝电弧喷涂方法是将一层铁喷涂到预加工的曲轴箱上，随后的精密加工创造了极光滑的摩擦优化套管，其显著防止了磨损，并因其薄度保证了对冷却液保护套的最佳热传递。

曲轴和连杆由锻钢制成。较高的规定输出功率增加了活塞顶部的热负荷和机械负荷。为降低这些负荷以及降低活塞顶部的温度，活塞装备了冷却管。借助于活塞冷却装置获得的活塞顶部温度，有助于确保稳定的燃烧，同时还降低发动机内的排放水平。活塞冷却装置集成在机油回路的热量管理系统中。

2. 机油回路——"SplitOiling 概念"

机油回路的重要开发目标是凸轮轴的高调节性能，这主要是为了减少排放并实现更高的动态驾驶标准（图 2-5-1）。目标是提供带所需水平油压的液压凸轮轴调节器，以便在怠速时可实现所需速度的调节。

在六缸直列式发动机中，主要操作范围内产生的抑制性平均凸轮轴载荷力矩，对油压水平有较高要求。这是首次使用所谓的"SplitOiling 概念"的地方，指的是机油回路，其永久性地为凸轮轴套节气门提供稳定的、液压控制的高压，以及剩余润滑点的控制低压，为此仅使用一个可变的容积流量叶片式油泵。

为节省空间，低压管理系统的硬件集成在机油滤清器模块中。电磁阀用于促动引导控制活塞，后者打开高压和低压之间所需的横截面积。压力和主润滑油道中的温度传感器关闭闭环控制电路。

新系统还显示出了所需的控制软件的变化，这基本上适用于"SplitOiling 概念"并借助

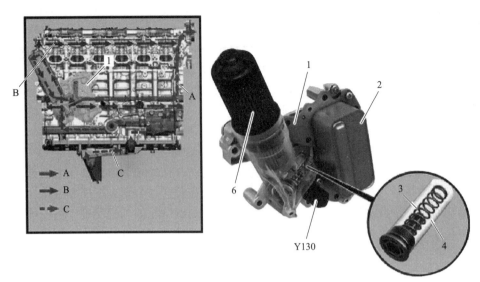

图 2-5-1　SplitOiling 概念

1—机油模块；2—热交换器；3—回位弹簧；4—控制柱塞；6—机油滤清器滤芯；

Y130—发动机油泵阀；A—高压；B—低压；C—非控制油压

于进一步的特性形成智能热量管理系统的一部分。这还包括按需传输的活塞冷却装置，其无需附加管道和电气促动器。低压侧的已改进用电设备供给确保最低可能的机油流率，同时其还是热量管理系统的一部分。在暖机过程中，微粒排放可因此明显减少。

发动机启动时油压的迅速增加、从怠速开始的高压水平，以及凸轮轴调节器的高级调节准备就绪状态可为响应问题和消耗提供必要的保障。

3. 发动机视图

（1）发动机顶部前视图（图 2-5-2）

（2）发动机左视图（图 2-5-3）

（3）发动机右视图（图 2-5-4）

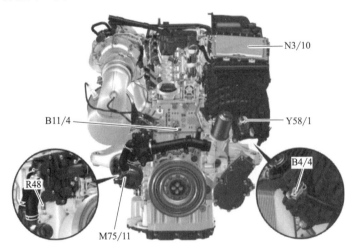

图 2-5-2　发动机顶部前视图

B4/4—净化压力传感器；B11/4—冷却液温度传感器；M75/11—电动冷却液泵；N3/10—电控多端顺序燃料

喷注点火系统（ME-SFI）（ME）控制单元；R48—冷却液节温器加热元件；Y58/1—净化控制阀

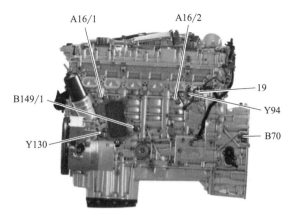

图 2-5-3 发动机左视图

19—燃油系统高压泵；A16/1—爆震传感器1；A16/2—爆震传感器2；B70—曲轴霍尔传感器；
B149/1—发动机油压力和温度传感器；Y94—油量控制阀；Y130—发动机油泵阀

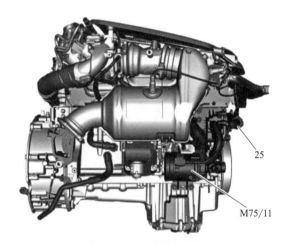

图 2-5-4 发动机右视图

25—冷却液节温器；M75/11—电动冷却液泵

（4）发动机后视图（图 2-5-5）

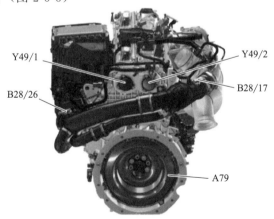

图 2-5-5 发动机后视图

A79—集成式启动机发电机；B28/17—涡轮增压器下游的压力和温度传感器；B28/26—节气门上游的
压力和温度传感器；Y49/1—进气凸轮轴电磁阀；Y49/2—排气凸轮轴电磁阀

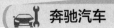
4. 气缸盖和燃烧

106.7kW/L 的高功率容积排量比以及紧凑型设计（缸孔空间为 90mm，缸径直径为 83mm）会造成气缸盖中的高热负荷。

增压空气冷却器集成用以优化热量平衡，其高强度增压可获得对压缩空气很好的冷却效果。此外，增压空气冷却器的优点在于出色的相同配比，各气缸的最大差异为 5K。

安装专用排气门还可降低热负荷。钠冷却式排气门还用作空心平座阀，与之前的空心阀相比（带钠填充的阀杆），其优点在于散热水平显著提高。较小的排气门和较高热传导性的火花塞以及较小的直径（螺纹 M10）可在拉杆头处获得较好的冷却，从而减少爆震的倾向。

5. 气门机构和可变气门升程系统（CAMTRONIC）

为获得更多经济正时，进气凸轮轴的调节范围已增加至 70°曲轴转角（CKA）（图 2-5-6）。除此之外，M256 还装配有梅赛德斯-奔驰可变气门升程系统（CAMTRONIC），即可变发动机正时，可实现进气侧的两级行程转换。

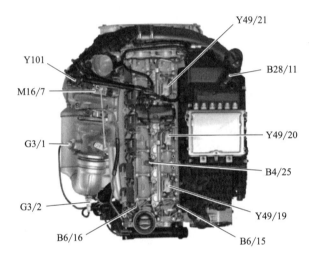

图 2-5-6　发动机俯视图

B4/25—燃油压力和温度传感器；B6/15—进气凸轮轴霍尔传感器；B6/16—排气凸轮轴霍尔传感器；B28/11—空气滤清器下游的压力传感器；G3/1—催化转换器下游的氧传感器；G3/2—催化转换器上游的氧传感器；M16/7—增压压力控制阀促动器；Y49/19—1 号气缸和 2 号气缸进气可变气门升程系统（CAMTRONIC）促动器；Y49/20—3 号气缸和 4 号气缸进气可变气门升程系统（CAMTRONIC）促动器；Y49/21—5 号气缸和 6 号气缸进气可变气门升程系统（CAMTRONIC）促动器；Y101—空气分流转换阀

可变气门升程系统（CAMTRONIC）和带较大调节范围可变凸轮轴调节器的组合，可实现较低负荷范围内增压变化损失的明显降低，通过阿特金森（Atkinson）正时策略适用于较大气门升程以及较小气门升程。

在较小气门升程下操作需要燃烧稳定措施。为允许由明显减少的增压运动以及点火正时处的较低混合温度所导致的不良的火焰发展条件，将燃油通过多次部分喷射导入燃烧室中，如果必要，则通过多火花点火支持火焰发展。

还设计了不对称凸轮轮廓，以通过增加的增压运动进行进一步的稳定燃烧。由此产生的覆盖在燃油/空气混合物上的涡旋仍在运动，并由此确保在最低可能负荷下更加稳定的发动机运转。

可变气门升程系统（CAMTRONIC）气门升程调节的功能顺序如下。

在可变气门升程系统（CAMTRONIC）气门升程调节的情况下，对进气凸轮轴中的进气门进行低升程和高升程凸轮轮廓之间的控制转换。

基本输入因素为发动机转速、载荷和温度。在部分负荷范围内，进气门通过低升程凸轮轮廓促动。因此其尚未打开且关闭较早，短暂的打开时间与宽打开范围的节气门会消除部分负荷范围中对气流的阻碍，同时下部气门升程减少摩擦力，都有助于提高燃油经济性。根据驾驶员负荷请求，通过以下部件进行转换：

① 1 号气缸和 2 号气缸进气可变气门升程系统（CAMTRONIC）促动器；

② 3 号气缸和 4 号气缸进气可变气门升程系统（CAMTRONIC）促动器；

③ 5 号气缸和 6 号气缸进气可变气门升程系统（CAMTRONIC）促动器。

促动器通过来自电控多端顺序燃料喷注/点火系统（ME-SFI）（ME）控制单元的脉冲宽度调制信号促动。

进气凸轮轴由以下部件组成：6 个进气凸轮件安装在支撑架轴上；1 个凸轮件控制 1 个气缸的进气门；一个可变气门升程系统（CAMTRONIC）促动器同时促动 2 个凸轮件。凸轮本身是每个气门都带两个曲面的双凸轮形式。如果较陡的凸轮部分启用，则气门升程增加且气门打开较长时间。如果切换至凸轮较平坦的部分，则气门升程缩短且气门快速关闭。

如果发动机转速增加或负载请求增加，则进气凸轮轴上的凸轮件切换至高升程凸轮轮廓。为此，相应促动器中的线圈通电，且气门挺杆沿凸轮件上的相应曲线轨道移动。通过凸轮轴的转动和曲线轨道的形状，凸轮件沿轴向运动，且高升程凸轮轮廓作用于进气门。曲线轨道中的倾斜随后导致气门挺杆返回启动位置。

为将凸轮轴重新设置到低升程，将第二个气门挺杆移入邻近曲线轨道并相应地重新设置。气门挺杆的位置确定由促动器中的集成式霍尔传感器实现（图 2-5-7）。发动机俯视图如图 2-5-8 所示。

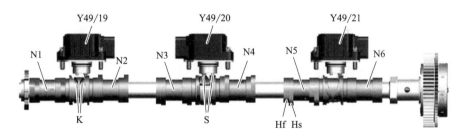

图 2-5-7　进气凸轮轴

Hf—凸轮的平坦部分；Hs—凸轮的较陡部分；K—曲线轨道；N1—1 号气缸凸轮件；N2—2 号气缸凸轮件；N3—3 号气缸凸轮件；N4—4 号气缸凸轮件；N5—5 号气缸凸轮件；N6—6 号气缸凸轮件；S—柱塞；Y49/19—1 号气缸和 2 号气缸进气可变气门升程系统（CAMTRONIC）促动器；Y49/20—3 号气缸和 4 号气缸进气可变气门升程系统（CAMTRONIC）促动器；Y49/21—5 号气缸和 6 号气缸进气可变气门升程系统（CAMTRONIC）促动器

6. 集成式起动机-发电机

此处使用的能量存储装置是 48V 锂离子蓄电池，能量约为 $1kW \cdot h$。该蓄电池可非常紧凑地集成并与按需供应的冷却和加热系统结合在一起（图 2-5-9）。

在"P1 布局"中，集成式起动机-发电机通过螺栓刚性连接至曲轴，并安装在发动机和 9 速自动变速箱（9G-TRONIC）之间。电力电子装置位于锥形齿轮起动机（不再安装使用）的安装位置。

集成式起动机-发电机的任务是交换驱动轴和 48V 车载电气系统之间的能量，通过以下

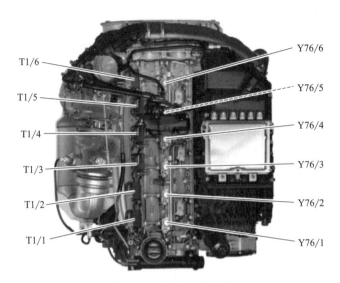

图 2-5-8　发动机俯视图

T1/1—1 号气缸的点火线圈；T1/2—2 号气缸的点火线圈；T1/3—3 号气缸的点火线圈；T1/4—4 号气缸点火线圈；
T1/5—5 号气缸的点火线圈；T1/6—6 号气缸的点火线圈；Y76/1—1 号气缸的喷油器；Y76/2—2 号气缸的喷油器；
Y76/3—3 号气缸的喷油器；Y76/4—4 号气缸的喷油器；Y76/5—5 号气缸的喷油器；Y76/6—6 号气缸的喷油器

图 2-5-9　集成式起动机发电机（A79）分解图

A79—集成式起动机-发电机；N129—起动机-发电机控制单元

两种不同的方式操作。在发动机模式中，通过提供发动机转矩可启动固定式内燃机（起动机）以及对已转动的驱动轴进行加速。在发电机模式中，其可产生电能（发电机）并供给48V 车载电气系统以及为 48V 车载电网蓄电池（G1/3）充电。集成式设计指转矩在集成式起动机-发电机和曲轴之间传送，不通过任何集成式传送元件。

起动机-发电机控制单元用来设置集成式起动机-发电机的三相空调系统和 48V 车载电气系统的直流系统之间的电气连接器。内置于集成式起动机-发电机的是一个带永久励磁的三相线圈、一个获取角度位置的解析器和两个温度传感器。

7. 充气系统

（1）概述 增压概念的目标是为了获得最好的响应特性以及高发动机输出功率。所需的安装空间条件通过位于发动机舱中的废气排放控制部件实现，同时希望获得发动机系列中元件的高通用化水平，其是选择单一涡轮概念的决定性因素。为在低速范围内通过 320kW 的大功率发动机获得明显的响应，使用了较大的涡轮增压器和辅助压缩机，后者集成在 48V 车载电气系统中。

安装在 M256 中的涡轮增压器是带气隙绝缘排气歧管的"双涡流技术"涡轮增压器，包括 1～3 号气缸和 4～6 号气缸的涌流分离装置。高水平的垂直整合可使特殊高品质低镍合金钢与涡轮外壳的专用低压铸件配套使用。

为背压优化气体布置设置特殊数值，设计涡轮外壳和歧管之间的连接点以及相对于彼此的滑动配合的密封性。该设计有助于显著减少增压变化损失，同时还在废气流最低时提供极好的涡轮增压器响应特性。

另一个优点在于低内部泄漏率和歧管气隙隔热层的连接，这有助于明显降低排气歧管的表面温度，从而消除发动机"热面"的热情况，特别是在高动态驱动或后加热阶段。

增压系统的设计如图 2-5-10 所示。

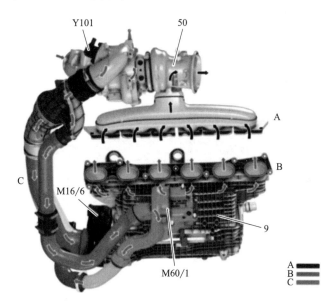

图 2-5-10 增压系统的设计

9—增压空气冷却器；50—涡轮增压器；M16/6—节气门促动器；M60/1—电动辅助压缩机；Y101—空气分流转换阀；
A—排气门；B—增压空气冷却器下游的增压空气（已冷却）；C—涡轮增压器下游的增压空气（未冷却）

（2）增压的功能顺序 功能顺序划分成以下子功能：增压压力控制的功能顺序；旁通空气的功能顺序；电动辅助增压的功能顺序。

① 增压压力控制的功能顺序。通过增压压力控制风门促动器（M16/7）进行增压压力控制。电控多端顺序燃料喷注/点火系统（ME-SFI）（ME）控制单元以特性图和负荷控制方式促动促动器，以进行增压压力控制。为此，电控多端顺序燃料喷注/点火系统（ME-SFI）（ME）控制单元评估来自以下传感器的信号和发动机管理系统的功能。

a. 增压空气压力和温度传感器（B4/32），增压压力以及增压空气温度；

b. 节气门上游的压力和温度传感器（B28/26），增压压力以及增压空气温度；

c. 涡轮增压器下游的压力和温度传感器（B28/17），增压压力以及增压空气温度；

d. 空气滤清器下游的压力传感器（B28/11），进气压力；

e. 油门踏板传感器（B37），驾驶员的载荷请求；

f. 曲轴霍尔传感器（B70），发动机转速；

g. 爆震控制，变速箱过载保护，过热保护。

在全负荷操作时，产生最大增压压力。为减小增压压力，通过打开增压压力控制阀，用于驱动涡轮的废气流通过旁路被转移。增压压力控制风门促动器通过连杆促动增压压力控制风门，后者关闭旁路。一部分废气流通过旁路被引导至涡轮，由此可调节增压压力并限制涡轮转速。通过这种方式，可根据发动机的当前负荷需求调节增压压力。

为监测由涡轮增压器到增压空气分配器的增压空气管路中的当前压力和温度情况，电控多端顺序燃料喷注/点火系统（ME-SFI）（ME）控制单元评估压力和温度传感器的信号，并将增压压力调节至发动机相关请求。

② 旁通空气的功能顺序。在车辆处于减速模式时，由于轴、压缩机和涡轮的惯性，废气涡轮增压器会继续转动一段时间。因此，如果快速关闭节气门，一股增压压力波会传回增压器叶轮。该增压压力波会产生一个具有较低输送量的状态并在压缩机叶轮处形成高压状态，如此会引起增压器泵动（短促的咆哮声和机械应力）。打开旁通空气转换阀，可通过涡轮增压器（ATL）进气侧的旁通管路快速减压，从而防止此情况发生。涡轮增压器示意如图 2-5-11 所示。

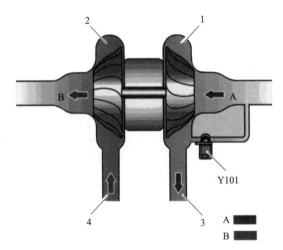

图 2-5-11　涡轮增压器示意

1—压缩机；2—涡轮；3—至节气门；4—自排气歧管；Y101—空气分流转换阀；A—新鲜空气；B—排气

发动机在负荷下工作时，增压压力被施加至膜片，然后保持旁通关闭。如果发动机关闭，就会通过集成在减速空气转换阀中的弹簧将膜片压入基座中。如果电控多端顺序燃料喷注/点火系统（ME-SFI）（ME）控制单元通过实际数值电位（M16/6r1，M16/6r2）检测到节气门关闭从而启用减速模式，则会促动旁通空气转换阀。膜片克服弹簧作用力和增压压力被拉开，打开通向进气侧的旁通，因而释放过多的增压压力。

如果发动机从减速模式切换至负荷工作状态，则旁通空气转换阀将不再被促动。弹簧将膜片压向底座方向。膜片被现有增压压力拉入底座，从而再次关闭旁通管路。减速空气转换阀的剖面图如图 2-5-12 所示。

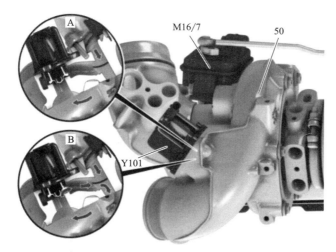

图 2-5-12　减速空气转换阀的剖面图

50—涡轮增压器；M16/7—增压压力控制阀促动器；Y101—空气分流转换阀；A—状态：已关闭；B—状态：已打开

③ 电动辅助增压的功能顺序。增压压力直接取决于涡轮增压器的转速，后者由废气流驱动。因此在较低转速范围下涡轮增压器产生的增压压力相当低，且仅在发动机转速增加时而增加。当驾驶员迅速要求较高动力时，建立增压压力需要一定时间，以使发动机动力可全部输出，该行为在增压发动机中被称为"涡轮迟滞"。

为抵消涡轮迟滞并在整个转速范围中形成均匀的高增压压力，在较低转速范围内通过电动辅助压缩机（M60/1）生成部分增压压力，可用增压压力可达到最大 450mbar。

在任何发动机转速下，发动机管理系统都会根据发动机的负荷请求和工作状态以及环境条件计算目标增压压力。由于涡轮增压器在低转速范围下无法生成目标增压压力，因此通过促动电动辅助压缩机补偿实际增压压力和目标增压压力之间的压差。为此，发动机管理系统计算辅助压缩机转速，后者根据所需增压压力计量。

在转速达到 3000r/min 时，辅助压缩机通过内部控制器区域网络（CAN）总线由电控多端顺序燃料喷注/点火系统（ME-SFI）（ME）控制单元促动。

在其输出功率大于 5kW 时，使用冷却液已冷却的电动辅助压缩机提供更多自发的增压压力增长。其位于发动机冷侧，在快速进入增压空气冷却器之前，在 300ms 内，其达到最大速度 70000r/min，以及最大压力比 1.45。

在辅助压缩机促动过程中，记录节气门下游的压力和温度传感器的信号，以监测增压压力。当涡轮增压器继续自行运行时，压力测量通过涡轮增压器下游的压力和温度传感器执行。电动辅助压缩机位于发动机左侧，涡轮增压器和节气门之间增压空气冷却器的后面。

发生的所有故障均传送至电控多端顺序燃料喷注/点火系统（ME-SFI）（ME）控制单元并记录为故障码，标称速度可借助于 XENTRY Diagnostics 手动规定。

（3）排气处理　作为新发动机系列的成员，M256 还贯彻安装在发动机旁边的所需催化转换器体积的集成装置的概念，以在冷启动下尽快实现加热 M256，还装配非常先进的汽油微粒滤清器（OPF）。使用的催化涂层是新开发的，且其还为背压进行了优化。空燃比控制通过催化转换器上游的直列式氧传感器和位于两个催化转换器之间的平面式传感器进行。

完整的催化转换器箱完全绝缘并具有模块设计，以便符合相应的扩展全球排放标准。汽油微粒滤清器（OPF）位于车辆底部中第一膨胀阶段，提供显著减少微粒数量的有效方法。

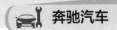
汽油微粒滤清器（OPF）技术的工作原理基于柴油微粒滤清器概念。当微粒分离程度足够高时，由汽油微粒滤清器（OPF）进行的废气背压可能降至最低。

选择汽油微粒滤清器（OPF），一方面，实现最佳过滤效果；另一方面，当里程增加时为汽油微粒滤清器（OPF）中的油灰沉积提供足够的容积。总之，模块设计概念提供高性能和背压优化排放控制系统，适用于新的 M256 在现实驾驶条件下（高输出功率密度排放）的处理排放（图 2-5-13）。

图 2-5-13　排气系统
30—催化转换器；31—汽油微粒滤清器

8. 排气系统

排气系统主要任务：

① 清洁燃烧气体；

② 对车辆的燃烧排放进行释放；

③ 压力波动的阻尼由燃烧室中的激增性燃烧产生；

④ 减少噪声排放。

排气系统的设计对发动机的可用转速范围中的可用转矩产生了显著的影响。排气系统被动参与增压变化，系统的形状影响位于其中的废气的振动。这些振动在排气门打开时支持燃烧室中燃烧气体的释放。最好借助于可变正时和风门控制排气系统实现。排气风门促动电机在各排气尾管中控制排气风门，以将排气系统中的噪声水平最小化。排气风门促动电机由传动系统控制单元（N127）控制促动。此时，排气风门可完全关闭或打开，或可根据使用的特性图持续在存储的中间位置进行调节。

可诊断排气风门促动电机，如果排气风门没有打开，其将反馈传送至传动系统控制单元，然后降低发动机输出功率。

根据设定的驾驶模式，将特性图存储在控制单元的排气风门打开的特性中。排气系统如图 2-5-14 所示。

9. 电动冷却液泵

电动冷却液泵位于发动机右前部，排气系统下方。电动冷却液泵可确保冷却液在发动机的高温回路中按需循环。电动冷却液泵由电控多端顺序燃料喷注/点火系统（ME-SFI）（ME）控制单元（N3/10）通过局域互联网（LIN）信号促动。其在评估以下信号后进行调节：

① 冷却液温度；

② 加热器请求；

③ 发动机转速；

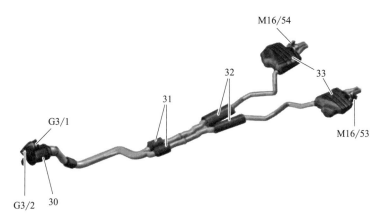

图 2-5-14　排气系统

30—催化转换器箱；31—汽油微粒滤清器；32—中部消声器；33—后消声器；G3/1—催化转换器下游的氧传感器；
G3/2—催化转换器上游的氧传感器；M16/53—左侧排气风门促动电机；M16/54—右侧排气风门促动电机

④ 发动机转矩。

冷却液温度低于 75℃时，电动冷却液泵停用，而智能气候控制系统控制单元（N22/1）特别要求来自电动冷却液泵的泵送量（图 2-5-15）的情况除外。发动机冷却液回路如图 2-5-16 所示。

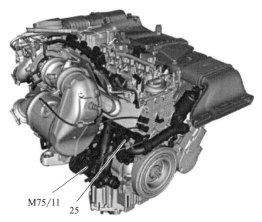

图 2-5-15　电动冷却泵

25—冷却液节温器；M75/11—电动冷却液泵

低温回路 1 和 2 示意如图 2-5-17 所示。

10. 电动制冷剂压缩机

电动制冷剂压缩机（图 2-5-18）位于发动机左侧。

电动制冷剂压缩机负责吸入和压缩制冷剂。电动制冷剂压缩机持续进行速度控制以符合 700～9000r/min 的蒸发器温度。电动制冷剂压缩机根据车外温度和高压蓄电池的温度进行开启或关闭。如果车外温度低于 2℃，则电动制冷剂压缩机通常关闭。

智能气候控制单元（N22/1）通过智能气候控制局域互联网 2（LINB8-2）促动电动制冷压缩机。

电动制冷剂压缩机（A9/5）如图 2-5-19 所示。

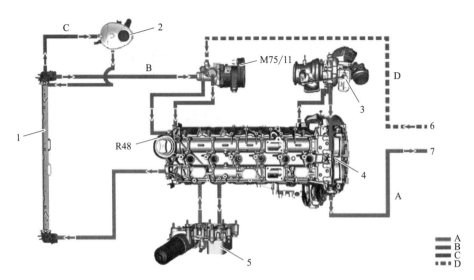

图 2-5-16　发动机冷却液回路

1—散热器；2—膨胀容器；3—涡轮增压器；4—内燃机；5—带发动机油冷却器的机油模块；6—加热器回流管；

7—加热器供给；M75/11—电动冷却液泵；R48—冷却液节温器加热元件；A—热态冷却液回流；

B—冷态冷却液供给；C—通风/冷却液膨胀；D—加热器回流的冷态冷却液

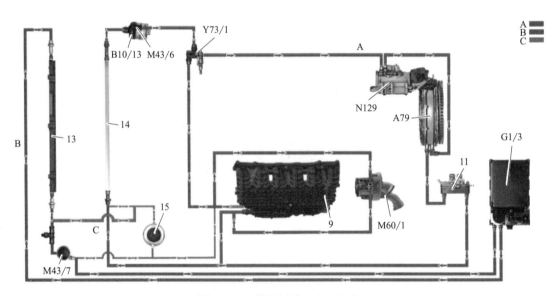

图 2-5-17　低温回路 1 和 2 示意

9—增压空气冷却器；11—变速箱油冷却器；13—低温回路 2 冷却器；14—低温回路 1 冷却器；15—低温回路 1 和

2 的冷却液膨胀容器；A79—集成式起动机-发电机；B10/13—低温回路温度传感器；G1/3—48V 车载电网蓄电池；

M43/6—低温回路循环泵 1；M43/7—低温回路循环泵 2；M60/1—电动辅助压缩机；N129—起动机-发电机

控制单元；Y73/1—低温回路转换阀；A—低温回路 2；B—低温回路 1；C—膨胀容器冷却液管

　　电动制冷剂压缩机控制单元调节电机的转速和制冷剂数量，电机驱动螺旋压缩机。它由两个相互缠绕的螺旋组成，其中一个与外壳永久连接，另一个在第一个螺旋内的圆周内旋转。此时螺旋在线圈内构成几个逐渐变小的室，在这些小室内，压缩的制冷剂以这种方式到达中央位置，然后在此压缩后排出。

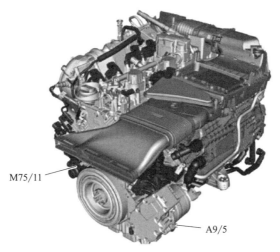

图 2-5-18 电动制冷剂压缩机安装位置

A9/5—电动制冷剂压缩机；M75/11—电动冷却液泵

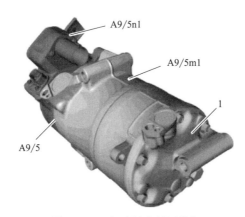

图 2-5-19 电动制冷剂压缩机

1—螺旋压缩机；A9/5—电动制冷剂压缩机；A9/5m1—制冷剂压缩机电动机；

A9/5n1—制冷剂压缩机控制单元和电力电子装置

二、M256 发动机主要特征

长缸体发动机中许多基本技术模块的设计标准为二氧化碳（CO_2）效率，其核心是减少摩擦，通过"SplitOiling 概念"、燃烧优化和使用带高级进气阀关闭装置的可变气门升程系统（CAMTRONIC）进一步优化机油回路。

1. 摩擦优化

许多具体措施执行的目标是进一步减少由发动机中移动部件造成的摩擦损坏，这包括：

① 直列式发动机，12mm 偏置；

② 通过使用集成式起动机-发电机（ISA）对所有辅助工具系统进行电动化，从而停止皮带驱动；

③ 减少摩擦，使链条传动更快；

④ 曲轴轴承和两个曲轴销的连杆供油装置各由基本轴承中的新月形供给槽组成；

⑤ 带优化活塞环的活塞；

⑥ 通过最新一代 NANOSLIDE® 技术喷涂气缸涂层；

⑦ 通过压力控制式双回路系统优化机油回路并降低机油流率；

⑧ 使用低黏度机油。

2. 新特征

① 偏置发动机（即与曲轴轴线相对的缸孔向冷侧偏置）。

② 摩擦优化发动机。

③ 变速箱侧的正时总成。

④ 曲轴箱和气缸盖由铝制成，其与锆石铸成合金，能更有效地消散热量。

⑤ 气缸套采用 NANOSLIDE® 技术（铁碳）。

⑥ 专为 120bar 的最大燃烧室压力而设计，在其使用寿命期间可为进一步增加输出功率进行充足的储备。

⑦ 发动机支架由塑料制成。

⑧ 安装在发动机旁边的未来兼容的排气系统模块。

⑨ 集成式起动机-发电机（ISA）。

⑩ 电动辅助压缩机。

⑪ 无带式发动机。

⑫ 电动冷却液泵。

⑬ 电动制冷剂压缩机。

三、M256 发动机维修要点和难点

1. 检查凸轮轴的基本位置

① 拆下排气凸轮轴的霍尔传感器。

② 拆下进气凸轮轴的霍尔传感器。

③ 沿发动机转动方向将发动机转动至 1 号气缸的点火上止点（TDC）处（图 2-5-20）。

注意：如果标记 M 不可见，则 1 号气缸的活塞未置于点火上止点（TDC）处。

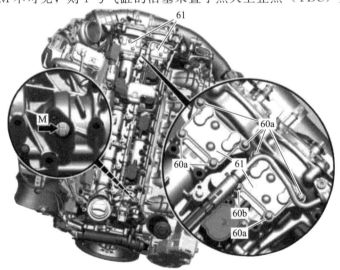

图 2-5-20　检查凸轮轴的基本位置

60a,60b—螺栓；61—保护盖；M—标记

④ 拆下空气滤清器下游的发动机进气道。

⑤ 拆下前部隔噪装置。

⑥ 将全负荷排气管路从油分离器上拆下。

⑦ 拆下后部隔噪装置。

⑧ 拆下螺栓 60a。

⑨ 松开螺栓 60b。

注意：松开和拧紧螺栓 60b 时，不要损坏燃油高压管路，否则会出现泄漏。

⑩ 拆下保养盖 61。

⑪ 将定位工具（图 2-5-21）安装到检修孔中以检查凸轮轴的基本位置。注意：定位工具必须以拆解的方式插入检修孔中。

⑫ 按照与拆卸的相反顺序进行安装。

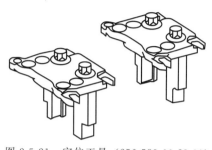

图 2-5-21　定位工具（256 589 00 23 00）

2. 拆卸与安装凸轮轴

（1）拆卸凸轮轴

① 拆下凸轮轴外壳。

② 拆下进气凸轮轴 4 的凸轮轴调节器（图 2-5-22）。

③ 拆下排气凸轮轴 5 的凸轮轴调节器。

④ 将气缸盖罩从凸轮轴外壳上拆下。

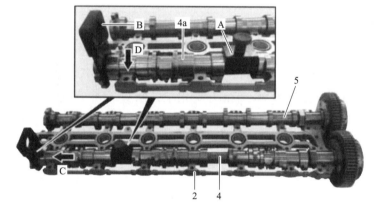

图 2-5-22　拆卸与安装凸轮轴

2—凸轮轴外壳底部；4—进气凸轮轴；4a—可变气门升程系统
（CAMTRONIC）元件；5—排气凸轮轴；A—端部挡块；B—垫片

⑤ 将排气凸轮轴 5 从凸轮轴外壳底部 2 拆下。

⑥ 将进气凸轮轴 4 从凸轮轴外壳底部 2 拆下。

（2）安装凸轮轴

① 将排气凸轮轴 5 插入凸轮轴外壳底部 2。注意：用发动机油润滑凸轮轴支承点。

② 将端部挡块 A 插入进气凸轮轴 4 中。

③ 将垫片 B 插入进气凸轮轴 4 中。

④ 将可变气门升程系统（CAMTRONIC）元件 4a 按指定的方向（箭头 C）压向垫片 B。

⑤ 将进气凸轮轴 4 插入凸轮轴外壳底部 2。注意：确保可变气门升程系统（CAMTRON-IC）元件 4a 在插入过程中（箭头 D）未扭结；用发动机油润滑凸轮轴支承点。

⑥ 拆下垫片 B 和端部挡块 A。

⑦ 将气缸盖罩安装到凸轮轴外壳上。

⑧ 安装进气凸轮轴 4 的凸轮轴调节器。

⑨ 安装排气凸轮轴 5 的凸轮轴调节器。

⑩ 安装凸轮轴外壳。

装配工具如图 2-5-23 所示。

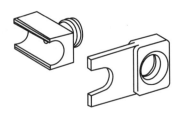

图 2-5-23　装配工具（256 589 03 31 00）

第六节　奔驰 M282 发动机

一、M282 发动机技术原理

1. "NVH" 措施

由于全面的 "NVH" 措施（噪声、振动、声振粗糙度），与 M270 相比，噪声和振动舒适性可再次提高。

2. 曲轴箱

曲轴箱采用 "缸顶外漏" 结构，采用压铸铝工艺制造。M282 连续减阻的其他部件是基于双丝电弧喷涂涂层工艺的气缸涂层。除了摩擦减小外，重量较轻也是创新气缸套技术的优势（图 2-6-1）。因为该原因以及由于排量减小了约 16%，与 M270 相比，曲轴箱的质量优势共约 5kg。使用低摩擦油的发动机设计对减少二氧化碳起到了更重要的作用。

3. 曲轴总成

曲轴和连杆由锻钢制成。缩小至直径 42mm 的主轴承和 40mm 的连杆轴承的轴承点及超精细加工有助于改善摩擦。轴承点 1 中的轴瓦聚合物涂层确保发动机的停止-启动能力。

活塞由铝铸造工艺制成。凹槽 1 和 3 中的活塞环的 "DLC" 涂层会使摩擦系数非常低。此外，活塞裙已调节且活塞提供有减摩涂层。由于输出提高，活塞顶部的热负荷和机械负荷增加。为减少热负荷并降低活塞顶的温度，使用喷油嘴冷却活塞。活塞冷却为降低活塞顶部温度创造了条件，在保持稳定燃烧的同时降低发动机排放。活塞冷却装置集成在机油回路的热量管理系统中。

图 2-6-1　曲轴箱

带链条传动的曲轴总成如图 2-6-2 所示。

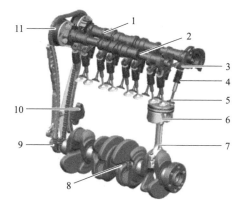

图 2-6-2　带链条传动的曲轴总成

1—排气凸轮轴；2—进气凸轮轴；3—滚子型凸轮随动件；4—气门弹簧；5—排气门；

6—活塞；7—连杆；8—曲轴；9—正时链；10—链条张紧器；11—凸轮轴调节器

4. 机油回路和通风装置

M282 通过体积流量控制式叶轮泵分两个压缩级供油。泵位于发动机的油底壳中并通过齿形链驱动。通过控制单元利用包括发动机转速和发动机负荷的特性曲线图进行两个压缩阶段的控制。由于低转速/负荷范围处油压的降低，泵驱动输出降低且节省燃油。选择性打开和关闭喷油嘴的压力装置，使其在低压缩阶段关闭。因此，发动机进一步降低机油流率并节省燃油。

在气缸盖罩中集成有发动机气体"漏气"的机油分离系统。在油分离器的下游使用用于协调曲轴箱压力的调压阀。部分负荷和满负荷路径下，隔板内部结构非常紧凑，且包括止回阀，大大减少了外部管路。

5. 气缸盖和气门机构

全新的"三角形"气缸盖体现了特殊设计的特点。此处的关键是轻量化和极紧凑型结构，如凸缘表面斜度大、内部有气门间隙补偿元件、最低的凸轮轴距离、从进气口到涡轮增压器的气体路线设计、部分集成式排气歧管，以及高效冷却和中央喷射器优化位置（图 2-6-3～图 2-6-5）。

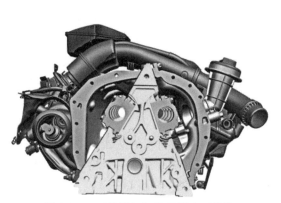

图 2-6-3　三角形气缸盖的紧凑型结构

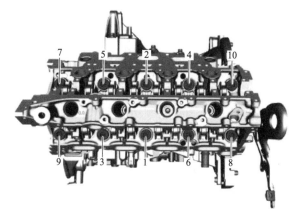

图 2-6-4　三角形气缸盖的俯视图

1～10—气缸号

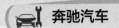
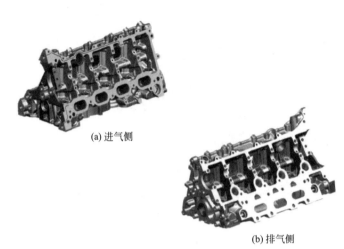

(a) 进气侧

(b) 排气侧

图 2-6-5　进、排气侧气缸盖

由于气缸盖的特殊形式，省略了经典型气缸盖罩，并因此启用紧凑型和高度集成的子系统，例如进气模块。特别是在装配横向安装发动机的车辆中，发动机宽度对前端的整体研发起着决定性的作用，前端机构主要受碰撞要求的控制。

由于气缸盖上倾斜度大的凸缘轴承的概念和典型气缸盖罩的省略，车辆集成器件有明显优势。与长方体气缸盖相比，其具有自由碰撞纵向空间、废气再处理装置的安装空间和盖轮廓方面的优势。

与长方体气缸盖相比，其除了功能和安装空间的优势外，特别是其在三角形气缸盖的气缸中央具有较高刚度，以提高气缸盖刚度和强度的重要标准，同时还可显著降低重量。对于未加工部分，与常规气缸盖相比，其可节省 3kg。

6. 气缸停用（CSO）

120kW 的 M282 具有气缸停用功能，从而可实现"动态缩小"。因此，在低负荷和转速范围下可关闭四个气缸中的两个，而继续提供充足的工作能量输入。

根据实际的发动机转速和发动机转矩，2 号和 3 号气缸由停用的喷射和点火装置以及通过进气门和排气门上"气门升程"在打开与关闭行程之间进行切换。因此，通过增加规定气缸负荷可降低耗油量。

与多缸发动机相比，车辆相等的工作能量输入期间停用两个气缸具有将主动式气缸的负荷点移动到较高负荷的效果。主动式气缸的节流效应和停用气缸的增压变化损失的降低与提高效率和降低规定耗油量相关。使用气门升程切换装置停用 2 号和 3 号气缸。

对于各进气凸轮轴和排气凸轮轴，通过可以轴向移动的凸轮衬套可使两个内部气缸的两个不同凸轮行程进行切换。对于气缸停用（CSO）工作，切换至"零升程"凸轮。滚子摇臂在此位置通过 360° 基圆运行且气门保持关闭。第二个升程位置是常规的"全升程"凸轮，工作情况与多缸发动机类似，如 1 号和 4 号气缸的工作情况。

停用和启用气缸停用（CSO）的情况下，各促动器销移至凸轮衬套的换挡槽中。凸轮轴旋转期间，在各气门凸轮的基圆区域中逐渐进行换挡。换挡槽位于可移动的凸轮衬套之间的中央位置，这使得每个凸轮轴上仅有一个促动器可以促动气缸停用（CSO）。气缸停用（CSO）如图 2-6-6 所示。

发动机的气缸停用（CSO）可用区域受几个因素的影响。考虑热力学的要求、车辆动

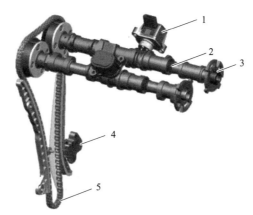

图 2-6-6 气缸停用（CSO）

1—可变气门升程系统（CAMTRONIC）促动器；2—可移动凸轮衬套转子；

3—链条张紧器；4—正时链；5—凸轮轴调节器

态、"NVH"请求和部件负荷，可实现最大可能使用的气缸停用（CSO）区域。在以下情况下可使用气缸停用（CSO）：

① ECO 启动停止系统启用，无法通过启动/停止按钮停用；

② 冷却液温度＞46℃，取决于环境温度和车内加热请求；

③ 舒适性驾驶模式或节能模式（ECO），在 2 挡起步；

④ 车速＞18km/h，发动机转速小于 1600r/min（DCT）；

⑤ 车速＞45km/h，取决于舒适性要求（NVH）；

⑥ 催化转换器温度＞320℃；

⑦ 进气温度＞－30℃；

⑧ 蓄电池电压＞10V。

在以下情况下不可使用气缸停用（CSO）：

① 冷却液温度＞110℃；

② 驾驶模式为运动模式、手动模式以及手动换挡操作期间；

③ 车速＞170km/h 或发动机转速＞3800r/min。

气缸停用（CSO）部件如图 2-6-7 所示。

图 2-6-7 气缸停用（CSO）部件

1—可变气升程系统（CAMTRONIC）促动器（气门升程切换装置）；2—促动销；3—促动器；4—可移动凸轮衬套

7. 燃烧系统

三角形气缸盖形成了燃烧系统的基础，一方面改善燃烧室冷却，另一方面快速燃烧可确保较高抗爆震能力。通过对进气道进行精细调节可缩短火花持续时间。因此，在通道的高电荷移动和低压力损失之间进行折中选择。即使压缩比高达 10.6（"前辈"发动机 M270 为 9.8），在较高的部分负荷范围内还可优化调节点火开关，这样才能持续改善燃油消耗。此外，燃烧中心的早期位置和形成的冷却废气温度（最大 950℃）能够扩大最佳工作范围，空燃比（λ）＝1。

部分集成式排气歧管可使气缸盖上的涡轮增压器布置非常紧凑。与经典型结构相比，这会减少气体体积。这对涡轮增压器上的能量产生有积极效果，并确保快速产生转矩，特别是在动态操作下。此外，由于气缸盖中的集成式歧管可实现冷却废气，从而扩大工作范围（λ＝1）。

8. 燃油喷射

使用带电力控制进气阀的单活塞高压泵，可产生高达 250bar 的燃油压力。其允许调节流率，从而适用于泵活塞的各个行程。通过排气凸轮轴上的 4 个折叠凸轮驱动高压泵，滚轮式挺杆将行程传送至连接在进气侧的高压泵的活塞上。因此，每个工作循环产生一个高压泵行程。行程的角度位置被设计为产生链条传动的最低负荷。

因为高达 250bar 的燃油压力会接触喷油器，所以必须通过喷油器的控制时间精确确定喷油量。喷油器位于燃烧室的中央。在喷油器中，电动控制提升电磁阀启用带 6 个喷射口的多孔阀中的滚针。对准燃油喷嘴，使阀和火花塞都不会直接碰撞。

通过控制功能确保喷油量的高精确度。对于各喷油器，其根据测量喷油器的电子信号单独识别浮针的闭合，由此确定促动结束和喷射结束之间的时间偏移。控制功能可调节控制时间，从而设置所需的喷射持续时间，该功能可平衡生产公差和对温度及压力的依赖。

通过活性炭过滤器实现燃油箱通风。在"多灰尘地区"，将滤尘器安装到活性炭过滤器周围的空气管路上。燃油高压系统如图 2-6-8 所示。

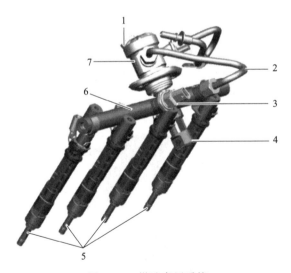

图 2-6-8　燃油高压系统

1—油量控制阀；2—高压燃油管；3—燃油压力传感器；4—高压燃油泵滚轮式挺杆；

5—喷油器；6—燃油分配器；7—燃油系统高压泵

9. 空气导管

M282 是为各种车辆底盘中的挠性空气导管设计的。源机中包括的空气导管部件通用于所有车辆型号中的组合部件，即进气模块。

进气模块将增压空气分配装置、气缸盖罩和机油分离系统的功能集成在一个紧凑型部件中，通过弹性密封件实现对机油的密封。进气道和增压空气分配器包括两个塑料半壳，其通过热气焊接方法连接到气缸盖罩上，半壳还包括节气门凸缘，后者在所有车辆型号中通用。

在气缸盖罩中集成有发动机气体"漏气"的机油分离系统，在油分离器的下游使用用于协调曲轴箱压力的调压阀。部分负荷和满负荷路径下，隔板内部结构非常紧凑，且包括止回阀，大大减少了外部管路。

空气导管如图 2-6-9 所示。

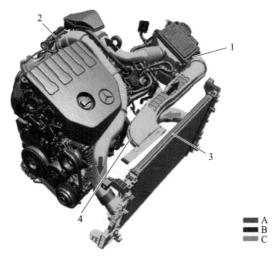

图 2-6-9　空气导管

1—带电控多端顺序燃料喷射/点火系统（ME-SFI）控制单元的空气滤清器外壳；2—涡轮增压器；
3—增压空气冷却器；4—进气口；A—热增压空气；B—进气；C—冷却的增压空气

10. 增压系统

M282 具有"单涡管"涡轮增压器和电动控制增压限制阀。在速度和闭环控制的精度方面，电动促动器与气动闭环控制相比具有优势。

为减小增压压力，通过打开增压压力控制阀，用于驱动涡轮的废气流通过旁路被转移。利用夹子连接装置将涡轮增压器用螺栓拧紧到气缸盖上。歧管和涡轮外壳设计为一片式铸钢件。作为部分集成歧管，其结构设计非常紧凑并且具有废气管较短的特性，改善了废气流量，从而在响应时间和组件上具有优势。因为该结构可以省略附加支架和支撑，所以涡轮增压器的废气温度设计为 950℃，电气旁通阀集成在压缩机叶轮外壳中。涡轮增压器如图 2-6-10 所示。

11. 排气系统

M282 的排气系统靠近发动机安装，是"两块式"系统。空燃比控制通过催化转换器上游的直列式氧传感器和位于两个催化转换器之间的平面式传感器进行。

陶瓷载体是有数千个细小通道的陶瓷体，废气流经这些通道。陶瓷由耐高温的硅酸镁铝制成。对应力极度敏感的载体嵌在由高合金钢丝制成的弹性钢丝网中，并安装在双层不锈钢外壳中。

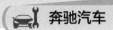

图 2-6-10　涡轮增压器

1—用于增压压力控制风门促动的电动促动器；2—带集成式排气歧管的涡轮外壳

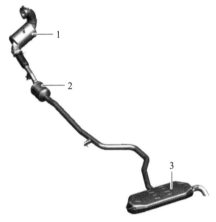

图 2-6-11　排气系统

1—三元废气催化转换器；2—汽油微粒滤清器；
3—后消声器

陶瓷载体需要有由铝氧化物制成的基层（中间层），以将催化转换器的活性表面积增加约 7000 倍。用在载体上的活性催化基底涂层中主要包括铂和铑，用于三元催化转换器。铂加速碳氢化合物和一氧化碳的氧化，而铑加速氮氧化合物的还原（图 2-6-11）。

12. 汽油微粒滤清器

汽油微粒滤清器的工作原理及相关知识与 M260 发动机相同，可参阅前述内容，此处不再赘述。

13. 冷却系统

冷却回路针对燃烧、排放、摩擦功率和安全工作要求进行设计。冷却液通过冷却回路中的冷却泵进行传送，其通过皮带驱动装置进行机械驱动。为了降低泵的工作能量输入，设计了冷却要求和各部件的布置，从而对消耗有积极影响。

使用带弹性元件的电动加热双盘节温器用于调节冷却液，其通过温度特性曲线图进行控制。因此根据工作点，发动机可通过来自燃烧和摩擦功率及质量比的两个冷却液温度传感器进行最佳操作。

发动机关闭时，后加热阶段中的涡轮增压器进行的冷却液循环由热对流系统进行有效保证，从而不再需要电气部件。

该冷却系统具有以下优点：快速达到最佳工作温度；减少废气排放；节约燃油；快速加热车厢内部。冷却液回路示意如图 2-6-12 所示。

14. 皮带驱动装置

使用扭转减振器的可分离的带轮驱动皮带驱动装置，这可使皮带具有低预紧力，从而有助于摩擦力最小化。利用新的皮带张紧器概念，将皮带张紧器安装到发电机上，还有助于降低装配空间。

皮带驱动装置（图 2-6-13）驱动机械冷却液泵、制冷剂压缩机和发电机。扭转减振器使用带聚酯拉绳的"V 形皮带"，具有弹性退耦功能，从而可显著减小皮带拉力。

二、M282 发动机主要特征

① 压铸铝轻量化曲轴箱和紧凑型气缸盖在降低车辆重量方面起关键作用，增强了车辆

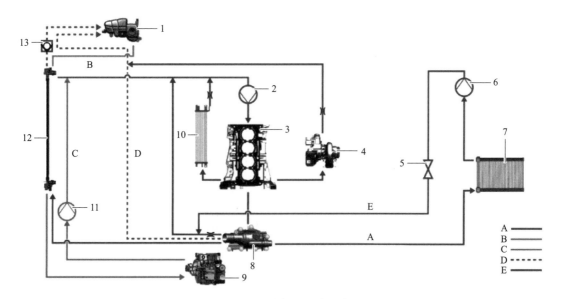

图 2-6-12　冷却液回路示意

1—冷却液膨胀容器；2—发动机冷却回路冷却液泵；3—曲轴箱；4—涡轮增压器；5—转换阀；6—冷却液循环泵；
7—加热系统热交换器；8—冷却液节温器；9—双离合器变速箱；10—发动机油热交换器；11—变速箱冷却系统
低温回路冷却液循环泵；12—散热器；13—止回阀；A—暖冷却液（发动机冷却回路）；B—发动机冷却回路
加油管路；C—变速箱冷却系统低温回路；D—发动机冷却回路通风；E—冷冷却液（发动机冷却回路）

图 2-6-13　皮带驱动装置

1—扭转减振器；2—冷却液泵；3—张紧轮；4—皮带张紧器；5—导轮；6—制冷剂压缩机

动态性能。

　　② 三角形气缸盖。

　　③ 均匀燃烧系统。

　　④ 排气歧管部分集成在气缸盖中。

　　⑤ 涡轮增压器更灵活、更快且更精确地对增压压力进行电动调节，特别是在部分负荷范围情况下。

　　⑥ 位于中央位置的电磁阀喷油器。

　　⑦ 风冷式增压空气冷却器可增加空气密度，并因此增加输出量。

⑧ 采用 NANOSLIDE® 技术的复合（铁碳）涂层系统具有理想润滑状态，可减少摩擦并作为低磨损的基础。

⑨ 带"类钻炭"（DLC）的活塞环：类钻炭非常耐磨且是一种优良的导热体，该材料还会通过石墨/碳纤维构成的抗磨涂层保护活塞，并降低消耗。

⑩ 曲轴和连杆由锻钢构成，在高负荷区域更具稳定性。

⑪ 120kW 型号具有可变气门升程系统（CAMTRONIC），可实现气缸停用（CSO）。

三、发动机维修要点和难点

扫一扫

视频精讲

1. 检查凸轮轴的基本位置

① 拆下火花塞。

② 拆下气缸盖罩进气口。

③ 拆下气缸盖罩出气口。

④ 将固定锁从起动机齿圈上拆下。

⑤ 拧入曲轴皮带轮的螺栓，直到发动机沿发动机转动方向转动。

⑥ 沿发动机转动方向，通过曲轴转动发动机，直至达到 1 号气缸的点火上止点（TDC）位置。注意：进气凸轮轴调节器 6 和排气凸轮轴调节器 8 上的标记 3 必须垂直向上，曲轴齿轮上的标记 4 必须垂直向下（图 2-6-14）。

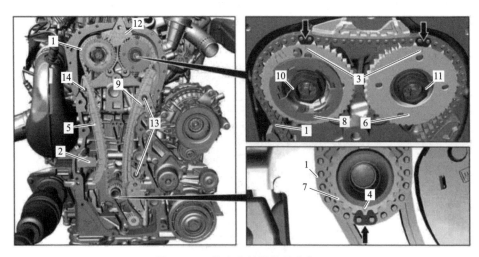

图 2-6-14　检查凸轮轴的基本位置

1—正时链；2—链条张紧器；3,4—标记；5—张紧轨；6—进气凸轮轴调节器；7—曲轴齿轮；
8—排气凸轮轴调节器；9,12—滑轨；10,11—排气凸轮轴控制阀；13,14—螺钉

⑦ 拆下曲轴带轮的螺栓。

⑧ 将定位工具安装到凸轮轴和曲轴上。注意：首先将定位工具（图 2-6-15）安装到曲轴上，然后将定位工具安装到凸轮轴上。

⑨ 安装气缸盖罩出气口。

⑩ 安装气缸盖罩进气口。

⑪ 安装火花塞。

2. 拆卸与安装凸轮轴

① 拆下真空泵。

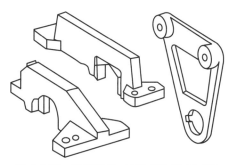

图 2-6-15　定位工具（282 589 00 23 00）

② 拆下正时链。

③ 将凸轮轴调节器从进气凸轮轴 E 和排气凸轮轴 A 上拆下（图 2-6-16 和图 2-6-17）。

④ 将进气凸轮轴 E 的定位工具从气缸盖上拆下。

图 2-6-16　拆卸与安装凸轮轴

2,2h—轴承支架；A—排气凸轮轴；C—密封表面

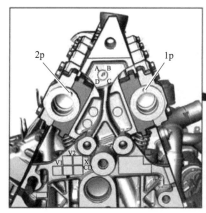

图 2-6-17　拆卸与安装凸轮轴

1,1u,2u—轴承支架；1p,2p—销子；E—进气凸轮轴

⑤ 标记轴承支架 1u 和 2u 的安装位置。

⑥ 按照与拧紧步骤相反的顺序，将轴承支架 1 和 1u 的螺栓从进气凸轮轴 E 上拆下，然后拆下轴承支架 1 和 1u 及进气凸轮轴 E。

⑦ 按照与拧紧步骤相反的顺序，将轴承支架 2、2h、2u 的螺栓从排气凸轮轴 A 上拆下，然后拆下轴承支架 2、2h、2u 和排气凸轮轴 A。

检查：检查轴承支架 1、1u、2、2h、2u，气缸盖上的匹配件，滚子摇臂，以及进气凸轮轴 E 和排气凸轮轴 A 是否磨损及损坏。

清洁：清洁轴承支架 2h 和气缸盖的密封表面 C。

在后部轴承支架 2h 的底部密封表面 C 涂抹直径为 1.5mm 的密封圈。注意：最长加工时间为 13min，温度范围为 7～25℃，否则会出现泄漏。将排气凸轮轴 A 和轴承支架 2、2h、2u 置于气缸盖上，用手稍稍拧紧螺栓，然后按照拧紧顺序依次紧固。润滑补偿元件和凸轮轴支承点。排气凸轮轴 A 的销子 2p 必须与图示的轴承凹槽齐平，否则排气凸轮轴 A 有断裂的危险。

将进气凸轮轴 E 和轴承支架 1、1u 置于气缸盖上，用手稍稍拧紧螺栓，然后按照拧紧顺序依次紧固。润滑补偿元件和凸轮轴支承点。进气凸轮轴 E 的销子 1p 必须与图示的轴承凹槽齐平，否则进气凸轮轴 E 有断裂的危险。

⑧ 将凸轮轴的定位工具安装在气缸盖上。

⑨ 将凸轮轴调节器安装到进气凸轮轴 E 和排气凸轮轴 A 上。

⑩ 安装正时链。

⑪ 安装真空泵。

第七节　奔驰 M176 发动机

一、M176 发动机技术原理

1. 发动机组成认知

（1）发动机前部俯视图（图 2-7-1）

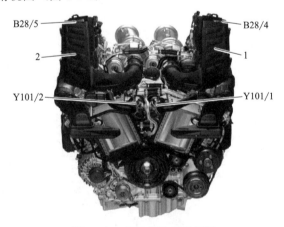

图 2-7-1　发动机前部俯视图

1—左侧空气滤清器外壳；2—右侧空气滤清器外壳；B28/4—左侧气缸列空气滤清器下游的压力传感器；B28/5—右侧气缸列空气滤清器下游的压力传感器；Y101/1—左侧旁通空气转换阀；Y101/2—右侧旁通空气转换阀

（2）发动机前视图（图 2-7-2～图 2-7-4）

图 2-7-2　发动机前视图（一）

B28/20—节气门上游的左侧压力传感器；B28/21—节气门上游的右侧压力传感器；
M16/60—左侧节气门促动器；M16/61—右侧节气门促动器

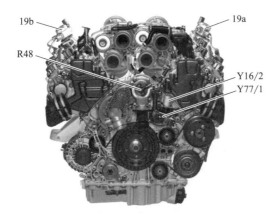

图 2-7-3　发动机前视图（二）

19a—左侧燃油系统高压泵；19b—右侧燃油系统高压泵；R48—冷却液节温器加热元件；
Y16/2—加热系统切断阀；Y77/1—增压压力控制压力转换器

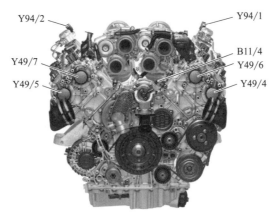

图 2-7-4　发动机前视图（三）

B11/4—冷却液温度传感器；Y49/4—左侧进气凸轮轴电磁阀；Y49/5—右侧进气凸轮轴电磁阀；Y49/6—左侧排气
凸轮轴电磁阀；Y49/7—右侧排气凸轮轴电磁阀；Y94/1—左侧油量控制阀；Y94/2—右侧油量控制阀

（3）发动机右视图（图 2-7-5）

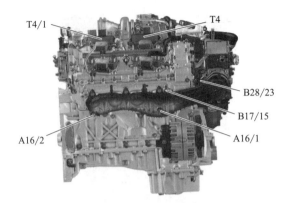

图 2-7-5　发动机右视图

A16/1—爆震传感器 1；A16/2—爆震传感器 2；B17/15—右侧增压空气温度传感器；B28/23—节气门下游的右侧压力传感器；T4—1 号和 2 号气缸的点火线圈；T4/1—3 号和 4 号气缸的点火线圈

（4）发动机右后视图（图 2-7-6）

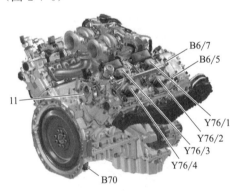

图 2-7-6　发动机右后视图

11—真空泵；B6/5—右侧进气凸轮轴霍尔传感器；B6/7—右侧排气凸轮轴霍尔传感器；B70—曲轴霍尔传感器；Y76/1—1 号气缸的喷油器；Y76/2—2 号气缸的喷油器；Y76/3—3 号气缸的喷油器；Y76/4—4 号气缸的喷油器

（5）发动机左视图（图 2-7-7）

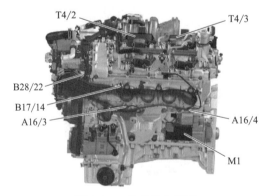

图 2-7-7　发动机左视图

A16/3—爆震传感器 3；A16/4—爆震传感器 4；B17/14—左侧增压空气温度传感器；B28/22—节气门下游的左侧压力传感器；M1—起动机；T4/2—5 号和 6 号气缸的点火线圈；T4/3—7 号和 8 号气缸的点火线圈

（6）发动机左后视图（图 2-7-8）

图 2-7-8　发动机左后视图

B6/4—左侧进气凸轮轴霍尔传感器；B6/6—左侧排气凸轮轴霍尔传感器；Y76/5—5 号气缸的喷油器；Y76/6—6 号气缸的喷油器；Y76/7—7 号气缸的喷油器；Y76/8—8 号气缸的喷油器

（7）发动机仰视图（图 2-7-9）

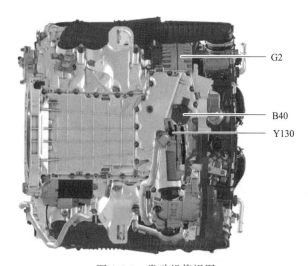

图 2-7-9　发动机仰视图

B40—机油传感器（机油液位、温度和品质）；G2—发电机；Y130—发动机油泵阀

2. 曲轴总成

铸铁活塞的凹槽已根据燃烧系统和喷油器排列进行了调整，铸铁活塞的设计使点火压力负荷可以达到最高 120bar。出于强度原因，曲轴采用锻造方式制成，并且配备八个以上的平衡重。铝制黏滞减振器在可用的非常有限的安装空间内可以实现必要的减振效果。注意：点火压力为最高压力，在工作温度下作用于正在点火的内燃机活塞上。曲轴总成如图 2-7-10 所示。

3. 曲轴箱

M176 曲轴箱由冷铸铝制成，采用封闭式平台设计。与传统铸铁气缸衬套相比，由于优化了双丝电弧喷涂（TWAS）涂层，因此提高了气缸套的硬度。若干根横向和纵向支柱使其获得了极高的刚性。曲轴轴承盖由球墨铸铁制成。

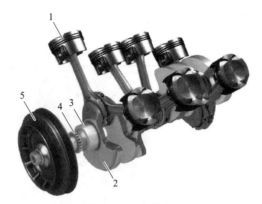

图 2-7-10　曲轴总成

1—铸铁活塞；2—平衡重；3—曲轴轴承表面；4—齿轮油泵；5—铝制黏滞减振器

4. 油底壳

油底壳由压铸铝制成。油底壳采用加筋设计，降低了辐射噪声，同时主总成上的螺纹连接获得了必要的强度。机油过滤器滤芯在此处通过机油滤清器壳盖用螺栓固定到油底壳上。

发动机油供给由调节式发动机油泵提供，后者由曲轴上的套筒链驱动。发动机油泵阀调节机油压力。此压力由电控多端顺序燃料喷注/点火系统（ME-SFI）（ME）控制单元（N3/10）根据特性图在压缩级 2～4bar 之间切换，以满足要求。

如图 2-7-11 所示为未装配全时四轮驱动（4MATIC）/代码（M005）的油底壳。如图 2-7-12 所示为装配全时四轮驱动（4MATIC）/代码（M005）的油底壳。

图 2-7-11　油底壳 1

1—油底壳；2—机油滤清器滤芯

图 2-7-12　油底壳 2

1—油底壳；2—机油滤清器滤芯

5. 气缸盖

每缸四阀设计，采用两个双顶置凸轮轴（DOHC），在进气侧和排气侧实现凸轮轴调节，可以获得极快的响应性，对于每个工作点都能实现优化增压。

M176 的增压变化设计和增压移动性具有以下优势：在更广的速度范围内获得高转矩；高输出；低燃油消耗量；低废气排放。

由锆合金制成的气缸盖采用气流和喷油量优化式设计，获得了非常高的温度和热传导性。即使处于临界范围时，也可使发动机能够获得非常好的性能。该发动机在进气和排气凸轮轴上装配喷油量经过优化调节的凸轮轴，其可使换气过程快速响应并得到优化，以达到低燃油消耗和低废气排放的目的。装配可变气门升程系统（CAMTRONIC）促动器的气缸盖前部视图如图 2-7-13 所示。

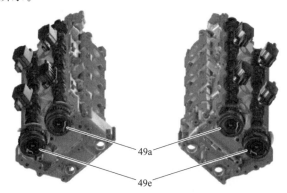

图 2-7-13　装配可变气门升程系统（CAMTRONIC）促动器的气缸盖前部视图
49a—排气凸轮轴的凸轮轴位置；49e—进气凸轮轴的凸轮轴位置

利用可变气门升程系统（CAMTRONIC）执行的气缸切断原理如下。

气缸切断的任务是通过切断 2 号气缸、3 号气缸、5 号气缸和 8 号气缸来降低部分负荷操作的燃油消耗。如果驾驶员选择了"舒适型"变速箱模式，则其在宽泛的转速范围（1000～3250r/min）均可用。通过电控多端顺序燃料喷注/点火系统（ME-SFI）（ME）控制单元执行切断．因此产生了以下降低燃油消耗的作用：

① 在较高载荷时，通过操作其他从动缸的换挡点提高效率；

② 通过关闭已关闭气缸的气门来降低汽油循环损失。

为启用气缸切断，通过辊式凸轮随动件和凸轮轴中断 2 号气缸、3 号气缸、5 号气缸和 8 号气缸的进气门和排气促动，喷油器和点火线圈也会关闭。气缸切断和点火顺序示意如图 2-7-14 所示。

1-5-4-2-6-3-7-8

图 2-7-14　气缸切断和点火顺序示意
A—右气缸列；B—左列气缸；C—关闭的气缸；D—点火顺序；E—行驶方向

6. 皮带驱动

曲轴的扭转减振器使用带四个槽的低维护 V 形皮带驱动发电机，并且使用另一根 V 形皮带单独驱动空调压缩机。V 形皮带的张紧力由两个单独的皮带张紧器通过 V 形皮带上的张紧轮自动传递。皮带驱动如图 2-7-15 所示。

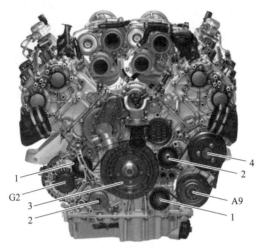

图 2-7-15　皮带驱动

1—导轮；2—皮带张紧器；3—铝制黏滞减振器；4—转向驱动齿轮；A9—制冷剂压缩机；G2—发电机

7. 链条传动机构和凸轮轴调节链条传动机构

新式 V 型发动机 M176 配备全新开发的、带三根无声传动链的两级链条传动机构。采用此传动机构的目的在于在总成要求，摩擦力、链条力最小化，以及噪声振动声振粗糙度（NVH）要求之间获得最为可能的折中，这反过来能够实现噪声的明显降低。除此之外，出色的使用寿命属性和链条摩擦性得到进一步优化。

链条传动机构采用双级设计：初级链条传动和次级链条传动。三根无声传动链，每根都通过液压链条张紧器张紧。较低的张紧力和较低的链条动态性可提供稳定的正时和卓越的声学特性，与前款发动机相比，具有较低的摩擦力。发动机油泵也由曲轴通过套筒链驱动。

凸轮轴调节可将进气凸轮轴最大调节至"提前"40°的曲轴转角（CW），将排气凸轮轴最大调节至"延迟"40°的曲轴转角（CW）。这就意味着换气时的气门重叠量可在较宽的极限范围内变化，从而优化了发动机转矩曲线，减小了燃油消耗量并改善了排气特性。进气凸轮轴电磁阀和排气凸轮轴电磁阀在凸轮轴调节期间由电控多端顺序燃料喷注/点火系统（ME-SFI）（ME）控制单元脉冲宽度调制 150Hz 信号促动。

促动在部分和全负荷操作中基于特性图对凸轮轴实现连续调节，以匹配脉冲宽度调制（PWM）信号的占空比。进气凸轮轴的位置由进气凸轮轴霍尔传感器检测，排气凸轮轴的位置由排气凸轮轴霍尔传感器检测，两者会作为电压信号传送至电控多端顺序燃料喷注/点火系统（ME-SFI）（ME）控制单元。2 级链条传动如图 2-7-16 所示。

8. 发动机润滑

采用调节式发动机油泵。发动机油泵阀调节机油压力。电控多端顺序燃料喷注/点火系统（ME-SFI）（ME）控制单元调节发动机油泵阀，这能够根据需要在两个压缩级 2bar 和 4bar 之间切换机油压力，可确保发动机机油回路中的发动机机油供给与要求完美匹配，同时

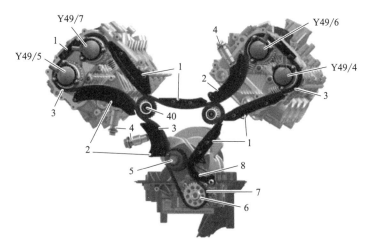

图 2-7-16　2 级链条传动

1—滑轨无声传动链；2—张紧轨无声传动链；3—无声传动链；4—初级链条和次级链条的链条张紧器；5—曲轴；
6—发动机油泵；7—发动机油泵套筒链；8—油泵驱动的链条张紧器；40—冷却液泵驱动装置；Y49/4—左侧进气
凸轮轴电磁阀；Y49/5—右侧进气凸轮轴电磁阀；Y49/6—左侧排气凸轮轴电磁阀；Y49/7—右侧排气凸轮轴电磁阀

可以降低发动机油泵中的驱动力，以及降低导致的发动机功率损失。机油液位由油底壳中的
机油传感器检测。

　　来自控制通道中的机油压力反馈由比例阀进行调节，它相应地克服控制弹簧力反作用于
调节环上。调节环的位置导致相对于转子的枢轴会产生相应的偏心距，在这种情况下，输送
量会随偏心率的加大而增加。机油回路示意如图 2-7-17 所示。

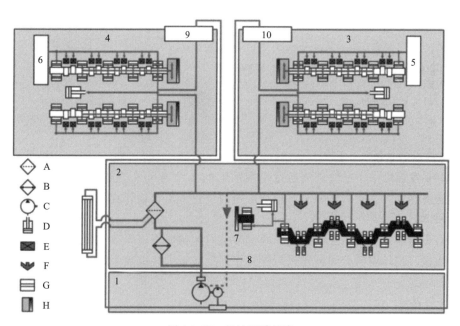

图 2-7-17　机油回路示意

1—油底壳；2—曲轴箱；3—右侧气缸盖；4—左侧气缸盖；5—右侧高压泵（轴承润滑）；6—左侧高压泵（轴承润滑）；
7—链条传动中间齿轮；8—内循环控制压力；9—左侧涡轮增压器；10—右侧涡轮增压器；A—机油滤清器；B—热交
换器；C—机油泵；D—链条张紧器；E—液压阀游隙补偿元件；F—喷油嘴；G—滑动轴承；H—凸轮轴调节器

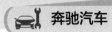
9. 燃油喷射系统燃油高压回路

燃油喷射系统高压泵（单柱塞喷射泵）用于产生高压，配备一个集成在泵模块中的油量控制阀。燃油经高压油轨输送至喷油器，后者位于燃烧室的中央位置。带压电式促动器的喷油器每个周期可以发出最多五次极精确的喷射。

高压泵位于气缸盖的顶部。高压泵的最大输送压力为200bar。高压泵通过排气凸轮轴驱动装置以机械方式驱动。高压泵的输油速率与转速相关。泵单元向上运动期间，泵缸内的燃油体积被压缩。获得系统压力时，高压泵的排气门打开，燃油通过高压管路输送至油轨。限压阀可防止高压泵中产生过高的压力。注意：测试后，可重复使用由不锈钢制成的高压燃油管路，详细信息参见修理说明。燃油高压系统如图2-7-18所示。

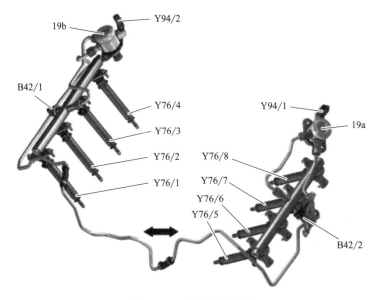

图2-7-18　燃油高压系统

19a—左侧燃油系统高压泵；19b—右侧燃油系统高压泵；B42/1—右侧燃油压力和温度传感器；B42/2—左侧燃油压力和温度传感器；Y76/1—1号气缸的喷油器；Y76/2—2号气缸的喷油器；Y76/3—3号气缸的喷油器；Y76/4—4号气缸的喷油器；Y76/5—5号气缸的喷油器；Y76/6—6号气缸的喷油器；Y76/7—7号气缸的喷油器；Y76/8—8号气缸的喷油器；Y94/1—左侧油量控制阀；Y94/2—右侧油量控制阀

10. 空气供给系统

在M176发动机中，进气空气通过车辆前部的各个通风气道部分直接输送至空气滤清器。空气滤清器安装在直接连接至涡轮增压器的位置。压力软管将压缩的增压空气输送至增压空气冷却器。

为获得尽可能短的增压空气路径，两个节气门阀构成了增压空气冷却器和增压空气分配器之间的连接。增压空气分配器通过螺栓直接固定在每个气缸盖上的进气口上。空气供给如图2-7-19所示。

11. 充气系统

（1）增压概述　增压能够提高气缸的充气效率，因此发动机转矩和输出功率都会增大。与增加的空气质量相对应的燃油量由发动机电控系统（ME）控制单元进行计量。

通过增压，排气的流动能量用于驱动涡轮增压器（ATL）。涡轮增压器（ATL）通过空气滤清器将新鲜空气吸入压缩机进口，并由此处通过压缩机出口流至增压空气冷却器上游的

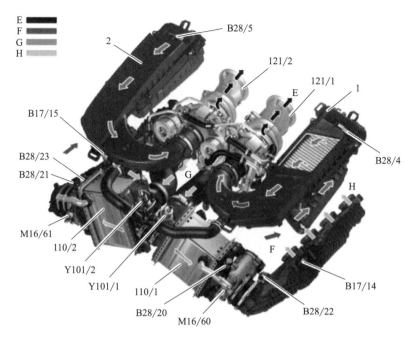

图 2-7-19　空气供给

1—左侧空气滤清器外壳；2—右侧空气滤清器外壳；110/1—左侧增压空气冷却器；110/2—右侧增压空气冷却器；121/1—左侧涡轮增压器；121/2—右侧涡轮增压器；B17/14—左侧增压空气温度传感器；B17/15—右侧增压空气温度传感器；B28/4—左侧气缸列空气滤清器下游的压力传感器；B28/5—右侧气缸列空气滤清器下游的压力传感器；B28/20—节气门上游的左侧压力传感器；B28/21—节气门上游的右侧压力传感器；B28/22—节气门下游的左侧压力传感器；B28/23—节气门下游的右侧压力传感器；M16/60—左侧节气门促动器；M16/61—右侧节气门促动器；Y101/1—左侧旁通空气转换阀；Y101/2—右侧旁通空气转换阀；E—排气；F—进气；G—未冷却增压空气；H—冷却的增压空气

增压空气管。

由于压缩机叶轮较高的转动速度以及由此导致的较大流率，进气在增压空气管中被压缩。压缩的增压空气通过增压空气管流至增压空气冷却器，随后会冷却因压缩而加热的空气，并引导其通过增压空气分配器流至气缸。

（2）内置涡轮增压器（Hot Inside V）　为使梅赛德斯 S560 获得更佳的响应性，V8 双涡轮发动机的气缸盖已进行重新设计：进气侧在外侧，排气侧在内侧。"Hot Inside V"是工程师们称为新发动机概念的地方，这使 V8 双涡轮增压器甚至更紧凑。为保护发动机部件，歧管和排气涡轮增压器已单独隔离（图 2-7-20）。

（3）增压空气冷却系统　增压空气冷却的功能顺序如下。

当环境温度为 20℃ 时，增压空气冷却系统使增压空气温度保持低于 60℃。增压空气冷却器下游的冷却气流具有较高密度，这会增大气缸容积效率，从而改善发动机性能。

排气温度的降低减少了爆震的可能性，也使氮氧化合物（NO_x）的排量减少。两个气缸列各安装有一个冷却液或增压空气冷却器。冷却液/增压空气冷却器与带低温冷却器和低温回路循环泵（M43/6）的低温回路连接。

如果增压空气温度高于 35℃，则电控多端顺序燃料喷注/点火系统（ME-SFI）（ME）控制单元会通过传动系统控制器区域网络（CAN C1）、传动系统控制单元（N127）和传动系统局域互联网（LIN）促动低温回路的循环泵 1。如果增压空气温度降至 25℃ 以下，则低

图 2-7-20　涡轮增压模拟图

A—进气口（增压空气）；B—排气管和歧管（排气）

温回路循环泵 1 再次关闭。

　　左侧和右侧增压空气温度传感器检测增压空气分配器中的增压空气温度，然后以电压信号的形式传送至电控多端顺序燃料喷注/点火系统（ME-SFI）（ME）控制单元。低温回路如图 2-7-21 所示。

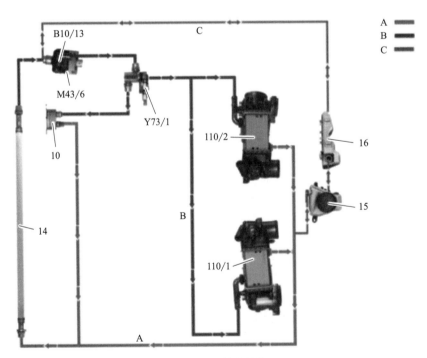

图 2-7-21　低温回路

110/1—左侧增压空气冷却器；110/2—右侧增压空气冷却器；14—低压冷却器；15—膨胀容器；16—储液罐；

B10/13—低温回路温度传感器；M43/6—低温回路循环泵 1；Y73/1—低温回路转换阀；

A—冷却液回流装置；B—冷却液供应管；C—冷却液回路通风

12. 发动机冷却系统

（1）概述　加热管理控制发动机的冷却液温度，具有以下优点：快速达到最佳工作温度；减少废气排放；节约燃油；加热舒适性提高。

"点火接通"并不会中断风扇延迟关闭，在风扇延迟关闭时会启动发动机，为确保正常操作而进行的风扇调节会受到抑制，直至风扇延迟关闭完成。

冷却液温度高于约120℃时，不管加热元件是否通电，双滑阀式节温器始终全开（应急运行功能）。冷却液回路示意如图2-7-22所示。

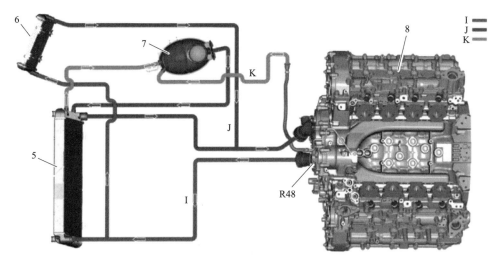

图2-7-22　冷却液回路示意

5—散热器；6—附加车轮拱罩冷却器；7—膨胀容器；8—M176发动机；R48—冷却液节温器
加热元件；I—冷却液供给；J—冷却液回流；K—差速器/供给冷却液回路

（2）双阀节温器　冷却液的温度可通过加热式双阀节温器进行调节。双阀节温器中带有一个冷却液节温器加热元件，在必要时会由电控多端顺序燃料喷注/点火系统（ME-SFI）（ME）控制单元通过接地信号促动。双阀节温器有五个位置：

① 静止冷却液；

② 旁通模式；

③ 混合模式；

④ 散热器；

⑤ 工作失效保护位置。

静止冷却液如图2-7-23所示。

对于冷却液温度低于80℃以及发动机转速低于3000r/min的情况，双阀节温器上的两个阀门完全关闭。通过静止冷却液缩短发动机暖机时间可节约燃油，从而减少二氧化碳输出。短回路模式位置如图2-7-24所示。

加热元件断电：冷却液温度处于80～105℃。

加热元件通电：冷却液温度处于40～65℃。

为获得优化的发动机内部摩擦情况，从而节约燃油，在部分负荷范围内可将冷却液温度上升至约105℃（加热元件断电）。因此，随着发动机油温度的升高，摩擦力得到改善；由于凝结在气缸套上的燃油减少，促进了油气混合气的形成。混合燃油模式位置如图2-7-25所示。

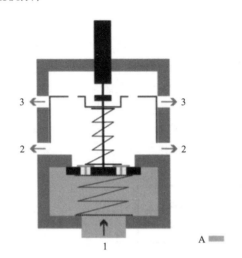

图 2-7-23　静止冷却液

1—自发动机的冷却液；2—至发动机的冷却液；3—至发动机散热器的冷却液；A—冷却液

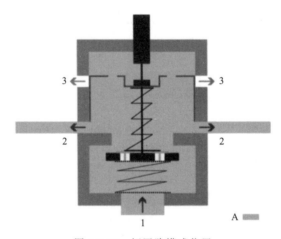

图 2-7-24　短回路模式位置

1—自发动机的冷却液；2—至发动机的冷却液；3—至发动机散热器的冷却液；A—冷却液

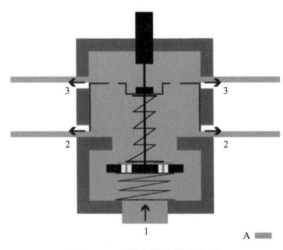

图 2-7-25　混合燃油模式位置

1—自发动机的冷却液；2—至发动机的冷却液；3—至发动机散热器的冷却液；A—冷却液

加热元件断电：冷却液温度处于 105～120℃。

加热元件通电：冷却液温度处于 65～90℃。

散热器工作位置如图 2-7-26 所示。

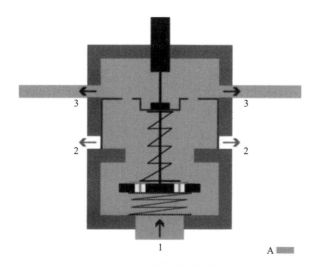

图 2-7-26　散热器工作位置

1—自发动机的冷却液；2—至发动机的冷却液；3—至发动机散热器的冷却液；A—冷却液

加热元件断电：冷却液温度高于 120℃。

加热元件通电：冷却液温度高于 90℃。

对双阀节温器加热（加热元件通电）可以将其打开，从而使冷却液流经发动机散热器。全负荷情况下，双阀节温器可以非常迅速地打开。冷却液温度可以降低，从而实现最佳的发动机冷却效果和无爆震燃烧。

失效保护位置如图 2-7-27 所示。

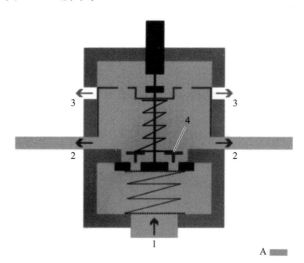

图 2-7-27　失效保护位置

1—自发动机的冷却液；2—至发动机的冷却液；3—至发动机散热器的冷却液；4—加热元件；A—冷却液

13. 燃油供给系统

燃油低压回路原理如下。

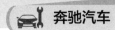
当燃油系统控制单元（FSCU）接收到信号"燃油泵开启"时，则燃油泵开启。该信号由电控多端顺序燃料喷注/点火系统（ME-SFI）（ME）控制单元作为接地信号直接及通过传动系统控制器区域网络（CAN）作为控制器区域网络（CAN）信号双重传输。

燃油系统控制单元还接收来自电控多端顺序燃料喷注/点火系统（ME-SFI）（ME）控制单元的控制器区域网络（CAN）信号"规定燃油压力"。燃油系统控制单元通过来自燃油压力传感器的电压信号检测当前燃油压力，并将该信息通过传动系统控制器区域网络（CAN）传送至电控多端顺序燃料喷注/点火系统（ME-SFI）（ME）控制单元。燃油系统控制单元评估当前燃油压力，将其与规定燃油压力进行比较，并通过脉冲宽度调制信号相应地促动燃油泵，从而使实际值等于设定值。

为确定规定燃油压力（燃油需求），电控多端顺序燃料喷注/点火系统（ME-SFI）（ME）控制单元对燃油压力和负荷要求进行评估。燃油压力为 4～6.7bar 时，根据燃油需求，会将燃油供油量调节为在 0～180L/h 之间变化。

为进行促动，燃油泵将燃油从供油模块中抽出，然后通过燃油滤清器将其泵入燃油系统高压泵中（不带回流管的单管路系统）。燃油滤清器内的溢流阀在燃油压力为 7～9bar 时打开。

二、M176 发动机主要特征

① 两个涡轮增压器位于发动机的"V"形区域。

② 独立的低温回路。

③ 带压电式喷油嘴的喷油导向型汽油直接喷射。

④ 通过 NANOSLIDE® 双丝电弧喷涂（TWAS）涂层实现摩擦力优化。

⑤ 链条驱动式冷却液泵。

⑥ 冷铸铝曲轴箱，最高可耐压力达 140bar。

⑦ 可变气门升程系统（CAMTRONIC）（气缸切断）。

三、M176 发动机维修要点和难点

1. 检查凸轮轴的基本位置

① 拆下凸轮轴位置传感器。

② 拆下发电机 V 形皮带的夹紧装置。

③ 将测量工具安装到发电机 V 形皮带的张紧装置支架上。

④ 通过曲轴中央螺栓沿发动机转动方向继续转动发动机，直到测量工具 9 的指针指向撑条 18（图 2-7-28～图 2-7-31）。注意：撑条 18 对应 1 号气缸点火上止点（TDC）后 53°曲轴转角。

⑤ 检查凸轮轴的基本位置。

扇形盘 1、2、5、6 部分扇形段的边缘 1a、2a、5a、6a 必须可见，大约位于凸轮轴位置传感器开口的中间。如果扇形盘 1、2、5、6 未置于中间，则继续沿发动机转动方向转动发动机一整圈（360°），直到测量工具 9 的指针指向撑条 18。

按照与拆卸的相反顺序进行安装。

2. 拆卸和安装左侧气缸列凸轮轴

① 拆下凸轮轴调节器和固定装置。

② 拆下压紧工具 5（图 2-7-32～图 2-7-34）。

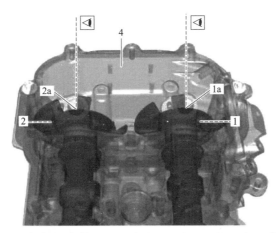

图 2-7-28 左侧气缸盖［1 号气缸点火上止点（TDC）后 53°曲轴转角］

1,2—扇形盘；1a,2a—边缘；4—气缸盖罩

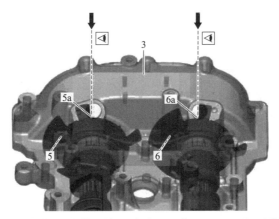

图 2-7-29 右侧气缸盖［1 号气缸点火上止点（TDC）后 53°曲轴转角］

3—气缸盖罩；5,6—扇形盘；5a,6a—边缘

图 2-7-30 对准标记

9—测量工具；18—撑条

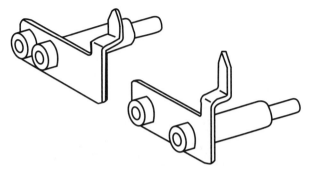

图 2-7-31　测量工具（177 589 01 21 00）

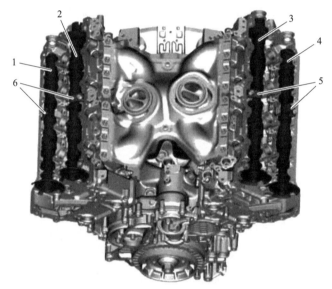

图 2-7-32　左侧气缸列凸轮轴

1,4—进气凸轮轴；2,3—排气凸轮轴；5,6—压紧工具

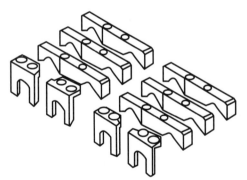

图 2-7-33　固定装置（177 589 02 40 00）

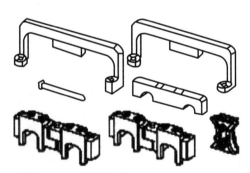

图 2-7-34　固定装置（177 589 01 40 00）

③ 拆下进气凸轮轴4。注意：不要将进气凸轮轴4安装到扇形盘上，否则会损坏进气凸轮轴4。

④ 拆下排气凸轮轴3。注意：不要将排气凸轮轴3安装到扇形盘上，否则会损坏排气凸

轮轴 3。

　　按照与拆卸的相反顺序进行安装。安装时，用发动机油润滑补偿元件和凸轮轴支撑点。插入排气凸轮轴 3 之后，排气凸轮轴 3 的凸轮必须在 5 号气缸处向上倾斜一定角度，使进气凸轮轴 4 和排气凸轮轴 3 的凸轮对正，否则会损坏进气凸轮轴 4 或排气凸轮轴 3。

　　检查凸轮轴（3，4）支承点的直径是否磨损。

第八节　发动机电控

一、发动机电控系统单元

　　M271 EVO 配备了比 M271 采用的电子发动机控制系统 SIM4KE20 更高级的版本。扩展信号将涡轮增压器的变化和直接喷射系统的改进考虑在内。控制单元集成在 M271 EVO 的空气滤清器中，可确保实现最佳冷却条件。

　　针对改进型喷油器的变化，将硬件更换为快速切换式高压输出级，从而实现了双喷射策略。M271 EVO 的发动机控制系统设计为能够满足不同车型、国家和功率变型的一系列使用条件的模块化平台。因此，发动机控制系统从一开始就设计为可在工厂进行升级的控制单元。发动机电控系统单元如图 2-8-1 所示。发动机电控系统单元系统示意如图 2-8-2 所示。

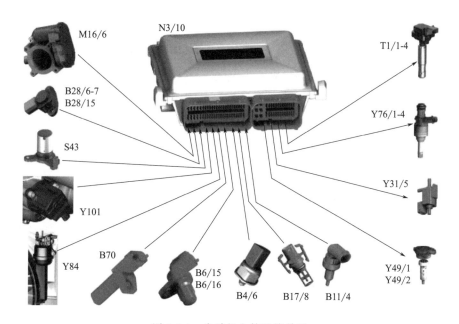

图 2-8-1　发动机电控系统单元

N3/10—ME-SFI（ME）控制单元；M16/6—节气门促动器；B28/6—节气门上游的压力传感器；B28/7—节气门下游的压力传感器；B28/15—压缩机叶轮上游的压力传感器；S43—机油液位检查开关；Y101—排气阀；Y84—散热器百叶窗的真空组件/调节器元件（可诊断）；B70—曲轴霍尔传感器；B6/15—进气凸轮轴霍尔传感器；B6/16—排气凸轮轴霍尔传感器；B4/6—油轨压力传感器；B17/8—增压空气温度传感器；B11/4—冷却液温度传感器；Y49/1—进气凸轮轴电磁阀；Y49/2—排气凸轮轴电磁阀；Y31/5—增压压力控制压力转换器；Y76/1-4—气缸 1~4 的喷油器；T1/1-4—气缸 1~4 的点火线圈

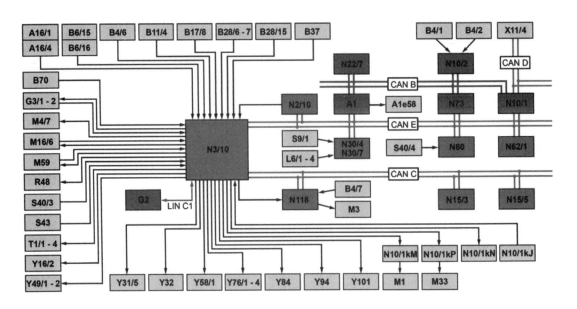

图 2-8-2　发动机电控系统单元系统示意

A1—仪表盘；A1e58—发动机诊断指示灯；A16/1—后部爆震传感器；A16/4—前部爆震传感器；B4/1—左侧燃油液位指示器传感器；B4/2—右侧燃油液位指示器传感器；B4/6—油轨压力传感器；B4/7—燃油压力传感器；B6/15—进气凸轮轴霍尔传感器；B6/16—排气凸轮轴霍尔传感器；B11/4—冷却液温度传感器；B17/8—增压空气温度传感器；B28/6—节气门上游的压力传感器；B28/7—节气门下游的压力传感器；B28/15—压缩机叶轮上游的压力传感器；B37—油门踏板传感器；B70—曲轴霍尔传感器；CAN B—车内 CAN；CAN C—传动系统 CAN；CAN D—诊断 CAN；CAN E—底盘 CAN；G2—发电机；G3/1—催化转换器下游的氧传感器；G3/2—催化转换器上游的氧传感器；L6/1—左前轴转速传感器；L6/2—右前轴转速传感器；L6/3—左后轴转速传感器；L6/4—右后轴转速传感器；LIN C1—传动系统 LIN；M1—起动机；M3—燃油泵；M4/7—带集成式控制的发动机和空调风扇电机；M16/6—节气门促动器；M33—电动充气泵；M59—进气歧管涡流风门促动电机；N2/10—辅助防护系统控制单元；N3/10—ME-SFI（ME）控制单元；N10/1—带熔丝和继电器模块的前侧 SAM 控制单元；N10/1kJ—电路 15 继电器；N10/1kM—起动机电路 50 继电器；N10/1kN—发动机电路 87 继电器；N10/1kP—二次空气喷射继电器；N10/2—带熔丝和继电器模块的后侧 SAM 控制单元；N15/3—电子变速箱控制系统控制单元［装配 5 挡自动变速箱（NAT）/代码（423）］；N15/5—电子换挡杆模块控制单元［装配 5 挡自动变速箱（NAT）/代码（423）］；N22/7—自动空调控制和操作单元；N30/4—电控车辆稳定行驶系统控制单元［增强型限距控制系统/代码（233）除外］；N30/7—高级电控车辆稳定行驶系统控制单元［装配增强型限距控制系统/代码（233）］；N62/1—雷达传感器控制单元［装配增强型限距控制系统/代码（233）］；N73—电子点火开关控制单元；N80—转向柱管模块控制单元；N118—燃油泵控制单元；R48—冷却液节温器加热元件；S9/1—制动灯开关；S40/3—离合器踏板开关（装配手动变速箱）；S40/4—定速巡航控制杆；S43—机油液位检查开关；T1/1-4—气缸 1～4 的点火线圈；X11/4—诊断连接器；Y16/2—加热系统切断阀；Y31/5—增压压力控制压力转换器；Y32—空气泵转换阀；Y49/1—进气凸轮轴电磁阀；Y49/2—排气凸轮轴电磁阀；Y58/1—净化控制阀；Y76/1-4—气缸 1～4 的喷油器；Y84—散热器百叶窗的真空组件/调节器元件（可诊断）；Y94—油量控制阀；Y101—排空转换阀

二、点火线圈

M271 EVO 采用了单火花点火线圈，如图 2-8-3 所示。每个气缸都装配单独的点火线圈，并由电控多端顺序燃料喷注/点火系统（ME-SFI）控制单元进行促动和控制。

在所有工况（启动、全负荷、部分负荷、减速模式）下，只要外部变量（如发动机温度、进气温度、电池电压）有需要，即可对点火角度进行修正。通常，根据以下标准调节点火特性图：

图 2-8-3　单火花点火线圈
1—点火线圈；2—火花塞

① 燃油消耗量降低，污染物减少；

② 转矩在低转速条件下增大，功率增加；

③ 发动机平稳运转特性改进。

ME-SFI 控制单元中集成的附加功能包括：

① 怠速控制；

② 转速限制（可变）；

③ 爆震控制；

④ 应急运行模式；

⑤ 传感器监测；

⑥ 自诊断。

三、ECO 启动/停止系统

1. 工作原理

在发动机转速极低且车辆静止时，如果满足与车辆和驾驶员相关的特定条件，ECO 启动/停止系统会关闭发动机（自动停止功能），这样将进一步降低燃油消耗量。

如有必要，起动机可尽快进行自动重新启动（自动启动功能）。ECO 启动/停止系统采用了带方向检测功能的曲轴霍尔传感器和改进型起动机。电控多端顺序燃料喷注/点火系统（ME-SFI）控制单元利用改进型曲轴霍尔传感器检测曲轴的位置。这就意味着当发动机重新启动时，例如等待交通信号灯时，只需向气缸直接注入较少量的燃油，便可确保迅速的启动过程。

2. 功能要求

ECO 启动/停止系统执行自动停止功能的运行，必须满足以下要求。

① 发动机已具备必要的工作参数（如要求的最低冷却液温度）。

② 满足与驾驶员相关的以下条件。

a. 变速箱处于空挡。

b. 未操作离合器踏板和油门踏板。

c. 已踩下行车制动器。车速低于限定速度。

③ 驾驶员没有通过 ECO 按钮关闭 ECO 启动/停止系统（首次启动后的默认值是 ON 状态）（图 2-8-4）。

图 2-8-4　带指示灯的 ECO 按钮

④ 通过钥匙启动或例如在调车之后，超过了适当的限速。

⑤ 满足以下系统与车辆相关的条件。

a. 空调。

b. 车载电气系统。

c. 制动系统。

d. 悬挂。

e. 其他传感装置，如车门锁、座椅安全带锁扣和发动机罩接触开关。

3. 主要功能

ECO 启动/停止系统包括以下主要功能。

（1）发动机停机功能　满足以下功能条件时，电控多端顺序燃料喷注/点火系统（ME-SFI）控制单元会关闭发动机。

① 变速箱处于空挡。

② 未操作离合器踏板和油门踏板。

③ 已踩下行车制动器。

④ 车速低于限速。

（2）发动机启动功能　只有在车辆以发动机自动停机功能启用状态下停止时，即通过发动机停止功能关闭发动机，电路 15 处仍存在电压（点火接通）时，车辆才会进行发动机自动启动。为此，必须满足以下功能条件之一。

① 已操作油门踏板。

② 已操作离合器。

③ 通过 ECO 按钮关闭 ECO 启动/停止系统。

④ 车速高于限速。

⑤ 驾驶员启动了要求发动机运转的功能，如提高车辆水平高度。

为重新启动发动机，ME-SFI 控制单元会发出重新启动的请求（自动启动）。

（3）发动机强制启动　另一种发动机自动启动的形式是发动机强制启动，这是一种保护功能。该功能要求传动系统启动。满足以下功能条件之一时，电控多端顺序燃料喷注 1 点火系统（ME-SFI）控制单元会在没有驾驶员干预的情况下自动启动发动机。

① 驾驶员解开安全带或打开驾驶员车门。

② 以下任何一个系统中的与车辆相关的条件不再具备。

a. 空调。

b. 车载电气系统。

c. 制动系统。

d. 悬挂。

e. 其他传感装置。

4. 仪表盘显示

对于装配 ECO 启动/停止系统的车辆，附加信息存储在仪表盘的多功能显示屏中。ECO 符号向驾驶员提示自动停止功能可用（图 2-8-5）。

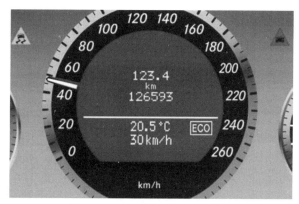

图 2-8-5　显示屏中的 ECO 符号

第九节　发动机故障案例分析

1. 发动机舱冒出白色烟雾，发动机停止运转

（1）车辆型号　S300。

（2）里程　45239km。

（3）故障原因　三缸点火线圈自燃，前 SAM 23 号保险损坏；快速检测无故障记录。

（4）解决方案　更换全部点火线圈、火花塞，更换损坏的发动机线束和熔丝，更换被点火线圈烧损的空滤外壳。

2. 发动机行驶中熄火，车辆无法启动

（1）车辆型号　R300。

（2）里程　213456km。

（3）故障原因　检查发现油泵电脑的 15 火线供电电压为 0，保险 F4f53 处无供电，F4KN 线圈电阻为 598Ω（图 2-9-1 和图 2-9-2）。

（4）解决方案　更换继电器 F4KN。

3. 车辆停放后不能启动

（1）车辆型号　S350。

（2）里程　78456km。

（3）故障原因　CAN-G 总线和手刹控制单元的开关电源线由于水迹造成了短路漏电，而且引起了部分连接 CAN-B、CAN-E 的控制单元静态电流大过。

（4）解决方案　重新清洁 X18 插头，故障解决。

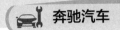
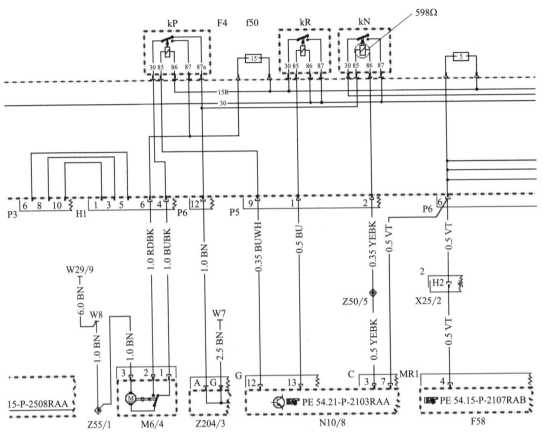

图 2-9-1　电路图（一）

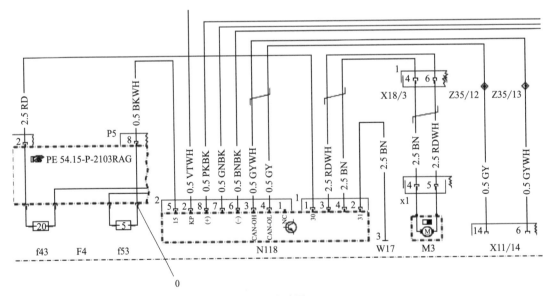

图 2-9-2　电路图（二）

4. 仪表板多个故障灯点亮，而且车辆不能启动

（1）车辆型号　S350。

（2）里程　98456km。

（3）故障原因　ME 不能为 ESP 控制单元、变速器控制单元、A80 直接换挡模块传输相关数据，导致 CAN-C 的数据无法输出（图 2-9-3）。

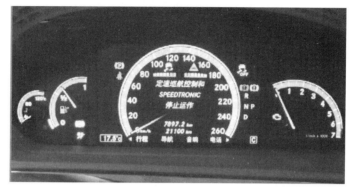

图 2-9-3　仪表故障灯点亮

（4）解决方案　更换 ME。

5. 车辆不能启动，蓄电池电压过低

（1）车辆型号　S350。

（2）里程　148456km。

（3）故障现象　静态电流为 5A 左右，后 SAM 内储存有部件 F4KR 继电器故障码。

（4）故障原因　由于右后门槛处下方的 15R 线和 30 线相连，因此造成了部分 15R 线的用电设备电源无法切断（图 2-9-4）。

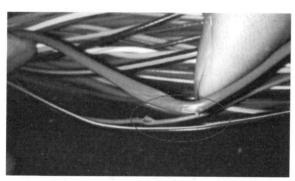

图 2-9-4　故障位置

（5）解决方案　维修线路。

6. 车辆启动困难，发动机抖动严重

（1）车辆型号　B200。

（2）里程　98956km。

（3）故障原因　车辆启动困难，启动后发动机抖动严重，并且发动机故障灯亮起。电脑检测 ME 报 2 缸缺火，2 缸均点火和喷油。检查气缸压力，正常，缸内探测未见异常，火花塞燃烧状况较差。2 缸排气气门弹簧断裂（图 2-9-5）。

图 2-9-5　排气气门弹簧断裂

（4）解决方案　更换气门弹簧、气门、气门油封。

7. 行驶中突然熄火，然后再不能启动

（1）车辆型号　Smart。

（2）里程　68589km。

（3）故障原因

① 测量蓄电池电压为 9V，跨接启动后，测量蓄电池两端充电电压为 12.1V，发电电压不足，并且发电机有"呜呜"响声。更换启动发电机后，发电电压为 14.5V，正常。但发动机运转时的"呜呜"声未排除。

② 根据故障码"100D"的 DAS 引导测试，测量 N129（发电机启动电机控制单元）上的三个极性电容电压，正常（均为 12V 左右）。置换 N129，故障依旧。

③ 在车身下部测量时发现，左前轮速传感器线和塑料支架被烫化且 ESP 泵至左前轮的制动油管异常发热。发动机运转 1min，在管线上滴水即刻形成水汽。怀疑此油管作为车身搭铁。检查蓄电池处和 N129 的搭铁点，正常，无虚接、短路现象。

④ 排查启动发电机至 N129 的三相交流电线束，发现 ESP 泵框架上的螺栓将该线束磨破，产生三相电对车身短路（图 2-9-6）。

图 2-9-6　线束破损

（4）解决方案 修理线束。

8. 发动机抖动，故障灯亮

（1）车辆型号 E260。

（2）里程 178884km。

（3）故障原因 对调1缸和2缸的火花塞及点火线圈后，故障码仍旧是P035100（点火线圈1的促动装置存在电气故障或断路）和P230000（点火线圈1的促动装置对地短路），测量四个缸的喷油嘴内阻，为0.2Ω左右（图2-9-7～图2-9-9）。

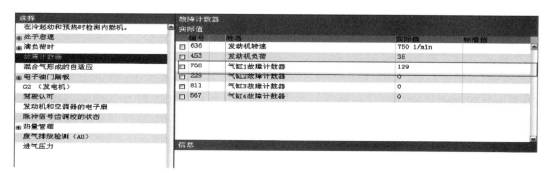

ME（发动机电子设备）－内燃机'M271EVO'的发动机电子设备'SIM271DE2 0'（N3/10）				-F-
梅赛德斯-奔驰硬件号	003 446 88 40	梅赛德斯-奔驰软件号	009 448 75 40
梅赛德斯-奔驰软件号	271 902 34 00	梅赛德斯-奔驰软件号	271 903 53 02
诊断标识	02130E	硬件版本	08/15 00
软件状态	08/40 00	软件状态	10/15 00
软件状态	10/15 00	数据状态	850334C2SSP00 140410

代码	文本	状态
P035100	点火线圈1的促动装置存在电气故障或断路。	S
P230000	点火线圈1的促动装置对地短路。	S
P030100	识别到气缸1燃烧断火。	A

图 2-9-7 故障码

图 2-9-8 气缸1故障计数器

（4）解决方案 更换ME。

9. 发动机严重抖动，动力不足

（1）车辆型号 S320。

（2）里程 177559km。

（3）故障现象 发动机转速达到2000r/min后，若稍微放松加速踏板，发动机马上出现严重的抖动，之后又可恢复，基本稳定运转，但加速时明显感到动力不足的故障现象。

（4）故障原因 经检查发现，当出现上述故障时第3、4缸不工作，但若将点火开关置于OFF位后重新启动发动机，则发动机工作又恢复正常。根据维修实践，该型车只要有一缸工作不良，其ECU就会自动切断第3、4缸的喷油，自动加大节气门开度，使进气量增加，同时也增加其他缸喷油器的喷油脉宽，以使发动机在空负荷时能够维持在正常怠速状态。用OB91故障诊断仪对发动机系统进行检测，没有发现故障码，但在观察该系统的数据流时发现，当第3、4缸不工作时，其他缸喷油器的喷油脉宽有所增加。

测量各气缸压力，正常。检查点火正时和各缸的点火能量，也未发现异常情况。检查第3、4缸进气支管，未发现有漏气的地方。因此怀疑第3、4缸喷油器堵塞，在发动机加速时引起混合气混合比不正确，于是将这两个喷油器拆下并进行测试，发现它们确实工作不良。而此时挂挡，则因第3、4缸不工作，发动机动力不足，从而出现严重抖动的现象。当把这

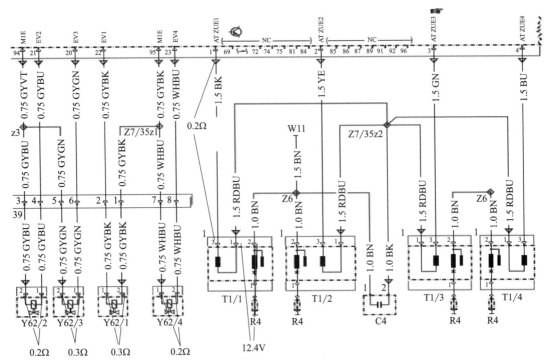

图 2-9-9　测量四个缸的喷油嘴内阻

两个喷油器用超声波清洗机进行清洗后装复，启动发动机试验，原故障现象消失，故障排除。

（5）解决方案　清洗喷油器。

10. M271 发动机下方与变速箱油外底壳有油迹

（1）发动机型号　M271。

（2）里程　973159km。

（3）故障现象　发动机曲轴箱与变速箱连接处有机油渗漏迹象。

（4）故障原因　后曲轴箱与变速箱连接螺栓孔内有两处砂眼，导致渗漏机油。

（5）解决方案　清洁螺栓孔内油迹后用密封胶对砂眼进行密封，排除渗油故障。

扫一扫

视频精讲

扫一扫

视频精讲

第三章

自动变速箱

第一节　9速变速箱

一、自动变速箱概述

9速自动变速箱（9G-TRONIC）725.0为全新款电控式自动变速箱，由9个前进挡和1个倒挡组成。各挡位级的速比通过行星齿轮组实现。该自动变速箱的所有变速箱功能及控制组件在一个总成模块中相互结合。完全集成式变速箱控制单元位于自动变速箱中，从而使车辆线束接口的数量减少。

此外，完全集成式新款变速箱控制系统（VGS）的采用还具备以下优势：

① 良好的电磁兼容性（避免各电子部件之间的相互影响）；

② 车载电气系统中实现快速的电流控制及波动补偿，从而提升了换挡质量；

③ 能够精确确定换挡相关的测量值并对这些测量值进行更加快速的评估。

通过采用以下措施，延长了变速箱的使用寿命，降低了燃油消耗量，同时使换挡舒适性达到最佳：

① 采用9个挡位级且最大传动比达9的新变速箱概念；

② 采用具备额外舒适性和动态功能的全新软件；

③ 带双泵的新促动器概念变速箱可以细分为以下总成件：

a. 带扭转减震器的变矩器、离心摆和变矩器锁止离合器；

b. 采用轴向偏置设计的新型机油泵（初级泵），用于产生所需的油压并保证换挡元件和支承点的润滑；

c. 电动变速箱油泵，用于在发动机关闭时产生所需的油压并保证换挡元件和支承点的润滑，同时为初级泵提供辅助；

d. 带机械式变速箱部件（行星齿轮组、电控液压促动式驻车止动爪、多盘式离合器和多片式制动器）的变速箱外壳；

e. 带完全集成式变速箱控制系统控制单元的完全集成式变速箱控制单元；

f. 采用新型经优化的变速箱部件降低工作压力。

9速自动变速箱组成如图3-1-1所示。

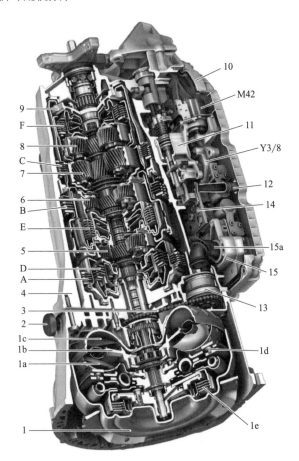

图 3-1-1　9 速自动变速箱组成

1—变矩器护盖；1a—涡轮；1b—定子；1c—叶轮；1d—离心摆；1e—变矩器锁止离合器；2—变速箱外壳通风装置；
3—油泵传动链；4—变速箱外壳；5—行星齿轮组 1；6—行星齿轮组 2；7—行星齿轮组 3；8—行星齿轮组 4；
9—驻车止动爪齿轮；10—油底壳；11—电液驻车止动爪促动器的活塞外壳；12—导向管油泵；13—完全
集成式变速箱控制系统（VGS）的支撑体；14—护盖/换挡油阀壳；15—压力和进气管；A—多片式
制动器 B08；B—多片式制动器 B05；C—多片式制动器 B06；D—多盘式离合器 K81；E—多盘式
离合器 K38；F—多盘式离合器 K27；M42—电动变速箱油泵；Y3/8—完全集成式变速箱控制单元

二、电液控制系统的组成及作用

1. 完全集成式变速箱控制单元

完全集成式变速箱控制单元连接至车辆的控制器区域网络（CAN），评估来自其他控制单元的信号和请求，并根据这些信息相应地促动内部促动器。其也可以对传感器系统的信号进行评估，并将其传送至相应的控制单元。完全集成式变速箱控制单元促动以下促动器和/或根据传感器和控制器区域网络（CAN）输入信号执行以下功能：

① 换挡阀和电磁阀；

② 电动变速箱油泵；

③ 液压驻车止动爪促动；

④ 电液驻车止动爪解锁。

自动变速箱作为紧凑型变速箱单元采用上下安装的布置形式。此外，还着重确保将换挡、润滑和控制过程相关的所有部件全部集成在变速箱中。完全集成式变速箱控制单元的特点是：

① 电动变速箱油泵；

② 所有的换挡阀和电磁阀都位于完全集成式变速箱控制单元上；

③ 整个传感器系统（包括转速传感器、温度传感器、压力传感器和位置传感器）是完全集成式变速箱控制单元的一部分；

④ 完全集成式变速箱控制系统控制单元集成在完全集成式变速箱控制单元中。

油压分为：工作压力、润滑压力、换挡压力。

（1）工作压力 由初级泵产生的油压被工作压力调节阀转换为工作压力。工作压力水平取决于调节阀的位置及其几何形状。工作压力调节阀的位置受工作压力电磁阀的影响，以匹配载荷和挡位。所有其他用于变速箱控制的油压都来自工作压力。

（2）润滑压力 工作压力调节阀处多余的变速箱油被转移至润滑压力调节阀处，并在此调节后用于机械变速箱部件和变矩器的润滑和冷却。此外，变矩器中的油压通过调节润滑压力进行限制。

（3）换挡压力 换挡压力（多盘式离合器或多片式制动器中的油压）来自工作压力。各电磁阀影响与其相关的调节阀的位置，调节阀的位置反过来又影响多片式制动器或多盘式离合器中的油压。因此，换挡压力取决于各调节阀的几何形状。

电动变速箱油泵在内燃机关闭时向液压系统供油，其通过完全集成式变速箱控制单元促动。注意：主动控制的润滑压力降低功能可减少阻力，从而降低燃油消耗。

2. 电液促动器（EHS）分解图（图3-1-2）

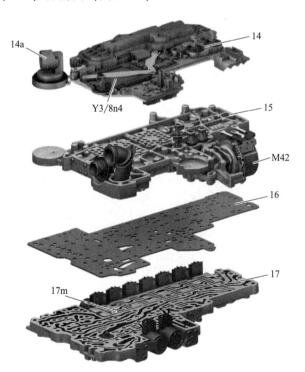

图 3-1-2　电液促动器（EHS）分解图

14—完全集成式变速箱控制系统（VGS）支撑体；14a—变速箱连接器；15—护盖/换挡油阀壳；16—中间板；

17—换挡油阀壳；17m—阀座；M42—电动变速箱油泵；Y3/8n4—完全集成式变速箱控制单元

3. 电液促动器（EHS）部件（图3-1-3）

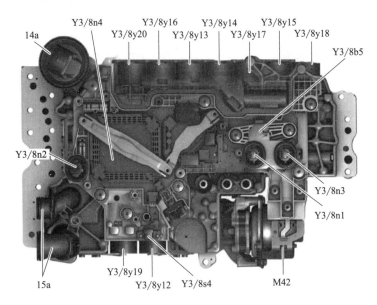

图 3-1-3　电液促动器（EHS）部件

14a—变速箱连接器；15a—压力和进气管；M42—电动变速箱油泵；Y3/8b5—压力传感器；Y3/8n1—涡轮转速传感器；Y3/8n2—内部变速箱转速传感器；Y3/8n3—输出轴转速传感器；Y3/8n4—完全集成式变速箱控制单元；Y3/8s4—驻车止动爪位置传感器；Y3/8y12—润滑压力电磁阀；Y3/8y13—离合器控制电磁阀K81；Y3/8y14—离合器控制电磁阀K38；Y3/8y15—离合器控制电磁阀K27；Y3/8y16—多片式制动器控制电磁阀B08；Y3/8y17—多片式制动器控制电磁阀B05；Y3/8y18—多片式制动器控制电磁阀B06；Y3/8y19—工作压力电磁阀；Y3/8y20—变矩器锁止离合器电磁阀

注意：转速传感器永久连接到完全集成式变速箱控制单元上，不能单独更换。

4. 换挡油阀壳

换挡油阀壳如图3-1-4所示。

5. 护盖/换挡油阀壳（图3-1-5）

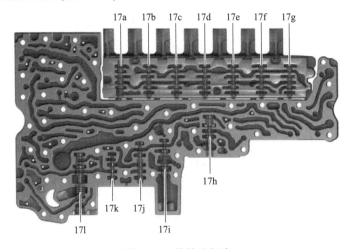

图 3-1-4　换挡油阀壳

17a—变矩器锁止离合器（WUK）调节阀；17b—制动器调节阀B08；17c—离合器调节阀K81；17d—离合器调节阀K38；17e—制动器调节阀B05；17f—离合器调节阀K27；17g—制动器调节阀B06；17h—未驻车换挡阀；17i—润滑压力换挡阀；17j—润滑压力电磁阀调节阀；17k—工作压力调节阀；17l—润滑压力调节阀

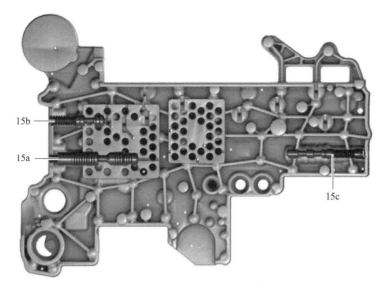

图 3-1-5　护盖/换挡油阀壳

15a—工作压力调节阀；15b—增压换挡阀（辅助离心油护盖充注）；15c—驻车/未驻车换挡阀

三、转速传感器系统的组成及作用

1. 转速传感器（图 3-1-6）

图 3-1-6　转速传感器

18—驱动轴；19—输出轴；Y3/8n1—涡轮转速传感器；Y3/8n2—内部变速箱转速传感器；Y3/8n3—输出轴转速传感器

2. 内部变速箱转速传感器

内部变速箱转速由主动传感器（带集成式磁铁的差速器霍尔传感器）记录。外板托架 K81 用作被动传感器元件，获取内部转速。

3. 涡轮转速传感器

涡轮转速由被动传感器（差速器霍尔传感器）记录。磁极转子用作主动传感器元件，获取涡轮转速，其被压到行星齿轮组 P4 的行星齿轮托架上。

4. 输出轴转速传感器

输出速度由带转动方向检测的主动传感器（带集成式磁铁的差速器霍尔传感器）记录。

外板托架 K27 用作被动传感器元件，获取输出速度，其被焊接到输出轴上。注意：所有传感器永久连接到完全集成式变速箱控制单元上，不能单独更换。电液促动器（EHS）必须在上市日期后的 6～8 个月之内更换。

四、动力传输及动力流路线

1. 转矩传送

发动机转矩由曲轴传送至变矩器、下游的自动变速箱并通过后轴差速器传送至驱动轮。变矩器中的动力通过从动叶轮传送。变矩器锁止离合器接合时，动力通过该机械连接传送。通过各行星齿轮组的齿轮，根据传动比和促动的换挡元件，来自变矩器的转矩在多盘式离合器和多片式制动器的辅助下传送至输出轴。低速挡时输出速度的降低能够在车速较低时使驱动轮处的牵引力和驱动力矩更大。

2. 1 挡时的动力传输 （图 3-1-7）

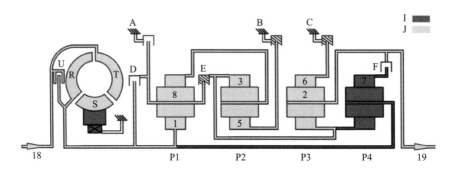

图 3-1-7　1 挡时的动力传输

1,5—太阳齿轮；2,8—行星齿轮托架；3,6,7—齿圈；18—驱动轴；19—输出轴；A—多片式制动器 B08；B—多片式制动器 B05；C—多片式制动器 B06；D—多盘式离合器 K81；E—多盘式离合器 K38；F—多盘式离合器 K27；I—元件未接合；J—元件接合；P1—行星齿轮组 P1；P2—行星齿轮组 P2；P3—行星齿轮组 P3；P4—行星齿轮组 P4；R—涡轮；S—定子；T—叶轮；U—变矩器锁止离合器

1 挡时，动力传输的功能顺序如下。

以下多片式制动器和多盘式离合器接合：

① 多片式制动器 B05；

② 多片式制动器 B06；

③ 多盘式离合器 K38。

1 挡时，动力传输通过以下齿轮组进行：

① 行星齿轮组 P1；

② 行星齿轮组 P2；

③ 行星齿轮组 P3。

行星齿轮组 P1 的太阳齿轮是驱动轴的一部分并由其驱动。行星齿轮组 P1 的行星齿轮托架通过多盘式离合器 K38 连接到行星齿轮组 P2 的齿圈。多片式制动器 B05 对行星齿轮组 P2 的太阳齿轮进行制动，这可以增大转矩并降低转速。行星齿轮组 P2 的齿圈通过机械连接连接至行星齿轮组 P3 的太阳齿轮。太阳齿轮在行星齿轮组 P3 的齿圈内转动，其由多片式制动器 B06 进行制动到静止，然后将增大的转矩和降低的转速传送至输出轴。因此，输出轴以降低的变速箱输入速度沿发动机转动方向转动。

注意：所有行星齿轮都由太阳轮、行星齿组架、行星齿轮托架、齿圈组成。

五、换挡操作、升挡和降挡

1. 换挡操作

完全集成式变速箱控制系统的控制单元将来自发动机控制单元的电信号转换为液压信号。

挡位"R""N""D1～D9"和"P"可以通过操作直接选挡（DI-RECT SELECT）换挡杆接合。直接选挡换挡杆将选择的挡位"P""R""N""D1～D9"的信息传送至转向柱管模块控制单元，后者将该信号传送至底盘控制器区域网络（CAN）。

随后该信号由共轨喷射系统柴油机（CDI）控制单元记录并通过传动系统控制器区域网络（CAN）传送至完全集成式变速箱控制单元，从而接合相应的挡位范围。

换挡范围"D1～D9"的信息显示在仪表盘上。虽然换挡范围可在前进挡驾驶时进行更改，但如果发动机转速过高或过低，则完全集成式变速箱控制单元仍会阻止换挡操作。

2. 升挡和降挡

在运动型"S"和经济型"E"变速箱模式下，驾驶员可以通过按下方向盘降挡按钮或方向盘升挡按钮选择以下功能。

① 在经济型"E"或运动型"S"变速箱模式下按下方向盘换挡按钮会激活临时模式 M（KZM）。这可以使驾驶员不必预先选择 M 模式便可通过方向盘换挡按钮换挡。之前的挡位限制/换入最佳挡位（SOG）功能（通过按下方向盘换挡按钮操作）已停用。

② 与永久型 M 模式不同，临时模式 M（KZM）会在特定时间段后自动停用。该时间间隔在每次按下按钮后开始计算。此外，该功能的作用还会因全负荷操作和横向加速度的影响而扩展。

③ 经济型"E"变速箱模式相对于运动型"S"变速箱模式具有更小的换挡范围（在低发动机转速下换挡），因此在前进和倒车时产生的驱动力矩较小。由于挡位不受限制，可以使驾驶更具经济性和舒适性。

④ 在手动"M"变速箱模式下，挡位"D1～D9"可直接通过方向盘降挡按钮或方向盘升挡按钮接合。

倒挡和空挡只能通过直接选挡换挡杆接合。驻车止动爪（挡位"P"）通过操作直接选挡换挡杆上的驻车止动爪激活。电路15的状态更改后不再启用变速箱模式"M"。随后，变速箱会在默认变速箱模式下启动。

六、供油系统

1. 内燃机运行时的供油

内燃机运行时，油泵（初级泵）（图 3-1-8）将油液传输至电控液压式促动的自动变速箱。油泵由驱动轴通过驱动链条（轴向偏置设计）驱动。油泵安装在变速箱钟状外壳底部，外板托架中的变矩器后方。

2. 内燃机关闭时的供油

如果内燃机关闭时供油失败，则所有的控制元件和促动器在空载时会切换至基本状态，然后自动变速箱动力传输停止。

启动内燃机和建立供油后，挡位必须从"N"切换至"D"。启动请求和启动时间之间的时间损失会由电动变速箱油泵自动降到最低。在启动/停止模式下，电动变速箱油泵在内燃

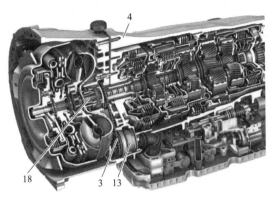

图 3-1-8　油泵（初级泵）

3—驱动链条；4—变速器外壳；13—油泵；18—驱动轴

机关闭的情况下被促动，然后向控制元件和促动器进行基础供油，从而保持特定的基础压力。

电动变速箱油泵还可以在内燃机转速较低时向初级泵供油。内燃机转速较低时，在换挡操作（促动器加注）或在冷却要求提高的情况下会请求由电动变速箱油泵按需供油。

3. 变速箱外壳通风

通风口位于变速箱外壳顶部。浇铸在变速箱钟状外壳中的管道将变速箱内室与通风口相连。变速箱外壳通风口可确保在变速箱油和空气的温度相关变量改变时在变速箱外壳中保持压力平衡。

七、应急系统

1. 紧急操作

为确保安全的行驶条件并避免损坏自动变速箱，完全集成式变速箱控制单元在出现严重故障时会切换至应急运行模式。如果电磁阀发生故障，则会禁用相关的挡位并不再促动。随后车辆可以运送至最近的梅赛德斯-奔驰服务中心。

2. 紧急驻车

如果出现影响驻车止动爪提升电磁阀的故障（该故障会阻止驻车锁促动器的定位杆被驻车止动爪提升电磁阀从位置"P以外"松开），则定位杆解锁销子可以通过液压方式打开定位杆对此进行补偿。在内燃机关闭的情况下，此操作需要的液压由变速箱油泵提供。

紧急驻车功能启用时，由定位杆对活塞杆的锁止操作会取消（由通电的驻车止动爪提升电磁阀进行，或在液压充足时，由定位杆解锁销子以液压方式进行），润滑压力电磁阀会处于通电状态，且液压缸不会被压至"P以外"位置。预张紧弹簧由活塞外壳的活塞杆导向装置支持，从而将活塞杆移至换挡位置"P"。

注意：驻车止动爪提升电磁阀以脉冲方式促动，以最小化车内的噪声。该电磁阀由完全集成式变速箱控制单元促动，或在车载电气系统电压中断时，由电子点火开关控制单元促动。

八、变矩器的结构及作用

1. 变矩器

叶轮与发动机相连，涡轮与驱动轴相连。定子通过自由轮和定子轴与变速箱外壳相连

（图 3-1-9）。变矩器中的油液不断循环，从而使运行阶段产生的热量能够被变速箱冷却器吸收。

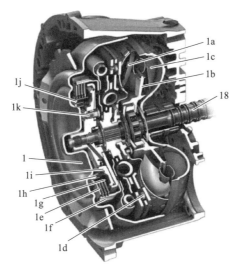

图 3-1-9　变矩器结构

1—变矩器护盖；1a—涡轮；1b—定子；1c—叶轮；1d—离心摆；1e—离合器组件；1f—外板托架；1g—压力室（变矩器锁止离合器）；1h—变矩器锁止离合器活塞回缩弹簧；1i—活塞；1j—内板托架；1k—铆钉；18—驱动轴（变速箱）

　　离心力向外施加到涡轮上，驱动涡轮转动，从而使叶轮能够通过叶片输送油液。涡轮叶片直接将油液输送到定子的叶片上，随后后者又将油液推送到叶轮上。定子通过自由轮支撑在变速箱外壳上，定子处对油液的重新定向使转矩增大。

　　叶轮旋转且涡轮静止时，起始点处的变矩量达到最大值。在叶轮加速阶段，涡轮的转速也在快速调节，即转速差不断减小，直至变矩器锁止离合器耦合点处的转速几乎相同。达到耦合点时，定子也会自由转动。

　　2. 带离心摆的变矩器锁止离合器

　　根据发动机负荷和车速，变矩器锁止离合器减少变矩器的动力损失，从而确保从曲轴到自动变速箱驱动轴的低滑差动力传输，因此使传输效率得以改善。根据输出速率、发动机负荷及其他参数（如温度和气压），变矩器锁止离合器在所有挡位接合。为减小内燃机引起的扭转振动，需要安装其他减振元件或采取其他减振措施：扭转减振器；离心摆。

　　扭转减振器能够减小内燃机燃烧振动引起的扭转振动。离心摆的摆锤灵活安装在滚子上，并因惯性产生反向扭矩，从而在整个转速范围内减小发动机产生的扭转振动。这一措施为驾驶员提供了更好的舒适性，而且减少了变速箱机械部件的磨损和撕裂损坏。此外，还可以选择转速较低的换挡模式，从而节省燃油。

　　注意：由于带离心摆的变矩器及其他减小扭转振动的减振措施的采用，后轴差速器和传动轴上无需使用减振器。

九、行星齿轮组的结构及作用

　　行星齿轮组的组成包含以下部件：齿圈；行星齿轮托架；装配的行星齿轮；太阳齿轮。行星齿轮组的齿圈、行星齿轮托架和太阳齿轮元件通过多盘式离合器和多片式制动器的换挡元件被交替驱动或制动停止。在此过程中，行星齿轮能够在齿圈的中央啮合处和太阳齿轮的外侧啮合处滚动，从而无需移动齿轮或换挡套筒即可产生多种传动比并可反向转动。

图 3-1-10　行星齿轮组
a—行星齿轮；b—行星齿轮架；c—齿圈

扭矩变换和转速变换根据相应的杠杆比或主动齿轮传动齿数的速比产生，称为传动比。由于数个行星齿轮组之间相互连接，因此总速比即为各部件速比的乘积。如果某一个行星齿轮组的 2 个部件之间刚性连接在一起，则该结构会锁止并作为一个闭式单元旋转（图 3-1-10）。行星齿轮组的优势：载荷情况下的换挡能力增强。

① 能够产生数个速比。

② 齿轮持续啮合。

③ 反向变换程序简化。

④ 高效。

⑤ 同轴输入和输出。

⑥ 紧凑型设计。

十、多片式离合器和多片式制动器

1. 多片式离合器

该离合器用于建立摩擦连接，以在以下部件之间传递驱动力矩（图 3-1-11）。

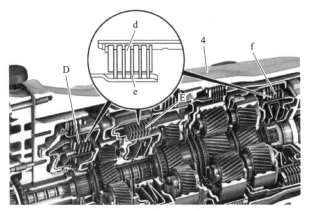

图 3-1-11　多片式离合器
4—变速箱外壳；D—多片式离合器 K81；E—多片式离合器 K38；d—外板；f—多片式离合器 K27；e—内板

① 行星齿轮组的 2 个元件。

② 2 个行星齿轮组各 1 个元件。

多片式离合器由内部齿板托架上的多个内部齿板及外部齿板托架上的多个外部齿板组成。多片式离合器 K81、K38 和 K27 采用双面盘。多片式离合器 K38 和 K27 的镀层片位于内部齿板托架上。多片式离合器 K81 位于反转位置，其镀层盘位于外部齿板托架上。

2. 多片式制动器

多片式制动器自行固定在变速箱外壳上，以传递驱动力矩。行星齿轮组的以下元件可以固定在变速箱外壳上：齿圈；太阳齿轮；行星齿轮托架。多片式制动器由内板托架上的数个内部齿板及外部托架上的数个外部齿板组成。外板托架永久连接至变速箱外壳。多片式制动器上采用双面盘（图 3-1-12）。

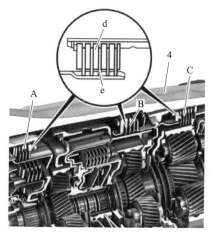

图 3-1-12 多片式制动器

4—变速箱外壳；A—多片式制动器 B08；B—多片式制动器 B05；C—多片式制动器 B06；d—外板；e—内板

十一、驻动止动系统

1. 驻车止动爪

驻车止动爪齿轮电液部件及驻车锁止器机械机构位于变速箱外壳的后部（图 3-1-13～图 3-1-15）。除进行驻车制动外，以上部件的任务还包括机械地固定车辆，以防溜车。

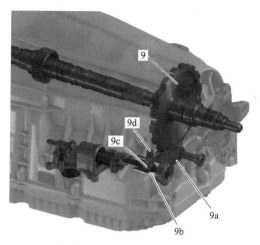

图 3-1-13 自动变速箱左后视图（驻车止动爪接合）

9—驻车止动爪齿轮；9a—驻车定位槽；9b—导向轴套；9c—驻车止动爪锥体；9d—驻车棘爪簧

在换挡杆位置"P"，驻车止动爪锥体在驻车定位槽和导向轴套之间移动，从而使驻车定位槽压在驻车止动爪齿轮上。车辆静止时，如果驻车定位槽的齿未接合在齿槽中，而是接触到驻车止动爪齿轮的齿，则驻车止动爪锥体会由其后的弹簧预张紧并定位在工作就绪位置。驻车止动爪齿轮继续转动时，驻车定位槽会接合在下一个齿槽中。

车辆静止或低速行驶时，为防止错误操作造成的损坏，齿槽之间的间隔必须刚好能够使驻车定位槽接合。如果车辆移动速度加快，齿的倾斜表面会使驻车定位槽发生偏转而无法接合。在挡位范围"R""N""D1～D9"时，部件棘爪簧会使驻车定位槽远离驻车止动爪

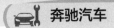
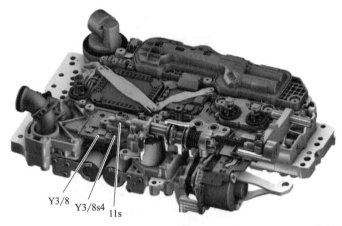

Y3/8　Y3/8s4　11s

图 3-1-14　带驻车止动爪控制元件的电子液压促动器（EHS）的部件

11s—永磁体；Y3/8—完全集成式变速箱控制单元；Y3/8s4—驻车止动爪位置传感器

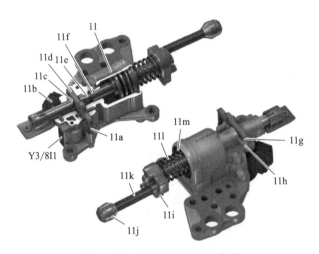

图 3-1-15　电液驻车止动爪促动

11—活塞外壳；11a—卡止弹簧；11b—驻车止动爪提升电磁阀电气连接器；11c—"P"锁止轮廓；11d—定位杆；11e—锁止轮廓"P以外"；11f—活塞杆；11g—定位杆解锁销；11h—"P"压力室；11i—弹簧托架；11j—驻车止动爪锥体；11k—连杆；11l—预张紧弹簧；11m—活塞杆导向装置；Y3/8l1—驻车止动爪提升电磁阀

齿轮。

2. 驻车止动爪操作元件

变速箱驻车止动爪部件和直接选挡换挡杆之间无机械连接（线控驻车）。驻车止动爪完全以电液方式接合或松开，通过直接选挡换挡杆的促动或根据不同因素（如驾驶员车门打开，传动系统进入工作状态或取下点火开关中的钥匙）工作。

3. 驻车止动爪位置传感器

驻车止动爪位置传感器用于监测驻车止动爪活塞的位置（位置 P 或 P 以外的位置）。驻车止动爪活塞的位置由线性霍尔传感器记录。传感器的传感元件为永磁体，夹在活塞杆上。

4. 驻车止动爪换挡位置"P"

驾驶员将直接选挡换挡杆移至挡位范围"P"时，压力室"P 以外"中的压力消除。同时，完全集成式变速箱控制单元为驻车止动爪提升电磁阀通电，从而克服卡止弹簧的弹簧作用力将定位杆从锁止轮廓"P以外"中抬出，并由此防止活塞杆的"机械锁止"。由于预张紧弹簧的弹簧作用力，耦合至连杆的活塞杆被压向驻车止动爪齿轮方向，使驻车止动爪锥体在导向轴套和驻车定位槽之间移动。

驻车止动爪锥体的升高部分使驻车止动爪升起，并将其压向驻车止动爪齿轮。车辆静止时，如果驻车定位槽的齿未接合在齿槽中，而是接触到驻车止动爪齿轮的齿，则驻车止动爪锥体会由连杆弹簧预张紧并定位在工作就绪位置。驻车止动爪齿轮继续转动时，驻车定位槽会接合在下一个齿槽中。驻车止动爪位于位置"P"时，完全集成式变速箱控制单元终止驻车止动爪提升电磁阀的通电。

断电后，驻车止动爪提升电磁阀回到其初始位置，且不再对定位杆施加任何压力。其会由卡止弹簧的作用力压入锁止轮廓"P"，从而锁止活塞杆。

5. 驻车止动爪换挡位置"P以外"

如果驾驶员将换挡杆从挡位"P"换入"R""N"或"D"，则驻车止动爪会通过向压力室"P以外"施加压力克服预张紧弹簧的弹簧作用力向换挡位置"P以外"处移动。驻车止动爪提升电磁阀通电后，机械锁止装置断开，定位杆克服卡止弹簧的作用力升高，从而发生上述情况。如果工作压力足够高，则液压仅将驻车止动爪固定在位置"P以外"。

活塞杆和定位杆在轴向上无任何接触。如果压力减小（预张紧弹簧作用力大于液压）或压力降至零，则由于预张紧弹簧的作用力，活塞杆仅向卡子的反方向移动。然后，通过"机械锁止"使状态"P以外"得以维持。

在换挡位置"P以外"时，驻车止动爪锥体置于驻车定位槽前方，且驻车止动爪齿轮可自由转动。驻车止动爪提升电磁阀采用脉冲式促动，以减少完全集成式变速箱控制单元中的动力损失。

如果车载电气系统电压中断，则电磁阀由完全集成式变速箱控制单元或电子点火开关控制单元促动。此外，还会大概测量完全集成式变速箱控制单元为驻车止动爪提升电磁阀通电的时间段，以确保活塞杆在通电结束前达到其新位置。

6. 驻车止动爪提升电磁阀故障时驻车止动爪换挡位置"P"的促动

如果驻车止动爪提升电磁阀无法促动或发生故障，则定位杆的机械锁止会由定位杆解锁销解锁。定位杆解锁销通过向压力室"P"施加压力实现液压促动。因此，定位杆被抬出活塞杆的锁止轮廓"P以外"，且驻车止动爪通过预张紧弹簧的弹簧作用力接合。注意：驻车止动爪紧急接合。

内燃机关闭且驻车止动爪提升电磁阀保持初始状态时，电动变速箱油泵通过液压方式断开驻车止动爪（"P以外"），通过弹簧以机械方式接合驻车止动爪。如果驻车止动爪提升电磁阀发生故障，则促动器由定位杆解锁销解锁，但仅从位置"P以外"到位置"P"。如果驻车止动爪提升电磁阀发生故障，则无法从位置"P"换入位置"P以外"，即紧急解锁功能停用（图3-1-16）。

十二、变速箱油冷却系统

变速箱油冷却系统能够降低变速箱油的温度，从而防止变速箱发生过热损坏（图3-1-17）。变速箱油通过变速箱中的机械泵从油底壳中抽出，然后通过供油管路泵入变速箱油节温器中。变速箱油温度低于70℃时，变速箱油节温器通过回油管路使所有变速箱油回流至变速箱中。

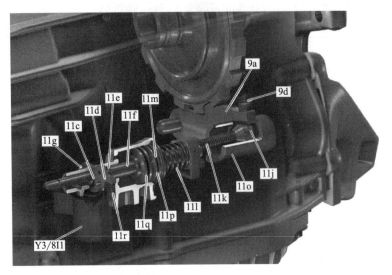

图 3-1-16　电液驻车止动爪促动（驻车止动爪接合）

9a—驻车定位槽；9d—弹簧；11c—"P"锁止轮廓；11d—定位杆（锁止）；11e—锁止轮廓"P以外"；11f—活塞杆；
11g—定位杆解锁销；11j—驻车止动爪锥体；11k—连杆；11l—预张紧弹簧；11m—活塞杆导向装置；11o—导向
轴套；11p—压力室"P以外"；11q活塞；11r—卡止弹簧；Y3/8I1—驻车止动爪提升电磁阀

变速箱油温度高于 90℃ 时，变速箱油节温器完全打开，变速箱油流经变速箱冷却器，然后通过回油管路回流至变速箱中。

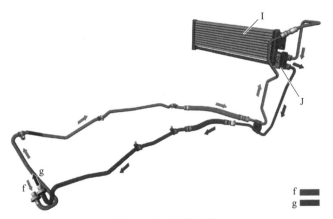

图 3-1-17　冷却回路

I—变速箱冷却器；J—变速箱油节温器；f—变速箱油供油管路；g—变速箱油回油管路

电动变速箱油泵执行以下任务：辅助工作压力的提供（增压）；辅助冷却和润滑；提供启动/停止性能；驻车止动爪的紧急接合和紧急解锁。

（1）辅助工作压力的提供（增压）　流率需求增加时（如换挡操作期间），电动变速箱油泵根据需要为机械驱动的初级泵提供辅助。由于此类情况下供给不足，因此电动变速箱油泵提供的额外流率会与工作压力的下降量相抵消。

（2）辅助冷却和润滑　冷却和润滑的要求较高时，电动变速箱油泵会根据需要促动，以提供额外的流率。由于能够根据需要提供额外流率，因此初级油泵的体积明显减小，从而降低了二氧化碳的排放量。

（3）提供启动/停止性能 车辆停止且内燃机关闭时，电动变速箱油泵会提供基本压力，从而使电液控制系统的液压导管和换挡元件的活塞室注满机油。电动变速箱油泵以电流控制方式工作，提供补偿电液促动器的泄漏所需的精确油量。在启动/停止操作期间，这种工作形式使电动变速箱油泵的耗电量降至最低。

（4）驻车止动爪的紧急接合和紧急解锁 内燃机关闭且驻车止动爪提升电磁阀保持初始状态时，电动变速箱油泵通过液压方式促动驻车止动爪（P 以外），通过弹簧以机械方式接合驻车止动爪（图 3-1-18）。

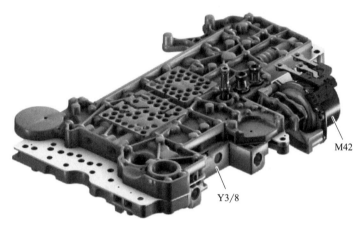

图 3-1-18 护盖/换挡油阀盖
M42—电动变速箱油泵；Y3/8—完全集成式变速箱控制单元

如果驻车止动爪提升电磁阀发生故障，则驻车止动爪促动器通过液压方式解锁。在此情况下，如果内燃机关闭，则会向电动变速箱油泵发送请求。紧急解锁/紧急接合只能向"P"换挡时进行，而在从"P"到"P 以外"的换挡过程中不会发生。

向电动变速箱油泵的供油通过集成在油底壳中的分离式滤清器进行。引入的变速箱油通过电动变速箱油泵供入电液控制系统的工作压力导管中。注意：电动变速箱油泵单独工作期间，止回阀会防止固定油泵处发生泄漏。

第二节 无级变速器

一、概述

1. 介绍

前轮驱动车辆上装备的新型无级自动变速箱（722.8/Autotronic）基于 CVT 理念，该理念是在著名的"带传动变速箱"原理的基础上发展而成的。

根据"带传动变速箱"原理，最小和最大比率间的传动比可以通过"变速器"进行无级控制。内燃式发动机中的扭矩不是分步增减，而是连续变化的。因此，连续的传动比最适于优化功率传输。

2. 工作原理

变速器是 CVT 的核心。起步比和最终比之间的传动比可以连续变化。从性能和油耗两项指标来看，发动机永远处于最优的运行范围内。轮组件（SS2）通过止推带彼此相连。在此，止推带被用作动力传送组件。

　　在每一个滑轮组件中只有一个滑轮是可以移动的。电子液压控制单元（Y3/9）不仅改变传动比，而且还将紧固力转变为扭矩（在变速箱中被测量）。为此，变速箱内分别有一个传感器测量输入轴速度、从动滑轮组件速度以及输出轴速度。

　　因此，紧固力永远不会比所需传输的转矩高出太多，从而大大提高了效率。

3. 两路变矩器

　　带打滑控制锁止离合器（KUB）的新型两路变矩器有助于改善换挡的舒适性，降低油耗，延长 CVT 的使用年限，并增强其可靠性。

4. 全集成式传动控制

　　电子液压控制单元（Y3/9）安装在变速箱油盘中的一个壳体中，这有助于将热气从控制单元中排出。这款变速箱可以安装在已通过最终检验和测试的车辆上。

　　全集成式传动控制的优势：重量轻；安装空间扩大；电路装配简单；接头减少；出现故障的可能性降至很低。

5. 为用户带来的好处

　　通过以下改进，油耗和废弃排放降低：

　　① 变矩器锁止离合器的工作范围扩大；

　　② 机械和液压传输效率最大化；

　　③ 使用范围更大的传动比；

　　④ 在最佳的油耗范围内工作。

　　通过以下改进，驾驶舒适性得以提升：

　　① 因不再有挡位要求，传动比调整更加平顺、连续；

　　② 在匀速行驶时，降低发动机转速；

　　③ 下坡时连续的制动辅助；

　　④ 上坡时选择最佳的传动比。

　　通过下列改进，驾驶性能进一步改善：

　　① 换挡时不受牵引力的影响；

　　② 在最佳的性能范围内工作；

　　③ 降挡更平稳，反应时间更短。

6. 车辆中部件的位置（图 3-2-1）

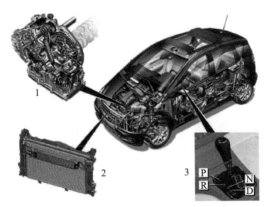

图 3-2-1　车辆中部件的位置

1—722.8 传动单元；2—变速箱油冷却器；3—电子选挡杆模块（ESM）

7. 变速箱中部件的位置（图 3-2-2）

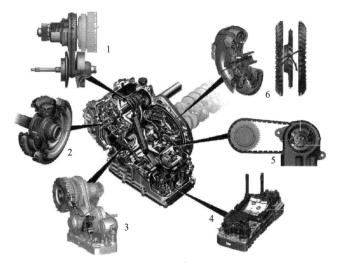

图 3-2-2 变速箱中部件的位置

1—带止推带的滑轮组件；2—带多片离合器和制动器的单行星齿轮系统；
3—驻车爪；4—电子液压控制单元（Y3/9）；5—机油泵；6—变矩器

二、网络

CVT 控制单元（Y3/9n1）与车辆上的各种控制单元进行数据交换（图 3-2-3）。

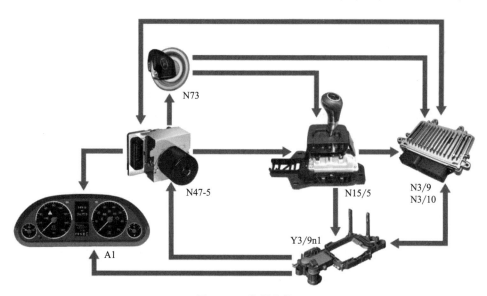

图 3-2-3 数据交换

A1—仪表板；N15/5—ESM（EWM）控制单元；N73—油门踏板传感器；N47-5—ESP 控制单元；
N3/9—SIM M266 发动机控制单元；Y3/9n1—CVT 控制单元；N3/10—CDI 发动机控制单元

三、722.8 变速箱中的动力传递

传递路线如图 3-2-4 所示。发动机转矩从变矩器 3 传送到变速箱。钢质止推带 5 将来自主动滑轮组件 9 的力传送到从动滑轮组件 6。然后，转矩通过带多片离合器的单行星齿轮系统被传送到内部轴。最后，通过齿轮中间轴，转矩被传送到差速器 4。差速器将驱动力均匀地分配给车轴。

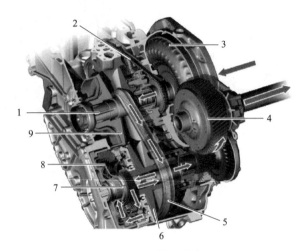

图 3-2-4　传递路线

1—驱动/主轴；2—机油泵驱动器；3—变矩器；4—差速器；5—止推带；6—从动滑轮组件（SS2）；7—输出/从动轴；8—倒挡组件；9—主动滑轮组件（SS1）

前进挡和倒挡间的切换通过变速箱中多片离合器（KV）和多片制动器（BR）的操作来完成。

1. 前进

当驾驶车辆前进时，多片离合器（KV）接合。转矩通过内盘托架和太阳齿轮被传送到外盘托架。按顺序，外盘托架被固定在齿圈上。齿圈通过齿与输出轴相连。

2. 倒车

倒车时，多片制动器（BR）啮合。发动机转矩通过太阳齿轮和行星齿轮被传送到内齿轮。内齿轮与外盘托架相连，结果导致齿轮组件的旋转方向逆转。

四、调节传动比

在 722.8 变速箱中，传动比的调节是连续进行的，以适应车辆运转情况。汽油发动机的最大和最小传动比分别为 10.74 和 1.675。柴油发动机的最大和最小传动比分别为 13.21 和 2.061。

传动比的无级调节靠主动滑轮组件和从动滑轮组件来实现。来自主动滑轮组件和从动滑轮组件的转矩通过绕裹滑轮的止推带传递。主动滑轮组件和从动滑轮组件均有一个固定滑轮和一个可移动滑轮；作用在可移动滑轮上的液压推动滑轮沿轴向移动，使止推带的接触压力持续改变，从而对传动比进行无级调节。

1. 变速器控制的优先级

通过启动电子液压控制单元（Y3/9）中的二级压力线圈，以及直接向变速器控制单元供油来确保快速调节传动比以适应驾驶情况。

注意：传动比是通过电子液压控制单元（Y3/9n1）中的三个转速传感器记录的。

2. 调整传动比至低挡

CVT 启动主压力阀以便更大的压力作用在主滑动轮上。在压力的作用下，可移动滑动轮向固定滑动轮移动，且止推带的运转半径扩大。压力同时使辅助滑动轮组件的运转半径缩小。

3. 调整传动比至高挡

随着作用在主滑动轮组件上的传动油压的降低，可移动滑轮向远离固定滑轮的方向移动。从而，止推带的运转半径缩小。同时，辅助滑动轮组件中的可移动滑轮向固定滑轮移动，旋转半径因而扩大。

五、锁止功能

1. 概述

锁止功能作为驻车制动器的补充，能锁止车辆，防止溜车。另外，该功能还具有防止发动机被意外启动的作用。

① 在挡位"P"锁止换挡杆。

② 锁止点火开关。

③ 锁止变速箱中的止动爪。

当车钥匙在点火开关中位于位置"ON"，且踩下制动踏板时，锁止功能只允许从"P"挡挂行驶挡。如果当点火开关中的钥匙位于位置"ON"，来自停车灯开关（4 针）的信号经由 CAN 数据总线，从 ESP 和 BAS（N47-5）（S9/1）控制单元传送到电子换挡杆控制单元（N15/5）。当探测到换挡杆位于位置"P"时，电子换挡杆控制单元（N15/5）促动 R/P 挡锁止线圈。

R/P 挡锁止线圈释放换挡杆，这样，就可以将换挡杆从位置"P"换到其他挡位（图 3-2-5）。为防止误操作，一旦车速超过 8km/h，换挡杆就被机械锁止，无法从"N"挡换到"R"挡。

注意：如果出现机械或电子方面的故障，可以手动将换挡杆从"P"挡解锁（挂挡-锁止-撤销）。为此，必须先将中央控制台上的储物箱取下，然后手动解锁换挡杆。

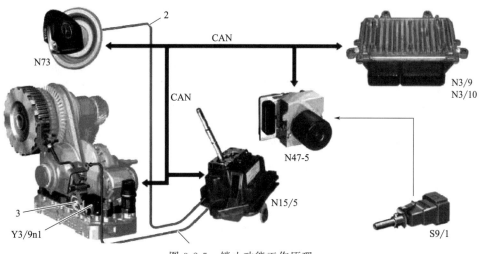

图 3-2-5　锁止功能工作原理

2. 锁止点火开关

如图 3-2-5 所示，驻车后，为确保换挡杆挂入"P"挡，点火开关中的钥匙只能转到位置"0"，然后在这个位置从 EIS（EZS）控制单元（N73）中取出。点火开关经由电缆 2 被电子换挡杆控制单元（N15/5）锁止。

通过锁止驻车爪，车辆被机械锁止。操作经由电子换挡杆控制单元（N15/5），通过速比范围选择器电缆执行。

CVT 控制单元（Y3/9n1）通过选择阀 3 上的传感器系统记录换挡杆位置（N3/9n1）。CDI 控制单元（N3/9）或 ME 控制单元（N3/10）通过 CAN 数据总线，接收电子换挡杆控制单元（N15/5）传来的换挡杆位置信息。

六、变速箱模式

全适应变速箱模式解决了较高的驾驶舒适性和低油耗之间的矛盾，同时还能保持动态的驾驶体验，可谓一举三得。

传动控制系统通过连续调整传动比来适应驾驶员的驾驶风格。所选的传动比考虑到了当前的变速箱模式和驾驶条件。若当前的驾驶条件发生改变，如功率输出的要求提高了，自动变速箱随即做出响应，针对特定的驾驶条件，采取适当的驾驶策略，并设置最佳的传动比。这取决于所选择的变速箱模式（C/S）、油门踏板的位置以及车辆行驶速度等条件。驾驶员利用变速箱模式选择按钮（S16/12）选择希望的变速箱模式（图 3-2-6）。

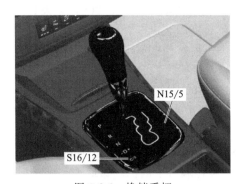

图 3-2-6　换挡手柄

N15/5—电子换文件杆模型控制模块；S16/12—自动变速箱模式选择按钮

在下坡路段，变速箱通过连续提高转速为驾驶员制动提供辅助。下坡时，即使驾驶员松开油门踏板，变速箱设定的传动比也比同等速度在平坦路面行驶时设定的传动比小。在下坡路段，当驾驶员踩下制动踏板时，变速箱转速增加，以便为驾驶员提供尽可能精确的辅助。这样做避免了制动器的磨损，并节省了燃油，因为发动机是在惯性燃油供给中断的模式下运转。

在上坡路段或拖车前进时，传动比降低，以确保足够的加速存量。

当急减速和以低速行驶时，制动辅助系统启用，该系统使传动比降低。这最大限度地利用了发动机制动效果，同时，当驾驶员减速后再度加速时，提供了最佳的加速传动比。

对发动机控制模块、牵引系统的发动机 CAN 数据总线（CAN C）以及驾驶员操作的要求需要优先考虑。全适应变速箱模式可被再分为倒车模式和前进模式（图 3-2-7）。

除强制降挡模式以外，变速箱模式被 ESM 控制单元（N15/5）触发。当前的变速箱模式显示在仪表板（A1）的多功能显示屏上。在倒车模式下，通过变速箱内的倒车组件使转动方向改变，从而使车辆后退。前进模式再分为：

① 标准变速箱模式（S）；

② 舒适变速箱模式（C）；

③ 手动变速箱模式（M）；

④ 强制降挡变速箱模式。

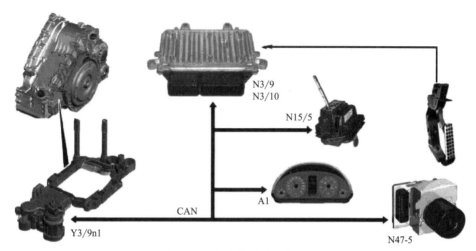

图 3-2-7　变速箱模式工作原理

（1）标准变速箱模式（S）　CVT 控制单元（Y3/9n1）的换挡策略或传动比连续调整以适应驾驶员的驾驶风格和驾驶条件。在此过程中，一旦通过传动比变大探测到"运动式驾驶风格"，发动机转速便提高，进而提供更强的动力。

如果在一段较长的时间内油门踏板值仅有微小的变化，且发动机转速基本保持不变，车辆被探测到在"匀速"前进。在匀速的状态下（相对应的是温和的驾驶风格），通过在较长时间内保持某个传动比使发动机转速降低，这有助于减少油耗和噪声。

（2）舒适变速箱模式（C）　与标准变速箱模式相比，舒适变速箱模式在设计上的特点是加速更加平顺，油耗更低。一般来讲，在舒适模式下，发动机转速较低。下坡时速度较运动模式慢，上坡时较运动模式快。

（3）手动变速箱模式（M）　当换挡杆位于位置"D"时，可以通过轻触"D＋"或"D－"启用手动驾驶模式。可按顺序在 7 个挡位范围内切换，也可以跳跃式换挡。当前的挡位显示在仪表板的多功能显示屏上。在手动模式下，由驾驶员自己来决定采用经济的驾驶风格还是强调发动机的转速。为简化传动比的选择，使换挡更加平顺舒适，当驾驶员操作下列功能时，传动控制为其提供帮助。

① 轻触"D－"降挡，轻触"D＋"升挡。

② 轻触"D－"并保持较长一段时间，或触发强制降挡功能将挡位换至"最佳挡位"，以便获得最佳的加速和减速效果。

③ 在加减挡过程中无需按顺序进行，可以跳过几挡。

④ 升挡时，为防止在变速器调节过程中加速，会出现短暂的转矩干扰。

⑤ 不合理的换挡要求会被拒绝，因为转速过高或过低。

⑥ 为防止发动机熄火，在制动时（如当红灯亮起）自动降挡。

⑦ 当发动机转速达到极限时，为防止发动机超速运转，升挡或自动升挡。

通过换挡杆向"＋"方向"短暂"促动，变速箱升一挡。当前的挡位显示在仪表板的多功能显示屏上。通过下列操作停用手动换挡模式。

① 启动强制降文件模式。

② 启用变速箱模式开关（S16/12）。

③ 改变换文件杆位置（如，从"D"挡换到"N"挡）。

④ 重起发动机。

（4）强制降挡变速箱模式　通过强制降挡功能可实现驾驶员使车辆最大限度加速的愿望。在电子油门踏板上，如果探测到踏板行程已经超过其总行程的约90％，强制降挡模式被启动。

驾驶员还会注意到，在强制降挡点上踏板力增加。为此，将一个强制降挡开关集成在电子油门踏板内。通过踏板值传感器来测量强制降挡信号，通过 ME 控制单元将信号读入并通过发动机 CAN 数据总线（CAN C）传送到 CVT 控制单元（Y3/9n1）。根据这个信息，CVT 控制单元（Y3/9n1）促动压力阀以便在较高的发动机转速下调整传动比，从而使车辆发挥最佳驾驶性能。

七、快速反应功能

快速反应功能对驾驶员在弯道上保持运动型驾驶风格的愿望做出回应。在标准模式下，驾驶员可以通过较高的踏板运动速度启动快速反应功能。快速反应信号通过油门踏板传感器B37记录下来，通过 ME 控制单元 N3/10 或 CDI 控制单元 N3/9 读入，并经由发动机 CAN 数据总线传送到 CVT 控制单元 Y3/9n1。CVT 控制单元 Y3/9n1 启动快速反应模式（图 3-2-8）。

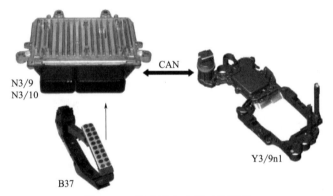

图 3-2-8　快速反应功能工作原理

在快速反应模式下，传动比得以保持。因而，发动机转速保持在最佳范围内，以便根据随后的加速要求，发挥最佳的加速性能。如果油门踏板的运动速度低于存储在 CVT 控制单元 Y3/9n1 中的一个临界值，快速反应模式都会被取消。

八、跛行回家功能

在危急时刻，为保证驾驶安全的同时避免损坏自动变速箱，CVT 控制单元（Y3/9n1）启动跛行回家模式。此时故障码存储在故障记忆中，仪表板（A1）上的发动机诊断指示灯亮起。存储的故障码可以通过数据连接器（X11/4）被调出（图 3-2-9）。

在跛行回家模式下，CVT 控制单元（Y3/9n1）将传动比调节至一个固定值，将变矩器离合分开，同时停止向控制线圈或压力阀施压。变速箱中的压力增至最大值。根据发动机的转速设置传动比，以保证车辆仍能操控。必须遵守以下步骤：

① 停车；

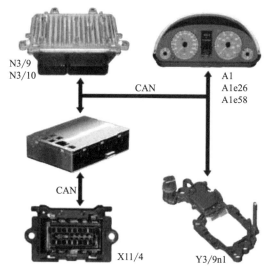

图 3-2-9 跛行回家功能工作原理

② 关闭发动机；

③ 将换挡杆移至位置"P"；

④ 等待至少 10s；

⑤ 重新启动发动机；

⑥ 将换挡杆移至位置"D"或"R"。

注意：跛行回家模式一直有效，直到故障被修复或存储的故障码被清除。不常出现的故障可以通过点火开关重新设置。

九、变矩器和变矩器锁止离合器

1. 两路变矩器（图 3-2-10）

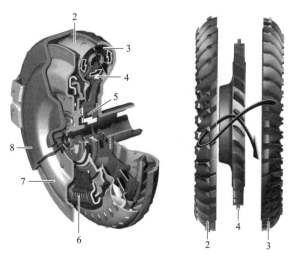

图 3-2-10 两路变扭器

2—涡轮；3—叶轮；4—定子；5—惯性离合器；6—扭力弹簧；7—离合器盘（变矩器锁止离合器）；8—变矩器壳体

当车辆停止不动，发动机处于怠速状态时，变矩器可以将发动机和自动变速箱之间的动力传递降至最低水平。当车辆起步时，变矩器增加发动机的转矩，并不断匹配旋转速度和转矩。

一个新开发的两路控制系统用于满足对变矩器的要求而无需增加其体积。通过这两条路径来实现力的施加和返回以及锁止离合器的促动。变矩器中集成了如下部件：

① 定子、叶轮和涡轮；

② 变矩器锁止离合器；

③ 阻尼器。

变矩器有如下任务。

① 怠速：使发动机和变速箱之间的动力传递降至最低。

② 起步：增加发动机转矩，并不断匹配旋转速度和转矩。

③ 变矩器锁止离合器：减少变矩器的滑动。

在联轴节的范围内，能量传递的效率最高可达 98％。变矩器中的机油不断交换，以便使运转阶段产生的热量被变速箱油冷却器带走。在带变矩器锁止离合器的旧型号变速箱中，一个三路变矩器为标准装置。每路的任务如下：

① 输入——变速箱和变矩器之间；

② 输出——变矩器和变速箱之间；

③ 另一路用于促动锁止离合器。

2. 变矩器锁止离合器（KUB）（图 3-2-11）

变矩器锁止离合器（KUB）是集成在变矩器中的一个单片浸油离合器。它将变矩器的滑动降到最低水平，以便减小由变矩器造成的功率损失。当变矩器锁止离合器工作时，阻尼器减少了振动的传递。

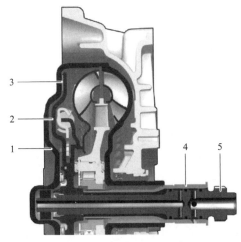

图 3-2-11　变矩器锁止离合器

1—带叶轮的变矩器壳体；2—活塞（变矩器锁止离合器）；3—摩擦衬片；4—定子轴；5—主输入轴

通过 PWM 信号，变矩器锁止离合器的控制线圈阀被 CVT 控制单元（Y3/9n1）促动。控制线圈阀利用变速箱油压改变锁止离合器可传递的转矩，进而减少滑动。

需考虑以下参数：发动机荷载；车速；车辆加速；发动机油温度；摩擦功率的效应。

CVT 控制单元（Y3/9n1）促动变矩器锁止离合器控制线圈阀，使变速箱油在带叶轮的变矩器壳体 1 和定子轴 4 到叶轮之间流动。变矩器锁止离合器压力腔内的压力建立起来，压迫变矩器锁止离合器带摩擦衬片 3 的活塞 2，使其紧贴变矩器壳体。这样，叶轮与主输入轴 5 连接在一起。变矩器被跨接，发动机转矩在滑动控制的情况下被传递。

3. 变矩器锁止离合器处于分开（OPEN）状态（图 3-2-12）

变矩器所需的变速箱油是通过变速箱输入轴轴孔供给的。变速箱油流托起变矩器锁止离合器活塞，使之离开变矩器盖，机油流向叶轮。

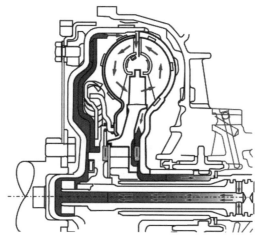

图 3-2-12　变矩器锁止离合器处于分开（OPEN）状态

随着叶轮叶片的转动，变速箱油在离心力的作用下被甩向涡轮，涡轮随即启动，开始旋转。涡轮叶片改变变速箱油的方向，使之往回流向定子叶片，定子叶片再将机油导回叶轮。机油在定子（定子通过惯性离合器固定在变速箱壳体上）处改变流向，转矩增加。当叶轮和涡轮间的转速差达到最大值时，转矩变化达到了 1.8～2.0 的最高系数。当叶轮和涡轮的转速一致时，转矩变化的系数降至 1：1。

4. 变矩器锁止离合器处于接合（CLOSED）状态（图 3-2-13）

通过让变速箱油回流使离合器开始工作，这不会影响变矩器的功能。变速箱油被引导在定子轴和叶轮壳体至叶轮之间流动。随着变矩器锁止离合器活塞后的压力腔中的压力增加，活塞受压向变矩器盖方向移动。阻尼器中与变矩器锁止离合器活塞相连的涡轮通过摩擦连接与叶轮相连。涡轮通过直接咬合与主轴相连。进而，变矩器在很大程度上被"锁止"（跨接）。

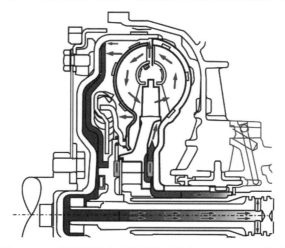

图 3-2-13　变矩器锁止离合器处于接合（CLOSED）状态

当变矩器锁止离合器工作时，流过离合器内衬中细窄油槽的变速箱油流对它进行冷却。之后，机油可通过变矩器输入轴轴孔流入变速箱油池（图 3-2-13）。

十、油泵

1. 概述

722.8 变速箱采用的是一款双管叶片式油泵，它安装在托盘上，由来自驱动轴的一条链条驱动（图 3-2-14）。油泵根据要求的油压为下列组件供油：

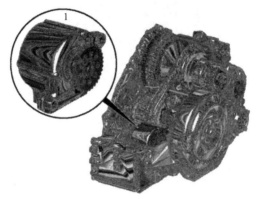

图 3-2-14　油泵

① 电子液压控制装置；

② 变矩器和变矩器锁止离合器；

③ 变速器；

④ 前进多片式离合器，倒车多片式制动器；

⑤ 冷却和润滑油路。

叶片式油泵的详细技术信息如下。

① 转速：740～7000r/min。

② 压力范围：4.5～67bar。

③ 压缩比：1：1.2。

2. 功能

转子在一个双偏心气缸中旋转，从而产生两个相反的压力腔。受离心力的作用，叶片紧贴气缸壁，从而将机油密封在压力腔内。油泵（图 3-2-15）在加压的一侧有两个独立的压力控制点——旁通管道和全通管道。

全通管道一直保持开启状态，为变速箱供油。在换挡过程中，为让大量的油流过，旁通管道与全通管道相连，这保证了任何时候都有充足的机油供应。换挡完成后，旁通管道再次与进油管道相连。

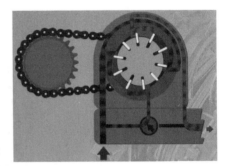

图 3-2-15　油泵

根据要求控制第二压力腔的压力能将油泵的转矩消耗减少一半。

3. 油路

722.8 变速箱中的油路是一大特色，这条油路为下列组件供油：液压控制系统；带变矩器锁止离合器的变矩器；变速器；轴托架润滑。722.8 变速箱油冷却回路带分流控制。冷却器通过机油恒温器（记忆弹簧进行调节）进行分流。机油恒温器位于散热器前面，气-油冷却器的旁边。分流控制在下列条件进行：

① 油温在 55℃ 以下，机油冷却器不会工作；

② 油温超过 55℃，水-油冷却器开始工作；

③ 油温超过 95℃，气-油冷却器开始工作。

4. 机油过滤器

722.8 变速箱有 2 个机油过滤器。内部机油过滤器位于油盘内。外部机油过滤器（细小网眼过滤器）位于机油冷却器和变速箱之间的回油管内。外部过滤器的功能包括：

① 改善机油的纯净度；

② 提高电子液压控制系统功能的可靠性；

③ 延长变速箱的寿命。

5. 机油冷却器

722.8 变速箱有两个机油冷却器：一个是位于散热器右侧（机油流动方向）的水-油冷却器；另一个是位于散热器前面的气-油冷却器。注意：即使最细小的污垢颗粒进入液压组件都可能引发故障，并可能导致 CVT 变速箱整个瘫痪。

十一、变速器滑轮组件

变速器由两个滑轮组件和止推带组成。每个滑轮组件由一个固定滑轮和一个移动滑轮组成。主动滑轮组件和从动滑轮组件被控制，当一个滑轮组件的移动滑轮向固定滑轮靠拢时，另一个滑轮组件的移动滑轮与固定滑轮分开（图 3-2-16）。

传动比被主压力改变，接触压力被辅助压力改变。压力作用到辅助滑轮组的移动滑轮 4 上，止推带被压低，从而转矩被传递。当压力作用在主滑轮组的移动滑轮 6 上时，移动滑轮

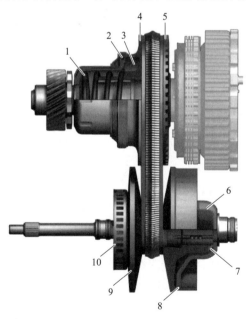

图 3-2-16　变速器滑轮组件

1—弹簧（辅助滑轮组）；2—带密封衬片的活塞（辅助滑轮组）；3—压力腔（辅助滑轮组）；4—移动滑轮（辅助滑轮组）；
5—带齿轮的固定滑轮，用于探测旋转速度（辅助滑轮组）；6—移动滑轮（主滑轮组）；7—压力腔（主滑轮组）；
8—带密封环的活塞（主滑轮组）；9—固定滑轮（主滑轮组）；10—速度发生环，用于探测旋转速度（主滑轮组）

向固定滑轮 9 靠拢，这使主滑轮上的止推带运转半径增大。同时，压力作用在辅助滑轮上，使移动滑轮远离固定滑轮，从而使止推带的运转半径缩小。这一换挡程序适用于两个方向。

十二、止推带

止推带位于变速箱中的两个滑轮之间，将发动机转矩从主滑轮组传递到辅助滑轮组。当止推带被压低到变速器滑轮上时，发动机转矩被传递。接触力的大小取决于负载和传动比。止推带由约 400 个止推块和 2 个环组件组成，每个环组件由 12 个单个环（带）组成。

在无负载状态下，止推块无张力；在负载状态下，压力在从驱动主滑轮组出来的止推块上，同时张力在止推带的其他部分建立（图 3-2-17）。受几何特性的影响，滑轮与止推块之间的摩擦力要大于止推块和止推带组之间的摩擦力，张力的差别主要取决于压力。因此，带组主要负责控制止推块，功率通过止推块传递。注意：出于紧固的考虑，当拆卸和安装止推带时，用两条电缆系住紧止推带，以防松脱。

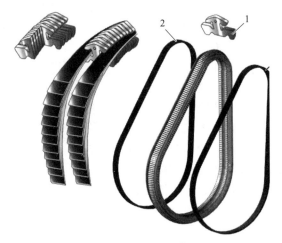

图 3-2-17　止推带

1—止推块；2—环组件（每个组件有 12 个环）

十三、单行星齿轮组件

单行星齿轮组件位于辅助轴上的前进多片式离合器和倒车多片式制动器之间。以下为行星齿轮系统的任务：

① 传递驱动转矩；

② 改变旋转方向；

③ 改变传动比。

行星齿轮系统的组成：

① 与前进多片式离合器和倒车多片式制动器组合在一起的内齿轮；

② 与倒车多片式制动器组合在一起的行星架；

③ 带行星齿轮轴的行星齿轮。

通过前进多片式离合器和倒车多片式制动器，行星齿轮系统中的太阳齿轮 4 和内齿轮 3 驱动驱动轴（辅助轴的内轴）。那么，行星齿轮 1 可以在内齿轮的内齿和太阳轮的外齿上转动。可通过锁止行星架使转动的方向逆转（图 3-2-18）。根据换挡杆的比率，或者被驱动齿轮和驱动齿轮的齿数比，转矩和转动速度被转换。

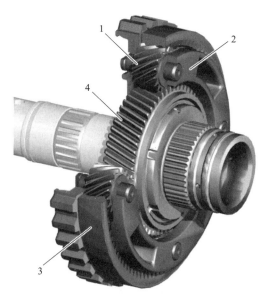

图 3-2-18　单行星齿轮组件
1—行星齿轮；2—行星架；3—内齿轮；4—太阳齿轮

十四、多片式离合器(KV)和多片式制动器(BR)

CVT 中包括一个单行星齿轮组，该齿轮组有一个前进多片式离合器（KV）和一个倒车多片式制动器（BR）作为一个倒挡组件（图 3-2-19）。

图 3-2-19　多片式离合器（KV）和多片式制动器（BR）
1—倒车多片式制动器；2—前进多片式离合器

前进离合器（多片式离合器）被设计成一个驱动联轴节。变速箱中轴的外轴将从辅助滑轮组传递来的发动机转矩传递到转动组件。离合组件（前进离合）通过 CVT 控制单元（Y3/9n1）被促动。CVT 控制单元（Y3/9n1）促动离合器控制线圈阀（Y3/9y3）。离合器控制线圈阀 CVT 将油压作用在相应的调节阀门上。

通过油槽，调节阀门将控制压力导向前进离合器。离合组件（前进离合）接合。发动机转矩通过太阳齿轮和接合的离合组件（前进离合器）被传递到与内轴（驱动离合器）相连的外盘托架。旋转方向保持不变。经过中间传动比，驱动力从内轴传递到差速器。

倒挡离合器（多碟制动器）被设计成一个制动联轴节。变速箱中轴的外轴将从辅助滑轮组传递来的发动机转矩传递到转动组件。离合组件（倒挡离合）通过 CVT 控制单元（Y3/9n1）被促动。CVT 控制单元（Y3/9n1）促动离合器控制线圈阀（Y3/9y3）。

离合器控制线圈阀 CVT 将油压作用在相应的调节阀门上。通过油槽，调节阀门将控制压力导向前进离合器。离合组件（倒挡离合）接合。发动机转矩通过行星齿轮系统被传递给与外轴和内轴相连的外盘托架。通过接合的离合组件（倒挡离合）旋转方向被改变（制动联轴节），离合组件使行星架紧靠变速箱壳体。旋转方向的改变被传递到内轴，并通过中间传动比传递到差速器。

十五、驻车爪

驻车制动器旨在机械地阻止车辆溜车。当换挡杆位于位置"P"时，连杆 4 处于工作状态，压迫驻车棘爪 2 卡入驻车爪齿轮 3（图 3-2-20）。

当换挡杆处于位置"P"时，连杆处于工作状态，压迫驻车棘爪卡入驻车爪齿轮。如果驻车棘爪的齿没有咬入齿隙中，而是与驻车爪齿轮的一个齿相碰，弹簧 6 将被锥件 5 预拉紧，使其处于待啮合位置。如果驻车爪齿轮转动，驻车棘爪将咬入下一个齿隙。

为避免因滥用而造成的损坏，齿隙的宽度被设计成只当车辆停止或缓慢移动时驻车棘爪才能咬入。如果车速较快，齿的斜面将使驻车棘爪无法咬入齿隙。

图 3-2-20　驻车爪
2—驻车棘爪；3—驻车爪齿轮；4—连杆；5—锥件；6—弹簧

十六、差速器

差速器集成在 722.8 变速箱的壳体中（图 3-2-21）。

差速器用于补偿驱动齿轮和差速器侧齿轮间的转速差。当差速器侧齿轮 4 旋转的速度与差速器锥齿轮 3（受到位于差速器外壳中的轴承的支撑）在其轴上旋转的速度存在差异时，差速器锥齿轮在与其转速不同的差速器侧齿轮上旋转，从而使转速差得到补偿。

图 3-2-21　差速器

1—差速器；2—驱动轴；3—差速器锥齿轮；4—差速器侧齿轮

十七、电子液压控制单元(Y3/9)

电子液压控制单元（Y3/9）由一个塑料支撑架、壳体和阀体组成。其中还集成了以下电子组件：

① 转速传感器（Y3/9b3-5）；

② 控制线圈阀（Y3/9y1-4）；

③ CVT 控制单元（Y3/9n1）；

④ 变速箱油油温传感器（Y3/9b2）；

⑤ 换档杆滑阀（选挡范围传感器）；

⑥ 辅助压力传感器；

⑦ 线插。

车辆的线束通过线插与一个卡锁相连。除控制线圈阀以外，其他所有电子组件均连接到导体轨道上。

位于阀壳体上的调节阀通过换挡杆滑阀向选定的控制电路传递变速箱油压。CVT 控制单元（Y3/9n1）通过控制线圈阀对控制电路中要求的变速箱油压进行控制（图 3-2-22）。

图 3-2-22　电子液压控制单元（Y3/9）

1—换挡杆滑阀；2—阀壳体；3—主轴、辅助轴和输出轴的转速传感器；4—传动连接器；5—辅助压力阀控制线圈阀和
变矩器锁止离合器；6—前进离合控制线圈阀、倒挡离合和主压力阀；7—CVT 控制单元（Y3/9n1）；8—阀体

十八、电子换挡杆控制单元(N15/5)

CVT 控制单元（Y3/9n1）的电子装置被浇铸到电子控制单元的支撑架中，并与位于阀体上的导体轨道相连（图 3-2-23）。CVT 控制单元（Y3/9n1）有两个版本：汽油发动机；柴油发动机。CVT 控制单元（Y3/9n1）没有"休眠"模式功能，它与接头 30 相连。CVT 控制单元（Y3/9n1）无需反向电压保护，因为它由接头 87（＋15）促动。CVT 控制单元（Y3/9n1）的工作电压范围为 9～16V。CVT 控制单元负责电子传动控制。它通过 CAN 数据总线接收以下输入数据：

① 发动机转速；

② 发动机转矩；

③ 车轮的转速；

④ 油门踏板的位置；

⑤ 换挡杆的位置；

⑥ 变速箱模式开关；

⑦ 制动转矩。

图 3-2-23　CVT 控制单元（Y3/9n1）

CVT 控制单元还对以下内部参数进行估值：

① 主动滑轮组件的转速；

② 从动滑轮组件的转速；

③ 输出速度；

④ 变速箱温度；

⑤ 辅助压力；

⑥ 换挡杆滑阀位置。

CVT 控制单元利用输入数据计算当前车速、实际变速箱输入转矩、驾驶策略和促动控制线圈阀及变矩器锁止离合器所要求的控制电流。与驾驶策略相关的输入参数也被探测，它们包括：

① 道路坡度；

② 有效载荷；

③ 驱动阻力；

④ 加速踏板行程；

⑤ 换挡频率；

⑥ 车辆的纵向和横向加速；

⑦ 与车辆运行情况和驾驶员驾驶风格相符的正确传动比被选择。

十九、换挡杆滑阀

换挡杆滑动阀位于阀体内。根据驾驶员所选挡位，相应的压力阀开始工作，从而促使换挡杆滑动阀 3 打开适当的油槽。这样，油压被传递到相应的液压部件（图 3-2-24）。

位于换挡杆滑阀上的磁铁 2 通过选挡范围传感器 1 将当前的选挡杆位置传送到 CVT 控制单元（Y3/9n1）。

换挡杆滑动阀的任务是根据驾驶员所选的挡位，换挡杆阀将压力分配给合适的液压部件。

图 3-2-24　换挡杆滑阀

1—选挡范围传感器（换挡杆位置识别 P，R，N，D）；2—磁铁；3—换挡杆滑阀

二十、电子换挡杆控制模块

电子换挡杆控制单元（N15/5）位于车辆中央，两个前排座椅中间的中央控制台的下面，其有如下任务。

① 当车速超过 8km/h 后，当换挡杆位于位置"R"和"P"时，锁定换挡杆。

② 读入换挡程序选择"C"（舒适变速箱模式）和"S"（标准变速箱模式）。

③ 传递换挡杆位置信号："P""R""N""D"和点触式换挡。

④ 根据点火开关的位置和被操控的制动踏板（锁挡），当换挡杆处于位置"P"时锁止。

电子换挡杆控制单元（N15/5）是一个自动换挡杆模块，它利用光电栅，无需接触就可测量换挡杆位置，并通过 CAN 数据总线将它们传送出去。电子换挡杆控制单元（N15/5）有两个版本。

程序选择按钮（S16/12）位于壳体内。无需反向电压保护，因为电子选挡杆控制单元（N15/5）由接头 87（+15）促动（图 3-2-25）。

二十一、保养和维修工作

1. 维修

① 更换机油：每 60000km。

② 内部过滤器：每 60000km。

③ 外部过滤器：长寿命。

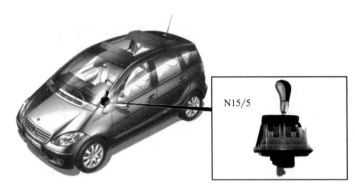

图 3-2-25　N15/5 电子选挡杆控制单元（ESM）

④ 特殊工具：W168 589 01 21 00。

⑤ 机油加注量：更换机油为 5.9L。

⑥ 清洗变速箱：每 60000km（适用于给不带变矩器放油螺栓的变速箱换油）。

2. 供电

CVT 控制单元（Y3/9n1）：F55/3f27（10A）。

ESM 控制单元（N15/5）：F55/3f26（7.5A）。

3. 拖车

① 如被拖的车辆后轴被升起，发动机必须熄火。否则，因 ESP 引起的制动系统主动介入将损坏前轴的制动系统。

② 点火开关位于位置 ON。

③ 将换挡杆挂到 N 挡。

④ 当长距离拖动车辆或当变速箱出现故障时，应将被拖车辆的前轴升起。

⑤ 拖车距离不得超过 50km。

⑥ 拖车时速度不得超过 50km/h，否则可能会损坏变速箱。

第三节　自动变速箱维修要点和难点

1. 安装 K3、后空心轴、后行星齿轮托架和输出轴

① 将变速箱外壳从变矩器壳体 1w 上分开（图 3-3-1 和图 3-3-2）。

② 将托朗（Torlon）环 2a 从输出轴 24 上分开。

③ 将弹性挡圈 2b、垫片 2c、轴向针柱轴承 2d 和推力板 2e 从输出轴 24 上拆下。注意：安装时，检查垫片 2c 和弹性挡圈 2b 之间的轴向。

④ 拆下多片式离合器 K3 21。

⑤ 从输出轴上拆下后部空心轴 22。

⑥ 拆下输出轴 24。

⑦ 将剩余的托朗（Torlon）环从输出轴 24 上分开。

⑧ 拆下弹性挡圈并分开后齿圈 25。

⑨ 反序安装。

2. 拆卸与安装变速箱主要部件

① 拆下电动液压控制单元 4（图 3-3-3）。

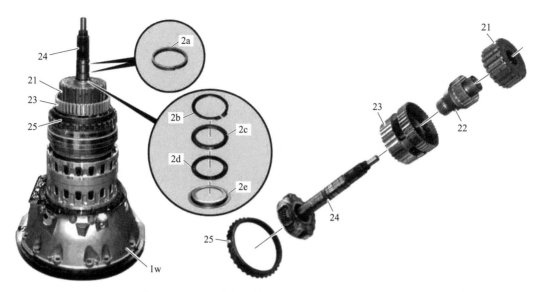

图 3-3-1　K3、后空心轴、后行星齿轮托架和输出轴

1w—变矩器外壳；21—多片式离合器K3；2a—托朗（Torlon）环；22—后部空心轴；2b—弹性挡圈；
23—后行星齿轮托架；2c—垫片；24—输出轴；2d—轴向针柱轴承；25—后齿圈；2e—推力板

② 从变矩器外壳1w上分开变速箱外壳1。

③ 拆下外壳部件55。注意：外壳部件55是指膜片组BR、多片式制动器B2和驻车锁齿轮。

④ 拆下输出单元44。

⑤ 输出单元44由多片式离合器K3、后部空心轴、后部行星齿轮托架、输出轴和后部齿圈组成。

⑥ 拆下传动组件33。注意：传动组件33由驱动轴、多片式离合器K2、前行星齿轮托架、内齿板支架、多片式离合器K1和多片式制动器B3组成。

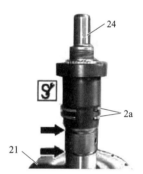

图 3-3-2　输出轴

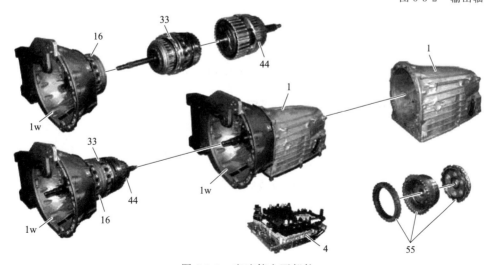

图 3-3-3　变速箱主要部件

1—变速箱外壳；1w—变矩器外壳；4—电动液压控制单元；33—传动组件；44—输出单元；55—外壳部件

⑦ 拆下多片式制动器 B1。注意：对于变速箱 722.93，不要从变矩器外壳 1w 上分开多片式制动器 B1 的外齿板支架，否则装配时会对部件造成不可修复的损坏。

⑧ 拆下机油泵。

⑨ 反序安装。

3. 拆卸与安装带 K2 的驱动轴、前行星齿轮托架、带 K1 和 B3 的内齿板支架

① 拆下输出单元。注意：输出单元包括多片式离合器 K3、后空心轴、后行星齿轮托架、输出轴和后齿圈。

② 拆下驱动轴 11（图 3-3-4）。

③ 将托朗（Torlon）环 1a 从驱动轴 11 上分开。注意：安装时，安装新的托朗（Torlon）环 1a。

④ 将气缸法兰连同前行星齿轮托架 12 一起拆下。

⑤ 拆下内齿板支架。

⑥ 拆下多片式制动器 B3 15。注意：安装时，将多片式制动器 B3 15 和多片式制动器 B1 16 的孔精确对准（图 3-3-4 中箭头所示），拆下多片式离合器 K1 14。

⑦ 反序安装。

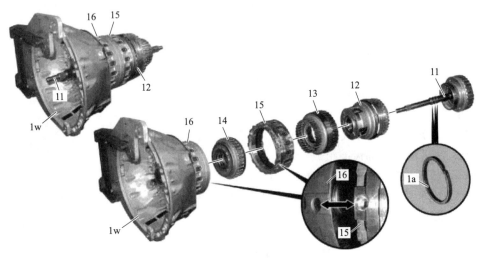

图 3-3-4　带 K2 的驱动轴、前行星齿轮托架、带 K1 和 B3 的内齿板支架

1a—托朗（Torlon）环；1w—变矩器外壳；11—驱动轴；12—前行星齿轮托架；13—内板托架；
14—多片式离合器 K1；15—多片式制动器 B3；16—多片式制动器 B1

4. 拆卸与安装电液控制单元（变速箱已安装）

① 关闭点火开关，取下点火开关中的钥匙或遥控钥匙。

注意：

a. 对于代码 889 的车辆，反复按下启动/停止（Start/Stop）按钮，直至点火开关关闭。

b. 从车辆上取下无钥匙启动收发器卡或收发器钥匙，把它放在收发器接收范围以外的地方（至少 2m）。

② 拆下油底壳 3（图 3-3-5）。

③ 拆下机油过滤器 34。

④ 拆下变速箱连接件 4e 上方的隔热板。

⑤ 断开变速箱连接件 4e 处的 5 针连接件。注意：清洁电子控制单元（VGS）和整体式

变速箱控制系统控制单元（Y3/8）上的变速箱连接件 4e 及插接装置。

⑥ 松开螺栓 4s 并拆下电控单元（VGS）和整体式变速箱控制系统控制单元（Y3/8）。

注意：安装时更换螺栓 4s。安装电控单元（VGS）或整体式变速箱控制系统控制单元（Y3/8）时，将供给管路插入变速箱外壳 1 内。

⑦ 当插入电子控制单元（VGS）或整体式变速箱控制系统控制单元（Y3/8）时，将选挡阀 4w 插入止动板 82 的驱动盘中。

⑧ 按照与拆卸的相反顺序进行安装。

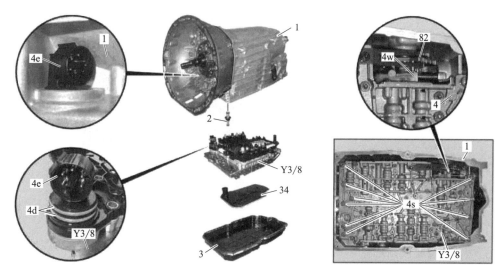

图 3-3-5 电液控制单元

1—变速箱外壳；4w—选挡阀；2—供给管；34—机油过滤器；3—油底壳；82—止动板；4s—螺栓（10 个）；
4d—O 形环；Y3/8—电子控制单元；4e—变速箱连接件

⑨ 检查机油液位，如有必要，则进行修正。

⑩ 读取故障记忆并清除。

⑪ 执行变速箱自适应。

5. 拆卸与安装驻车锁止器机械机构

① 将变速箱固定在装配台上。

② 排出变速箱油，然后分开油底壳。

③ 拆下机油过滤器。注意：安装时，更换 O 形环。

④ 拆下电液控制单元。

⑤ 分开发动机后支座轴承托架。

⑥ 拆下速比范围选择器拉杆 81，为此，松开螺栓 82s（图 3-3-6）。

⑦ 将止动板 82 和锥形杆一起拆下。

⑧ 拆下支承轴销 85，为此，松开螺旋塞 85s。注意：使用条形磁铁拉出支承轴销 85。

⑨ 拆下导向衬套 84，为此，松开螺旋塞 84s。注意：为克服弹簧 83f 的作用，尽量推压驻车棘爪 83，然后使用条形磁铁拉出导向衬套 84。

⑩ 将驻车棘爪 83 连同弹簧 83f 一起拆下。注意：安装时，将弹簧 83f 推到驻车棘爪 83 的双头螺栓上，然后将两个部件一起插入变速箱外壳 1 中。

⑪ 按照与拆卸的相反顺序进行安装。

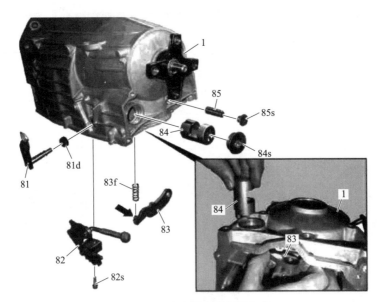

图 3-3-6　驻车锁止器机械机构

1—变速箱外壳；81—速比范围选择器拉杆；81d—密封圈；82—止动板；82s—螺栓；
83—驻车棘爪；83f—弹簧；84—导向衬套；84s,85s—螺旋塞；85—支承轴销

6. 安装智能伺服模块

① 取下无钥匙启动按钮。

② 将点火开关转到位置 2。

③ 将直接选挡的变速杆开关移至位置"D"。

④ 将点火开关转到位置 1。

⑤ 松开驻车制动器。

⑥ 断开蓄电池的接地线。

⑦ 拆除发动机室底部覆板。

⑧ 用变速箱千斤顶和变速箱举升台支撑变速箱 1（图 3-3-7），然后固定。

图 3-3-7　智能伺服模块

1—变速箱；2—发动机横梁；3—换挡拨叉轴；4—螺栓；5—发动机支座；
6—排气支架；7,10—螺栓；A80—用于直接选挡的智能伺服模块

⑨ 拆除发动机后部横梁 2。

⑩ 标记出前传动轴相对于输出凸缘和传动轴的位置。

⑪ 从变速箱 1 拆开传动轴。

⑫ 从变速箱 1 拆开前排气支架 6。

⑬ 从凸缘连接处拆开排气系统（中央消声器到催化转化器）。

⑭ 从排气歧管拆开排气系统。

⑮ 将排气系统从柴油微粒滤清器上分开。

⑯ 从橡胶座上分开前排气系统。

⑰ 断开智能伺服模块（A80）的电气连接器。

⑱ 稍微降下变速箱千斤顶。

注意：降低发动机时，绝对不能将其靠在前轴架上，否则将会损坏发动机油盘。

⑲ 旋开用于直接选挡的智能伺服模块 A80 上的螺栓 10。

⑳ 将用于直接选挡的智能伺服模块 A80 与通气软管一起拆下。注意：不要分离通气软管，否则将无法保证连接处的密封性，而这会导致水进入用于直接选挡的智能伺服模块 A80 中。更换用于直接选挡的智能伺服模块 A80 时也应该更换通气软管。安装时，用于直接选挡的智能伺服模块 A80 只可安装在变速箱 1 上的一处位置。如有必要，必须使用装配工具将变速箱 1 上的换挡拨叉轴 3 顺时针转动。

㉑ 按照与拆卸的相反顺序进行安装。

㉒ 用智能诊断仪读取故障记忆，必要时清除。

图 3-3-8 中箭头：用于直接选挡的智能伺服模块的档位 "D"。

图 3-3-8　智能伺服模块

7. 拆卸与安装离合器 K1

（1）拆卸离合器 K1

① 拆下弹性挡圈 105s 和端盘 105（图 3-3-9）。

② 拆下离合器组件 5 和盘簧 5t。注意：检查盘片是否存在烧灼和磨损痕迹。

③ 将多片式离合器放到杠杆式压床中。

④ 将止推装置放到活塞盖 14b 上。注意：将止推装置准确放置，以便稍后能够拆下弹性挡圈 14s。

⑤ 促动杠杆式压床，直至露出弹性挡圈 14s。注意：一旦可以充分接触到凹槽，即停止

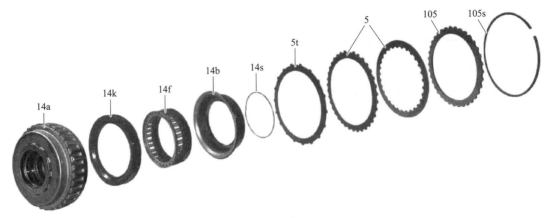

图 3-3-9　离合器 K1

14k—活塞；5—离合器组件；5t—盘簧；14s—弹性挡圈；14a—外齿板支架；

105—端盘；14b—活塞盖；105s—弹性挡圈；14f—弹簧支架

杠杆式压床的行程。用力过大可能导致损坏。

⑥ 从凹槽上拆下弹性挡圈 14s。

⑦ 移回杠杆式压床。

⑧ 将止推装置和多片式离合器从杠杆式压床中取出。

⑨ 拆下弹性挡圈 14s 和活塞盖 14b。

⑩ 拆下弹簧支架 14f。

⑪ 拆下活塞 14k。

（2）安装离合器 K1

① 安装活塞 14k。

② 插入弹簧支架 14f。

③ 插入活塞盖 14b（图 3-3-10）。

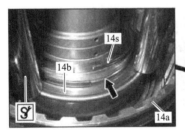

图 3-3-10

14a—外齿板支架；14s—弹性挡圈；14b—活塞盖

④ 装配弹性挡圈 14s。注意：只有促动杠杆式压床时，才可能进行最终安装。

⑤ 将多片式离合器放到杠杆式压床中。

⑥ 将止推装置放在活塞盖 14b 上。注意：将止推装置准确放置，以便稍后能够拆下弹性挡圈 14s。

⑦ 促动杠杆式压床，直至露出凹槽，然后安装弹性挡圈 14s。

⑧ 移回杠杆式压床。

⑨ 将止推装置和多片式离合器从杠杆式压床中取出。

⑩ 将盘簧 5t 和离合器组件 5 安装到外齿板支架 14a 中。注意：插入盘簧 5t，使内圆周的弯曲侧朝向活塞 14k。

⑪ 安装端盘 105 和弹性挡圈 105s。

⑫ 测量并调节间隙。

8. 拆卸与安装离合器 K2

（1）拆卸离合器 K2

① 拆下轴承 11l（图 3-3-11）。

② 拆下托朗环 1a。注意：检查接触面和轴承 11l 是否存在卷曲迹象和损坏；如有必要，则更换轴承 11l。

③ 拆下止推轴承 2d。注意：检查输出轴导向装置中的接触面和径向轴承（图 3-3-11 中箭头所示）是否存在卷曲迹象和损坏；如有必要，则更换止推轴承 2d 和径向轴承。

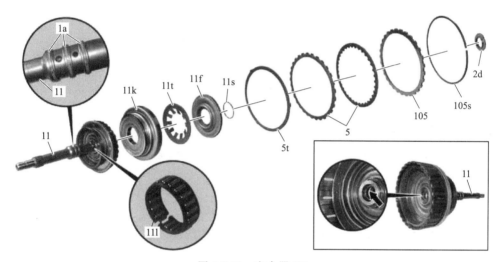

图 3-3-11　离合器 K2

1a—托朗环；11k—活塞；2d—止推轴承；11l—轴承；5—离合器组件；11s,105s—弹性挡圈；5t—盘簧；
11t—盘簧；11—多片式离合器；105—端盘；11f—弹簧座圈

④ 拆下弹性挡圈 105s 和端盘 105。

⑤ 拆下离合器组件 5 和盘簧 5t。

⑥ 将多片式离合器 11 置于杠杆式压床中。

⑦ 将装配工具 076 安装到弹簧座圈 11f 上。

⑧ 操作杠杆式压床，并露出弹性挡圈凹槽 104。注意：一旦可以充分接触到凹槽，即停止杠杆式压床的行程。用力过大可能导致损坏。

⑨ 拆下弹性挡圈 11s。

⑩ 移回杠杆式压床。

⑪ 从杠杆式压床上拆下装配工具 076 和多片式离合器 11。

⑫ 拆下弹簧座圈 11f。

⑬ 拆下盘簧 11t。

⑭ 拆下活塞 11k。

（2）安装离合器 K2

扫一扫

视频精讲

① 安装活塞 11k。注意：更换密封圈，密封圈的圆边必须朝外。

② 插入盘簧 11t。注意：使内圆周的弯曲侧朝向弹簧座圈 11f。

③ 装上弹簧座圈 11f。

④ 将多片式离合器 11 置于杠杆式压床中。

⑤ 将装配工具 076 安装到弹簧座圈 11f 上（图 3-3-12）。

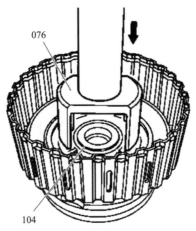

图 3-3-12　装配工具

⑥ 操作杠杆式压床，并露出弹性挡圈凹槽 104。注意：准确放置弹簧座圈 11f，以防止其倾斜。一旦可以充分接触到凹槽，即停止杠杆式压床的行程。用力过大可能导致损坏。

⑦ 安装弹性挡圈 11s。

⑧ 移回杠杆式压床。

⑨ 从杠杆式压床上拆下装配工具 076 和多片式离合器（11）。

⑩ 安装盘簧 5t 和离合器组件 5。注意：插入盘簧 5t，使内圆周的弯曲侧朝向活塞（11k）。

⑪ 安装端盘 105 和弹性挡圈 105s。

⑫ 测量并调节间隙。

⑬ 插入止推轴承 2d。

⑭ 安装托朗环 1a。

⑮ 安装轴承 11l。

9. 拆卸/安装膜片组 BR、多片式制动器 B2 和驻车止动爪齿轮

① 从变扭器壳体上分开变速箱外壳 1（图 3-3-13）。

② 拆下弹性挡圈 5s，为此，压缩膜片组 BR 5。

注意：

a. 弹性挡圈 5s 的厚度决定了间隙；

b. 安装时，测量并调节多片式制动器 BR 的间隙。

③ 拆下膜片组 BR 5。注意：检查盘片是否存在烧灼和磨损痕迹。

④ 拆下盘簧 5t。注意：安装时，插入盘簧 5t，使内圆周的弯曲部分朝向多片式制动器 B2 6 的方向。

⑤ 拆下多片式制动器 B2 6，为此，拆下螺栓 6s。注意：安装时，多片式制动器 B2 6 的外板托架同时也是膜片组 BR 5 的活塞，且不得倾翻。拧紧螺栓（6s）之前，从内侧将外板

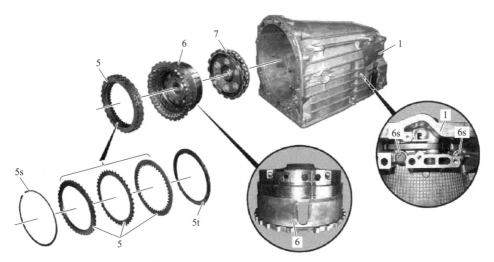

图 3-3-13　膜片组 BR、多片式制动器 B2 和驻车止动爪齿轮

1—变速箱外壳；6—多片式制动器 B2；5—膜片组 BR；6s—螺栓；5s—弹性挡圈；7—驻车止动爪齿轮；5t—盘簧

托架压靠在驻车止动爪齿轮 7 上。

⑥ 测量并调节多片式制动器 B2 6 的间隙。

⑦ 拆下驻车止动爪齿轮 7。

⑧ 按照与拆卸的相反顺序进行安装。

10. 拆卸与安装多片式制动器 B1

（1）分解多片式制动器 B1

① 拆下轴承 16l（图 3-3-14）。

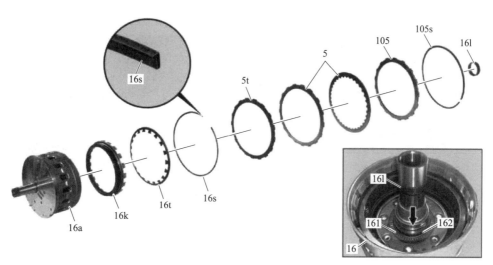

图 3-3-14　多片式制动器 B1

② 检查轴承 16l。注意：检查接触面和轴承 16l 是否存在卷曲迹象。如有必要，则更换轴承 16l。

③ 检查止推轴承 161 和轴承 162。注意：检查接触面、止推轴承 161、轴承 162 和密封圈（图 3-3-14 中的箭头）是否存在卷曲迹象及损坏。如有必要，则进行更换。

止推轴承 161、轴承 162 连同外齿板支架 16a 一起形成一个整体，且一定要一起更换。

④ 拆下弹性挡圈 105s 和端盘 105。

⑤ 拆下离合器组件 5 和盘簧 5t。

注意：

a. 检查盘片是否存在烧焦痕迹和磨损；

b. 如有必要，则进行更换。

⑥ 将外齿板支架 16a 放到杠杆式压床中。注意：对于变速箱 722.93，不得将外齿板支架 16a 从变矩器壳体上分开。因此，将外齿板支架 16a 连同变矩器壳体一起放到杠杆式压床中。

⑦ 将止推装置放到盘簧 16t 上。

⑧ 将止推装置准确放置（图 3-3-15 和图 3-3-16 中的箭头），以便稍后能够拆下弹性挡圈 16s。

图 3-3-15　止推装置 1

16s—弹性挡圈；16a—外齿板支架；16t—盘簧

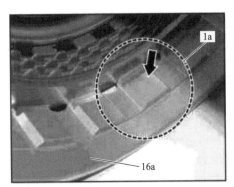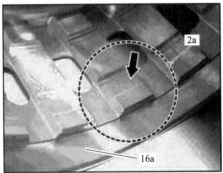

图 3-3-16　止推装置 2

1a—不带内部梯阶的外齿板支架（旧款设计）；2a—带内部梯阶的外齿板
支架（新款设计）；16a—外齿板支架

⑨ 促动杠杆式压床，直至露出弹性挡圈 16s。注意：一旦可以充分接触到凹槽，即停止杠杆式压床的行程。夹紧力过大会损坏板支撑。

⑩ 从凹槽上拆下弹性挡圈 16s。

⑪ 移回杠杆式压床。

⑫ 将止推装置和外齿板支架 16a 从杠杆式压床中取出。

⑬ 拆下弹性挡圈 16s。

⑭ 拆下盘簧 16t。

⑮ 从外齿板支架 16a 上拆下活塞 16k。

⑯ 检查外齿板支架 16a。

（2）组装多片式制动器 B1

① 安装活塞 16k。注意：插入盘簧 16t，使内圆周的弯曲侧朝向活塞 16k。

② 安装盘簧 16t。注意：只有促动杠杆式压床时，才可进行最终安装。

③ 将外齿板支架 16a 放到杠杆式压床中。

④ 将止推装置放到盘簧 16t 上。注意：将止推装置准确放置，以便能够安装弹性挡圈 16s。

⑤ 促动杠杆式压床，直至露出弹性挡圈 16s 的凹槽。

注意：一旦可以充分接触到凹槽，即停止杠杆式压床的行程，夹紧力过大会损坏板支撑。

⑥ 安装弹性挡圈 16s。注意：如果弹性挡圈 16s 的安装位置不当，则盘簧 5t 会出现卡滞。

⑦ 移回杠杆式压床。

⑧ 将止推装置和外齿板支架 16a 从杠杆式压床中取出。

⑨ 将盘簧 5t 和离合器组件 5 安装到外齿板支架 16a 上。

⑩ 安装端盘 105 和弹性挡圈 105s。

⑪ 测量并调节间隙。

⑫ 插入轴承 16l。

11. 拆卸与安装多片式制动器 B2

（1）拆卸多片式制动器 B2

① 拆下离合器组件 B2 5（图 3-3-17）。

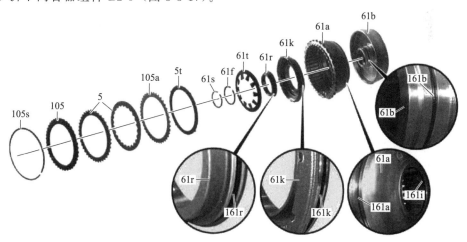

图 3-3-17　多片式制动器 B2

5—离合器组件 B2；105—端盘；5t，61t—盘簧；105a—外部齿板；61a—外部齿盘托架 B2；105s，61s—弹性挡圈；61b—活塞导向件；161a，161b，161i，161k，161r—密封圈；61f—弹簧座圈；61k—活塞；61r—导向环；61a—外部齿盘托架 B2；61b—活塞导向件

② 拆下弹性挡圈 105s 和端盘 105。

③ 拆下离合器组件 B2 5、外部齿板 105a 和盘簧 5t。注意：检查盘片是否存在烧灼和磨损痕迹。

④ 将装配工具放到盘簧 61t 上，将其张紧，直至露出支撑环。

⑤ 拆下弹性挡圈 61s。

⑥ 拆下装配工具。

⑦ 拆下弹簧座圈 61f 和盘簧 61t。

⑧ 拆下导向环 61r 和活塞 61k，为此，向活塞导向件 61b 的孔 B 中吹入压缩空气（图 3-3-18）。

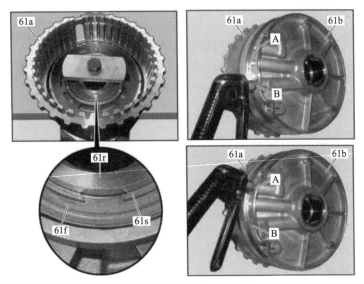

图 3-3-18　拆下导向环和活塞
A、B—孔

⑨ 从外齿板支架 B2 61a 上分开活塞导向件 61b，为此，向孔 A 中吹入压缩空气。注意：外齿板支架 B2 61a 还用作多片式制动器 B3 的活塞。

（2）组装多片式制动器 B2

① 装配活塞导向件 61b 和外齿板支架 B2 61a。

② 安装活塞 61k。注意：更换密封圈 161k。

③ 圆边必须朝外。

④ 插入导向环 61r。

⑤ 插入盘簧 61t 和弹簧座圈 61f。注意：插入盘簧 61t，使弯曲侧朝向弹簧座圈 61f。

⑥ 将装配工具放到盘簧 61t 上，将其张紧，直至露出弹性挡圈 61s 的凹槽。

⑦ 安装弹性挡圈 61s。

⑧ 安装盘簧 5t、外部齿板 105a 和离合器组件 B2 5。注意：插入盘簧 5t，使内圆周的弯曲侧朝向活塞 61k。

⑨ 安装端盘 105 和弹性挡圈 105s。

⑩ 测量并调节间隙。

⑪ 安装离合器组件 B2 5。

12. 拆卸与安装多片式制动器 B3

（1）拆卸多片式制动器 B3

① 拆下弹性挡圈 105s 和端盘 105（图 3-3-19）。

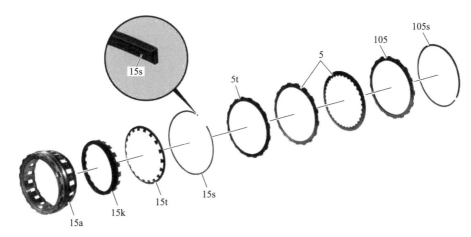

图 3-3-19　多片式制动器 B3

5—离合器组件；15s,105s—弹性挡圈；5t,15t—盘簧；15a—外板托架；105—端盘；15k—活塞

② 拆下离合器组件 5 和盘簧 5t。注意：检查盘片是否存在烧灼和磨损痕迹。

③ 将多片式制动器置于杠杆式压床中。

④ 将夹紧装置置于外板托架 15a 内的盘簧 15t 上（图 3-3-20）。注意：将夹紧装置精确地定位以使弹性挡圈 15s 能够随后被拆卸。

图 3-3-20　离合器组件

⑤ 操作杠杆式压床，直至弹性挡圈 15s 露出。注意：一旦可以充分接触到凹槽，即停止杠杆式压床的行程。过大的夹紧力会损坏到板支承。

⑥ 从凹槽处拆下弹性挡圈 15s。

⑦ 移回杠杆式压床。

⑧ 将夹紧装置和多片式制动器从杠杆式压床中取出。

⑨ 拆下弹性挡圈 15s。

⑩ 拆下盘簧 15t。

⑪ 从外板托架 15a 上拆下活塞 15k。

⑫ 检查外板托架 15a。

（2）组装多片式制动器 B3

① 安装活塞 15k。

② 安装盘簧 15t。注意：插入盘簧 15t，使内圆周的外倾角朝向活塞 15k。

③ 对弹性挡圈 15s 进行定位。注意：杠杆式压床粗促动后才可进行最后安装。

④ 将多片式制动器置于杠杆式压床中。

⑤ 将夹紧装置置于盘簧 15t 上。

⑥ 操作杠杆式压床，直至露出弹性挡圈 15s 的凹槽。注意：一旦可以充分接触到凹槽，即停止杠杆式压床的行程。过大的夹紧力会损坏到板支承。

⑦ 安装弹性挡圈 15s。注意：如果弹性挡圈 15s 的安装位置不正确，将使盘簧 5t 卡滞。

⑧ 移回杠杆式压床。

⑨ 将夹紧装置和多片式制动器从杠杆式压床中取出。

⑩ 将盘簧 5t 和离合器组件 5 安装到外板托架 15a 中（图 3-3-20 和图 3-3-21）。注意：插入盘簧 5t 使内圆周的外倾角朝向活塞 15k。

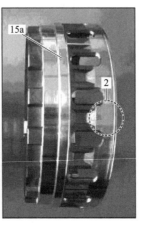

图 3-3-21　外板托架位置

1—不带外侧相位的外板托架（旧款设计）；2—带外侧相位的外板托架（新款设计）；15a—外板托架

第四节　自动变速箱故障诊断

1. 722.9 变速箱在升级/SCN 后处于紧急模式

（1）型号　所有装备 722.9 变速箱的车辆。

（2）故障现象　升级 SCN 后，变速箱处于紧急模式。没有当前故障码存在，但存在储存故障码 0602/1644/2010/2011。注意：这种情况不要试车。

（3）故障原因

① 变速箱电脑没有接受编码：在 Star-D 中按以下路径查看编码值是"no value"：control unit adaptations—SCN coding—display of coding data。

② 编码被电脑接受（显示 4 位字符），但由于储存故障码，处于紧急模式。

（4）解决方案

① 再次执行编码（通过 Initial Startup）且查看编码。

② 删除故障码。

2. 变速箱异响

（1）型号　W245。

（2）故障现象

① 行车中底盘有"嗒嗒"声，挂倒挡时还更明显。

② 启动车辆，发现换挡时变速箱冲击大，车辆会有明显抖动，挂倒挡车辆耸动尤为

明显。

③ 变速箱控制单元无新的升级软件，对变速箱进行引导测试，无相关故障码。确定异响发出部位为变速箱上半部，尤其是变速箱换挡杆伸出壳体的附近比较明显。可以确定该异响来自变速箱内部的机械部分，可能是轴承或传动链条发出的声音。

④ 拆除变速箱油底壳，发现油质状况良好，无金属碎屑。拆下阀体，目视检查所有能看到的部件，如链条等，未发现有部件异常损坏。

（3）故障原因　变速箱内部故障。

（4）解决方案　更换无级变速箱和变速箱油。

3. 对变速箱电脑升级后出现故障码 061B

（1）型号　装备有 722.9 变速箱和 272、273 发动机的 164、171、203、209、211、219、221、230、251。

（2）故障现象　对变速箱电脑或发动机电脑升级后出现故障码 061B。

（3）故障原因　变速箱电脑和发动机电脑中的转矩不相适应，扩张扭力部分不能被执行。

（4）解决方案　Star-D 中的检测步骤不对。

① 连接 Star-D。

② 对发动机电脑进行升级，若没有新软件，执行步骤③。

③ 执行 SCN 升级。

④ 执行快速检测，消除故障码。注意：如果故障码再次出现，新的发动机软件发布前，该故障码可以忽略。

4. 722.9 变速箱切换至紧急模式

（1）型号　所有装备 722.9 变速箱的车辆。

（2）故障现象　722.9 变速箱切换至紧急模式或没有动力（例如：不能到达 3 挡）。

故障码 p2502、2505、0894 或 2711 存在，必须试图使故障重现。

如果存在与换挡质量相关的故障码，按照 722.9 变速箱诊断树进行诊断。

（3）故障原因

① K1 活塞损坏（2-3 挡的匹配数据可能到达正的极限值）。

② 电脑中的偏差值不理想。

（4）解决方案

① 如果存在与换挡质量相关的故障码，按照 722.9 变速箱诊断树进行诊断，如果 2 挡升 3 挡有问题或升不上 3 挡可以被重现，表明 K1 的活塞有缺陷。

更换 K1 离合器，然后重设匹配数据。

② 如果上述情况不存在，则更换变速箱电脑并进行电脑升级。

5. 722.9 变速箱处于紧急模式

（1）型号　所有装备 722.9 变速箱的车辆。

（2）故障现象　变速箱处于紧急模式，故障码 0741、0893、0894、2502、2504、2505、2511、2711、2783 单独或共同存在，而且在油底壳可以看到金属碎屑（图 3-4-1）。

（3）故障原因　液力变矩器或后行星齿轮机械故障。

（4）解决方案　此方案只适用于存在上述故障码和金属碎屑的情况。

① 更换变速箱和液力变矩器。

② 冲洗变速箱油冷却器。

扫一扫

视频精讲

图 3-4-1　金属碎屑

6. 更换变速箱阀体后变速箱没有动力输出

（1）型号　所有装备 722.9 变速箱的车辆。

（2）故障现象　更换阀体后，在"S"模式没有齿轮可以啮合，变速箱没有动力输出，在"C"模式正常。

（3）故障原因　当安装新阀体时，B3 的供给管路安装不正确。

（4）解决方案　按照 WIS：AR27.19-P-0200W 拆下阀体。

安装前，按照 AR27.19-P-0200W 安装供给管路。

7. 更换 EHS 后无法对选择范围传感器进行学习

（1）型号　所有装备 722.9 变速器的车辆。

（2）故障现象　拆装变速箱电脑后，无法对选择范围传感器进行学习。在对电脑进行初始启动时，出现如下故障信息"the preconditions are not satisfied or the periphery is non-functional"。

（3）故障原因　在安装 EHS 时，定位螺栓没有插入选择范围阀的塑料支架内（图 3-4-2）。

（4）解决方案

① 拆装 EHS，将螺栓插入阀的支架内。

② 重新对传感器进行学习。

8. 变速箱控制单元有损坏

（1）型号　所有装备 722.9 变速箱的车辆。

（2）有效性　自动变速箱 722.9，在电子液压控制单元（EHS）（220 27012 06 和 220 270 14 06）中不能进行电子液压控制单元（EHS）[全集成化变速箱控制系统（VGS）]维修，在 AMG 车辆上不能进行电子液压促动器（EHS）[全集成化变速箱控制系统（VGS）]维修。

（3）故障现象　出现故障码 0705、0604、0605、0641、06A3、0651、1629、1634、1636、0633、062F、0613、0607、0711、1693、1710、1711、1712、0300、060A、1610、0714、0705、0604、0641、06A3。

（4）故障原因　故障码表明变速箱控制单元中有损坏。

（5）解决方案　以前出现上述故障码时，必须更换整个电子液压控制单元（EHS）。

若出现以下一个或多个故障码：0705、0604、0605、0641、06A3、0651、1629、1634、1636、0633、062F、0613、0607、0711、1693、1710、1711、1712、0300、060A、1610、

图 3-4-2　定位螺栓没安装到位

0714、0705、0604、0641、06A3，用 DAS/Xentry 引导性测试完整地处理这些故障码。为此需要进行电子液压控制单元（EHS）维修。在这种情况下 Star Diagnosis 会引导进入引导性测试，并自动从已安装的控制单元中读取全部必需的调校数据和特性曲线。

在维修时，用电子液压控制单元（EHS）修理包（A000 270 17 00/80）更换拧在电子液压控制单元（EHS）上的变速箱控制单元。如果从旧的控制单元中读取调校数据和特性曲线之后因任何原因导致维修中断［例如电子液压控制单元（EHS）修理包（A000 270 17 00/80）无法使用］，则读取的数据都会一直存储在 Star Diagnosis 上，直到再次与车辆连接（数据会自动传输过去）或通过新的 DVD 或插件更新 Star Diagnosis。

提示：在 AMG 车辆上不能进行电子液压控制单元（EHS）［全集成化变速箱控制系统（VGS）］维修。

9. 将挡位从 P 换到 D 时有剧烈反冲

（1）型号　所有装备 722.9 变速箱的车辆。

（2）有效性　带变速箱 722.9 变速箱的车辆。

（3）故障现象　将挡位从 P 换到 D 时有剧烈反冲。

（4）故障原因　在带序列号小于 1.842.410 的变速箱的车辆上，膜片组 B2 的摩擦系数可能波动。

（5）解决方案　仅适用于序列号小于 1.842.410 的变速箱：更换 B2 膜片。按照电子配件目录（EPC）订购零件。此外，必须按如下方法重新调校从 N 挡到 D 挡以及从 N 挡到 R 挡的换挡过程。提示：在挡位 N/R/D 上分别停留至少 5s！

冷启动车辆：

① 从 N 挡换到 R 挡 5 次；

② 从 N 挡换到 D 挡 5 次，变速箱暖机到 40℃，同时车速至少超过 50km/h 一次；

③ 从 N 挡换到 R 挡 5 次；

④ 从 N 挡换到 D 挡 5 次，变速箱暖机到 70℃，同时车速至少超过 50km/h 一次；

⑤ 从 N 挡换到 R 挡 5 次；

⑥ 从 N 挡换到 D 挡 5 次。

10. 变速箱控制单元中有故障码 P0944

（1）型号　所有配备 722.9 变速箱的车辆。

（2）有效性　NAG2 FEPlus（722.9），带辅助机油泵，带代码 B03，截至变速箱序列号 7.248.200。

（3）故障现象　ECO 启动/停止系统失灵，变速箱控制单元中有故障码 P0944。

（4）故障原因　变矩器壳体中的止回阀可能已损坏。变矩器壳体和辅助机油泵之间漏油。涉及的可能是变速箱序列号起始编号为-07-×××　×××的变速箱。

（5）解决方案　根据故障码 P0944 进行以下检测。

检查变矩器壳体中的止回阀（在压力道中）有无损坏。如果止回阀已损坏，则必须更换变矩器壳体和辅助机油泵（部件 M42）。在拆卸/安装辅助机油泵时注意自动变速箱。重要提示：在检测/维修变速箱后，检测变速箱中的机油油位并正确调节。

如果在止回阀上未确定任何损坏，但安装了带物品号 212 271 0401 的变矩器壳体，且变速序列号小于 3.491.853，如果故障码不再存在，则进行以下检测步骤。

第 1 步：检查辅助机油泵的插头连接和熔丝。

第 2 步：检查供电电压。

第 3 步：检查控制器区域网络（CAN）导线。

第 4 步：检测全集成化变速箱控制系统（VGS）软件，必要时更新，然后继续进行第 5 步。

第 5 步：目检止回阀，阀门位于变矩器壳体中。

如果止回阀已损坏，则必须更换变矩器壳体和辅助机油泵（部件 M42）。

第 6 步：更换辅助机油泵。

如果解决该问题的步骤已执行，则无需再执行其他检测步骤，除非在执行第 4 步后务必执行第 5 步。

扫一扫　　　　　　　扫一扫

视频精讲　　　　　　视频精讲

第四章

电气系统故障维修

第一节　整车网络

一、概述

为了满足当今车辆系统的要求，需要一种结构性的整车网络连接。这种网络连接是通过以下数据总线系统实现的。

① 控制器区域网络（CAN）。

② 底盘 FlexRayIM（Flex E）。

③ 多媒体传输系统（MOST）。

以下 CAN 参与了整车网络连接。

① 远程信息处理系统 CAN。

② 车内 CAN。

③ 发动机 CAN。

④ 驱动系统 CAN。

⑤ 诊断 CAN。

⑥ 动态行驶 CAN。

⑦ 用户接口 CAN。

⑧ 传动系统传感器 CAN。

⑨ 混合动力 CAN。

⑩ 外围设备 CAN。

⑪ 雷达 CAN 1。

⑫ 雷达 CAN 2。

二、网关

带网关功能的控制单元是各个数据总线系统的中央接口，它们对数据包进行接收、排列优先级和发送。

带网关功能的控制单元如下。

① 主机。

② 电控车辆稳定行驶系统（ESP）控制单元。

③ 电子点火开关控制单元。

④ 雷达测距传感器控制单元。

⑤ 驱动系统控制单元。

⑥ 辅助防护装置控制单元。

⑦ 远程信息服务通信模块。

三、底盘 FlexRayIM

全新 C 级轿车同样采用更有效的底盘 FlexRayM 替代了底盘 CAN，它提供的数据速度最高可达 10MBit/s。

四、熔丝

使用的熔丝包括 Maxi、ATO、Mini 和多用途插接式熔丝。它们安装在汽车发动机舱前部熔断器靠近驾驶员车门的驾驶员舱三角区、A 柱内部前排乘客脚部空间以及后备厢饰板下面右侧的后备厢底板内。

五、能源管理

能源管理系统管理着电能的准备（供电）和消耗（维持），以确保发动机的可启动性和所有用电器的供电稳定。

车载电网管理系统承担以下任务。

① 有针对性地设置用电器的关闭等级。

② 优化车载电网蓄电池的充电过程。

③ 激活蓄电池快速充电。

④ 关闭发电机管理系统。

⑤ 关闭发动机启动/停止功能。

⑥ 休眠电流关闭，继电器提前断开。

⑦ 限制休眠电流关闭，继电器接合。

六、整车网络

整车网络如图 4-1-1 所示。

1. 远程信息处理系统 CAN

A26/17——主机。

A40/8——Audio/COMAND 显示屏。

A40/9——Audio/COMAND 操作单元。

A105——触摸板。

2. 车内 CAN

A98/1——滑动天窗控制模块。

A98n1——全景滑动天窗控制单元。

N10/6——前部信号采集及促动控制模组（SAM）控制单元。

N10/8——后部信号采集及促动控制模组（SAM）控制单元。

N22/1——恒温控制系统控制单元。

N26/6——EDW/防拖车保护/车内保护控制单元。

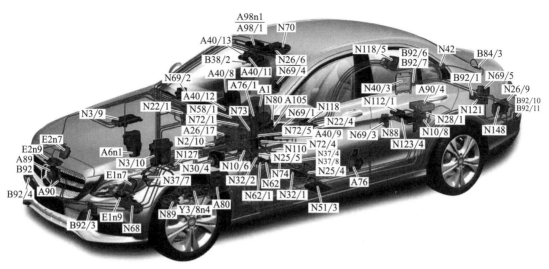

图 4-1-1　整车网络

N26/9——专用车辆多功能控制单元。

N28/1——拖车识别装置控制单元。

N32/1——驾驶员座椅控制单元。

N32/2——前排乘客座椅控制单元。

N42——摄像机盖板控制单元。

N69/1——左前门控制单元。

N69/2——右前门控制单元。

N69/3——左后门控制单元。

N69/4——右后门控制单元。

N69/5——无钥匙启动（Keyless Go）控制单元。

N73——电子点火开关控制单元。

N121——后备厢盖控制系统控制单元。

N121/1——掀开式尾门控制系统控制单元。

3. 发动机 CAN

N3/9——CDI 控制单元（针对柴油发动机）。

N3/10——ME 控制单元（针对汽油发动机）。

N127——驱动系统控制单元。

4. 驱动系统 CAN

A80——直接选挡（Direct Selet）智能伺服模块。

N3/9——CDI 控制单元（针对柴油发动机）。

N3/10——ME 控制单元（针对汽油发动机）。

N89——变速箱油辅助油泵控制单元。

N118——燃油泵控制单元。

Y3/8n4——全集成化变速箱控制系统的控制单元。

5. 诊断 CAN

N73——电子点火开关控制单元。

N112/1——远程信息服务通信模块。

N123/4——紧急呼叫系统控制单元。

6. 动态行驶 CAN

N2/10——辅助防护装置控制单元。

N30/4——电控车辆稳定行驶系统（ESP）控制单元。

7. 用户接口 CAN

A1——仪表盘。

A26/17——主机。

A40/12——平视显示器。

A76——左前反向安全带拉紧器。

A67/1——右前反向安全带拉紧器。

B84/3——倒车摄像机。

N73——电子点火开关控制单元。

N88——轮胎充气压力监控控制单元。

N148——360°摄像机控制单元。

8. 驱动系统传感器 CAN

N3/9——CDI 控制单元（针对柴油发动机）。

N3/10——ME 控制单元（针对汽油发动机）。

N37/4——氧氮化合物传感器控制单元。

N37/7——柴油微粒滤清器下游的氮氧化合物传感器控制单元。

N37/8——SCR 催化转换器下游的氮氧化合物传感器控制单元。

N74——炭黑颗粒传感器控制单元。

N118/5——AdBlue$^{®}$雾状尿素水溶液控制单元。

9. MOST 环

A26/17——主机。

A90/4——调谐器单元。

N40/3——音响系统放大器控制单元。

10. 外围设备 CAN

A40/11——单目多功能摄像机。

A90——碰撞预防辅助系统（Coll-Sion Prevention Assist）控制单元。

B92/6——后保险杠右外侧内置雷达测距传感器。

B92/11——后保险杠左外侧内置雷达测距传感器。

E1n9——左侧大灯控制单元。

E2n9——右侧大灯控制单元。

N73——电子点火开关控制单元。

11. 雷达 CAN 1

B92/3——前保险杠左侧雷达测距传感器。

B92/4——前保险杠右侧雷达测距传感器。

N62/1——雷达测距传感器控制单元。

12. 雷达 CAN 2

B92/1——后保险杠中部雷达测距传感器。

B92/7——后保险杠右外侧雷达测距传感器。

B92/10——后保险杠左外侧雷达测距传感器。

N62/1——雷达测距传感器控制单元。

13. 以太网

A26/17——主机。

14. 底盘 FlexRay

A40/13——立体式多功能摄像机。

A89——限距控制（Distronic）电子控制单元。

B92——前部远距离雷达测距传感器。

N30/4——电控车辆稳定行驶系统（ESP）控制单元。

N51/3——空气悬挂系统（Airmatic）控制单元。

N62——驻车系统控制单元。

N62/1——雷达测距传感器控制单元。

N68——电子动力转向控制单元。

N73——电子点火开关控制单元。

N80——转向柱模块控制单元。

15. LIN 总线

A6n1——驻车暖风控制单元。

A9/5——电动制冷剂压缩机。

A40/9——Audio/COMAND 操作单元。

B38/2——带辅助功能的雨量和光线传感器。

E1n7——LED 左前外部照明灯促动模块。

E1n9——左侧大灯控制单元。

E2n7——LED 右前外部照明灯促动模块。

E2n9——右侧大灯控制单元。

N2/10——辅助防护装置控制单元。

N10/6——前部信号采集及促动控制模组（SAM）控制单元。

N10/8——后部信号采集及促动控制模组（SAM）控制单元。

N22/1——恒温控制系统控制单元。

N22/4——后排恒温控制系统操作单元。

N25/4——前排乘客座椅加热控制单元。

N25/5——驾驶员座椅加热控制单元。

N58/1——前部恒温控制系统操作单元。

N70——车顶控制板控制单元。

N72/1——上部操作区控制单元。

N72/4——下部左侧操作面板。

N72/5——下部右侧操作面板。

N110——重量传感系统控制单元。

N123/4——紧急呼叫系统控制单元。

七、整车网络方块图

整车网络方块图如图 4-1-2 和图 4-1-3 所示。

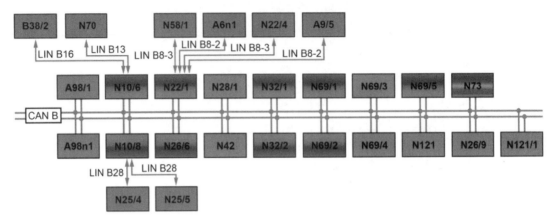

图 4-1-2　整车网络方块图（一）

A6n1——驻车暖风控制单元（针对代码 228 驻车暖风）。

A9/5——电动制冷剂压缩机。

A98n1——全景滑动天窗控制单元（针对代码 413 全景滑动天窗）。

A98/1——滑动天窗控制模块（针对代码 414 滑动天窗）。

B38/2——带辅助功能的雨量和光线传感器 CANB 车内 CAN。

LIN B8-2——恒温控制。

LIN B8-3——空调操作。

LIN B13——车顶 LIN。

LIN B16——雨量和光线传感器。

LIN B28——暖风 LIN。

N10/6——前部信号采集及促动控制模组（SAMI）控制单元。

N10/8——后部信号采集及促动控制模组（SAM）控制单元。

N22/1——恒温控制系统控制单元。

N22/4——后排恒温控制系统操作单元（针对代码 581 Thermotronic 自动空调）。

N25/4——前排乘客座椅加热控制单元〔针对代码 401 前部座椅恒温控制系统或代码 873 驾驶员和前排乘客座椅加热装置，不含代码 242 带记忆功能（右则）的全电动前排乘客座椅，不含代码 222 不带记忆功能和电动头枕调整功能的前排乘客座椅全电动座椅调整装置〕。

N25/5——驾驶员座椅加热控制单元（针对代码 401 前部座椅恒温控制系统或代码 873 驾驶员和前排乘客座椅加热装置，不含代码 275 记忆组件，不含代码 221 不带记忆功能和电动头枕调整功能的驾驶员座椅全电动座椅调整装置）。

N26/6——EDW/防拖车保护/车内保护控制单元（针对代码 551 防盗报警系统和代码 882 车内保护装置和防拖车装置）。

N26/9——专用车辆多功能控制单元（针对代码 965 出租车和租赁车辆电气预装设备）。

N28/1——拖车识别装置控制单元（针对代码 550 拖车钩）。

N32/1——驾驶员座椅控制单元（针对代码 221 不带记忆功能和电动头枕调整功能的驾驶员座椅全电动座椅调整装置，或代码 275 记忆组件）。

N32/2——前排乘客座椅控制单元（针对代码 222 不带记忆功能和电动头枕调整功能

的前排乘客座椅全电动座椅调整装置，或代码 242 带记忆功能（右侧的全电动前排乘客座椅）。

N42——摄像机盖板控制单元（针对代码 218 倒车摄像机或代码 501 环视摄像机）。

N58/1——前部恒温控制系统操作单元。

N69/1——左前门控制单元。

N69/2——右前门控制单元。

N69/3——左后门控制单元。

N69/4——右后控制单元。

N69/5——无钥匙启动（Keyless Go）控制单元（针对代码 889 Keyless Go 或代码 893 Keyless Go 动功能）。

N70——车顶控制板控制单元。

N73——电子点火开关控制单元。

N121——后备厢盖控制系统控制单元（针对代码 881 后备厢盖遥控关闭）。

N121/1——掀开式尾门控制系统控制单元（针对代码 890 Easy Pack 掀开式尾门）。

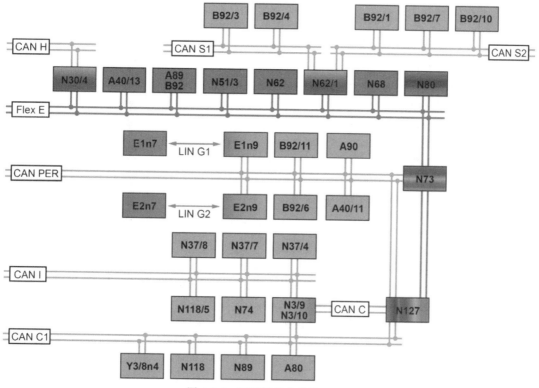

图 4-1-3　整车网络方块图（二）

A40/11——单目多功能摄像机（针对代码 22P 车道套件，或代码 513 交通标志识别系统，或代码 640 高性能 LED，或代码 641 左座驾驶型动态 LED 大灯，或代码 642 右座驾驶型动态 LED 大灯）。

A40/13——立体式多功能摄像机（针对代码 640 高性能 LED，或代码 641 左座驾驶型动态 LED 大灯，或代码 642 右座驾驶型动态 LED 大灯，或代码 23P 驾驶辅助套件，或代码 513 交通标志识别系统）。

A80——直接选挡（Direct Select）智能伺服模块（针对变速箱 722、724）。

A89——限距控制（Distronic）电子控制单元（针对代码 239 Distronic Solo）。

A90——碰撞预防辅助系统（Collision Prevention Assist）控制单元［针对代码 258 碰撞预防辅助系统增强版（CPA＋）］。

B92——前部远距离雷达测距传感器（针对代码 23P 驾驶辅助套件）。

B92/1——后保险杠中部雷达测距传感器（针对代码 253 车尾碰撞警告和保护系统）。

B92/3——前保险杠左侧雷达测距传感器（针对代码 23P 驾驶辅助套件）。

B92/4——前保险杠右侧雷达测距传感器（针对代码 23P 驾驶辅助套件）。

B92/6——后保险杠右外侧内置雷达测距传感器［针对代码 234 盲点辅助功能（BSM）］。

B92/7——后保险杠右外侧雷达测距传感器（针对代码 237 主动式盲点辅助功能）。

B92/10——后保险杠左外侧雷达测距传感器（针对代码 237 主动式盲点辅助功能）。

B92/11——后保险杠左外侧内置雷达测距传感器［针对代码 234 盲点辅助功能（BSM）］。

CANC——发动机 CAN。

CAN C1——驱动系统 CAN。

CANH——动态行驶 CAN。

CANI——驱动系统传感器 CAN。

CAN PERP——外围设备 CAN。

CANS1——雷达 CAN 1。

CANS2——雷达 CAN 2。

LING1——左侧大灯 LIN。

LING2——右侧大灯 LIN。

E1n7——LED 左前外部照明灯促动模块（针对代码 640 高性能 LED，或代码 641 左座驾驶型动态 LED 大灯，或代码 642 右座驾驶型动态 LED 大灯）。

E1n9——左侧大灯控制单元（针对代码 631 左座驾驶型静态 LED 大灯，或代码 632 右座驾驶型静态 LED 大灯，或代码 640 高性能 LED，或代码 641 左座驾驶型动态 LED 大灯，或代码 642 右座驾驶型动态 LED 大灯）。

E2n7——LED 右前外部照明灯促动模块（针对代码 640 高性能 LED，或代码 641 左座驾驶型动态 LED 大灯，或代码 642 右座驾驶型动态 LED 大灯）。

E2n9——右侧大灯控制单元（针对代码 631 左座驾驶型静态 LED 大灯，或代码 632 右座驾驶型静态 LED 大灯，或代码 640 高性能 LED，或代码 641 左座驾驶型动态 LED 大灯，或代码 642 右座驾驶型动态 LED 大灯）。

FlexE——底盘 FlexRay。

N3/9——CDI 控制单元（针对柴油发动机）。

N3/10——ME 控制单元（针对汽油发动机）。

N30/4——电控车辆稳定行驶系统（ESP）控制单元。

N37/4——氮氧化合物传感器控制单元（针对带代码 920 层状进气汽油直喷装置的发动机 274.9）。

N37/7——柴油微粒滤清器下游的氮氧化合物传感器控制单元（针对发动机 651.921）。

N37/8——SCR 催化转换器下游的氮氧化合物传感器控制单元（针对发动机 651.921）。

N51/3——空气悬挂系统（Airmatic）控制单元（针对代码 483 含 ADS＋的动态行驶组件 2.0）。

N62——驻车系统控制单元［针对代码 235 APC 2.0 含驻车定位系统（Parktro-Nic）的主动式驻车引导系统］。

N62/1——雷达测距传感器控制单元（针对代码 23P 驾驶辅助套件）。

N68——电子动力转向控制单元。

N74——炭黑颗粒传感器控制单元［针对带代码 U77 柴油发动机尾气净化装置 Bluetec（SCR）和代码 494 美规的发动机 651.9，型号 205.012/212 除外］。

N89——变速箱油辅助油泵控制单元［针对变速箱 722.9（722.930 除外）］。

N118——燃油泵控制单元。

N118/5——AdBlue®雾状尿素水溶液控制单元（针对发动机 651.921）。

N80——转向柱模块控制单元。

Y3/8n4——全集成化变速箱控制系统的控制单元（针对变速箱 722、724）。

第二节　车辆照明

一、外部照明

1. 前大灯

S 级轿车标准配备了采用透明灯罩设计和 H7 灯泡的投射式大灯。其他附加的车外照明设备特色功能如下。

① 复式氙气大灯，带包括弯道灯在内的转向辅助照明功能。

② 为了进一步改善车辆在夜间行驶时的道路照明性能，在复式氙气大灯中集成了带有转向辅助照明功能的弯道灯，此功能尤其改善了车辆在转弯过程中以及狭窄弯道上行驶时的道路照明性能。

③ 在装配备了夜视系统的车辆上，大灯闪烁器的远光聚光灯被红外线大灯所取代。大灯闪烁器功能由主大灯提供。

④ 大灯清洗系统。

⑤ 采用透明玻璃设计的独立前雾灯。

⑥ 大灯辅助开启功能，可以通过旋转式车灯开关启用。

⑦ 白天行驶灯。

⑧ 定位照明。

⑨ 发光二极管尾灯和自适应型制动灯。

扫一扫

视频精讲

注意：当车辆在以不超过 70km/h 的车速转弯时，主大灯内位于转弯侧或弯道内侧的转弯反射器自动开启，起到补充的静态车灯功能（当车速介于 0～40km/h，由方向盘转角或转向灯位置决定，当车速介于 40～70km/h，仅由方向盘转角决定）。

转弯照明：0～40km/h。

静态弯道照明：40～70km/h。

动态弯道照明：整个车速范围内。

2. 尾灯和制动灯

尾灯和中央高位制动灯采用了发光二极管的设计。因此，自适应型制动灯能够确保

5.5Hz 的车灯信号频率，从而使车辆后方的道路使用者能够更快意识到车辆正在实施紧急制动。尾灯内集成了两个与车身涂料同色的铬饰扣钩。客户可根据车身油漆颜色将这两个扣钩作为替换件进行定购。

如果车辆从较高车速（超过 70km/h）开始制动直到静止，危险警告系统自动打开。在车辆再次起步（超过 10km/h）后，危险警告系统自动关闭。

3. 替代车灯的启用

如果车外照明处于打开状态，则相应的控制单元将持续地监视灯泡和发光二极管是否发生短路及断路。

前部 SAM 控制装置，带有熔丝和继电器模块，用于左前车灯装置和右前车灯装置以及左前雾灯与右前雾灯。

后部 SAM 控制装置，带有熔丝和继电器模块，用于左侧尾灯和右侧尾灯。

如果与安全性有关的车灯失效，则相应的替代车灯将被启用。替代车灯的启用范围取决于中央网关控制装置的国家版本。闪烁功能与静态车灯相比具有更高的优先级。

4. 仪表盘车灯失效指示

车灯故障以文字的形式显示在仪表盘的多功能显示屏中。

5. 功能/任务

氙气大灯控制单元安装在左、右两侧大灯中。这两个控制单元是以主动和从动组合的方式进行操作的。主动（左侧大灯）和从动（右侧大灯）的分配是通过不同的接头分配或大灯控制单元接头的编码来实现的。两个控制单元均与车前端 CAN 相连。在插入接头时，两个控制单元分别辨认自己的功能和在车辆中的位置（哪一侧）。

① 补偿在一个特定的电压范围内电池电压的不稳定。

② 识别供电与否，并对电压过高或过低的情况做出反应。

③ 为开启复式氙气大灯操作点火装置。

④ 带输出功率控制的氙气大灯操作。

⑤ 计算车身与轴位置间的俯仰角。

⑥ 根据俯仰角校正反光板的角度。

⑦ 评估车速。

6. 主控制单元（车辆左侧）的功能

① 处理水平信号值。

② 处理轮速信息。

③ 启动进步电机。

④ 故障存储。

⑤ 通过电路 15 供电。

⑥ 通过车前端 CAN 与副控制单元进行有关自动大灯灯程调节功能的数据交换。

7. 从动控制单元（车辆右侧）的功能

① 启动进步电机。

② 故障存储。

③ 通过电路 15 供电。

④ 通过车前端 CAN 与从动控制单元进行有关自动大灯灯程调节功能的数据交换。

注意：左侧大灯控制单元，终端电阻 240Ω；右侧大灯控制单元，终端电阻 240Ω。

二、夜视系统

1. 概述

夜视系统可帮助呈现夜间的道路情况，其目的是在传统大灯光程照射到之前就能探测到障碍物。在行驶中如果天色变暗，即可按下 S1 按钮启动夜视系统（图 4-2-1）。

图 4-2-1　S1 按钮

此时，车前道路由两盏红外线灯照明。安装在风挡玻璃上的摄像头拍下图像，经过处理后提供给仪表盘显示屏。于是这些图像就会显示在仪表盘显示屏上（图 4-2-2）。

图 4-2-2　仪表盘显示屏

夜视系统需要以下部件。

① 夜视系统控制单元。

② 夜视系统摄像头。

③ 仪表盘上的 8in（1in＝2.54cm）显示屏。

④ 左红外线灯和右红外线灯。

⑤ 夜视系统按钮。

红外线灯安全提示：长期注视开启的红外线灯会损害人的眼睛。这种损害无法立即察觉。为防止产生这种损害，请注意以下几点。

① 佩戴护目镜。

② 避免眼睛长期注视开启的大灯。

③ 在车前工作时确保红外线灯已关闭。

2. 夜视系统摄像头

安装在风挡玻璃右侧上的夜视系统摄像头（B84/2）记录红外线图像，然后通过低压差动信号将数据发送给夜视系统控制单元。右侧夜视系统摄像头（B84/2）对光线十分敏感（图4-2-3）。

摄像头所在位置的风挡玻璃必须能让红外线穿过并照射在摄像头上（滤光膜和黑色涂层）。

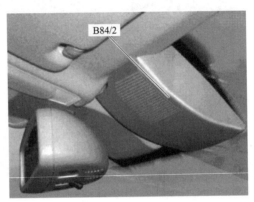

图4-2-3　夜视系统摄像头

3. 红外线灯（E1e11和E2e11）（图4-2-4）

车速＞15km/h后，在打开近光或远光灯时，左红外线灯（E1e11）和右红外线灯（E2e11）就会发出红外光。夜视系统控制单元发出请求后，前控制单元将会启动红外线灯。

当车速＞260km/h（AMG车辆）或低于10km/h时，以及在倒车时，会关闭夜视系统。

当车辆静止时，左红外线灯（E1e11）和右红外线灯（E2e11）只能通过诊断功能来启动。

图4-2-4　红外线灯

此种传输需要带有两根导线（正极、负极）的"差动总线"。两电压之差通过信号分析来测量。目标是获得高压灵敏度，因为外部干扰会影响两个信号，但不会改变电压差。

4. 夜视系统控制单元（N101）

夜视系统控制装置（N101）位于驾驶员脚坑内，集成在A柱中（图4-2-5）。

夜视系统控制装置的功能如下。

① 记录来自右侧夜视系统摄像头（B84/2）的信息；

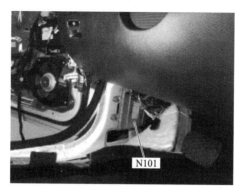

图 4-2-5　夜视系统控制单元（N101）

② 通过前 SAM/SRB 控制装置启动红外线灯；

③ 图像处理和诊断；

④ 将显示图像传输出至仪表盘；

⑤ 故障检测与故障管理。

夜视系统控制装置（N101）通过数字视频接口接收来自右侧夜视系统摄像头的图像并进行处理。之后，经过处理的图像通过另一个数字视频接口传送给仪表盘显示屏。夜视系统控制装置通过数字视频接口的控制通道启动摄像头。

5. 服务信息

在进行以下工作后，必须重新校准夜视摄像头：

① 更换了控制单元；

② 安装了新的风挡玻璃；

③ 安装了新的摄像头；

④ 将摄像头从支架上拆下并马上重新装回。

6. 红外线灯功能测试

通过 DAS 启动红外线灯。在红外线灯前放置一个有白色表面的物体（例如白纸），从侧面可以看到红色/绿色微光。注意：红外光测试只能最多进行 10s。

出于工作安全性的考虑（保护眼睛），该测试只能在 5min 后重复进行。产生的热量相当于正常的远光灯。

第三节　安全系统

一、安全行车

主要用于实现行车安全和条件安全的车辆系统：

① 自适应制动器，包括坡道起步辅助提前加压、干式制动和自动驻车功能（标准装备）；

② 转向辅助功能（Steer Control）（标准装备）；

③ 扭矩矢量分配制动系统（标准装备）；

④ 侧风辅助系统（标准装备）；

⑤ 自适应制动灯（标准装备）；

⑥ 疲劳提醒和注意力辅助系统（Attention Assist）（标准装备）；

⑦ 制动辅助系统（BAS）（标准装备）和带路口辅助功能的制动辅助系统增强版（特殊装备，与带转向辅助功能的限距控制系统增强版配套）；

⑧ 轮胎充气压力监控（RDK）（标准装备）；

⑨ 碰撞预防辅助系统增强版（标准装备）；

⑩ 带转向辅助功能的限距控制系统增强版（特殊装备）；

⑪ 带电子限速功能（Speedtronic）的定速巡航控制系统（Tempomat）（特殊装备）；

⑫ 自适应远光灯辅助系统增强版（特殊装备）；

⑬ 带驻车定位系统（Parktronic）的主动驻车辅助系统（特殊装备）；

⑭ 倒车摄像机（特殊装备）；

⑮ 360°摄像机（特殊装备）；

⑯ 主动车道保持辅助系统（特殊装备）；

⑰ 主动式盲点辅助功能（特殊装备）；

⑱ 交通标志辅助系统（特殊装备）。

二、发生事故后

如果事故无法避免，则被动安全系统可以提供保护。

① 报警闪烁装置：自动激活报警闪烁装置，保护事故现场，并警告后续车辆避免驾驶员及乘客遭受后续事故（标准装备）。

② 应急照明：自动激活车内照明灯，为事故伤员和救援人员提供照明便利（标准装备）。

③ 车门应急解锁：自动打开中央门锁，便于救助车内人员（标准装备）。

④ 强制通风：自动降下关闭的前门侧窗玻璃约5cm，以便排出燃爆装置安全气囊触发产生的烟雾，为事故伤员创造良好的视线（定位/避免陷入慌张）（标准装备）。

⑤ 发动机应急关闭：发生次严重事故时自动关闭发动机，避免着火危险和车辆意外移动（标准装备）。

⑥ 断开12V启动电机导线：自动断开12V启动电机导线，避免发生严重事故时发动机舱内发生短路，从而将着火危险降至最低（标准装备）。

⑦ 驾驶员下车辅助：自动升起电动可调式转向柱，便于车内人员自救或外部人员救助（特殊装备）。

⑧ 紧急呼叫：自动与紧急呼叫中心建立连接，以便传输位置和紧急事件地点，以及安排救援（美国/中国为标准装备，世界其他国家为特殊装备）。

三、PRE-SAFE PLUS 概述

PRE-SAFE PLUS 功能扩展了出现潜在追尾风险时，车辆对车内人员的预防性保护。为此，系统会通过安装在后保险杠中部的雷达测距传感器监测系统车辆后方的空间。通过分析后车的接近速度和剩余距离计算剩余的碰撞时间。据此采取能够降低乘员事故后果的不同措施。

四、反向 PRE SAFE 安全带拉紧

为了减少存在的危险情况，安全带从拉紧器的侧面被拉紧。驾驶员及乘客被固定在座椅上，以便在可能发生的事故中优化安全带系统的保护作用。翻车时反向安全带拉紧同样会被

触发。

如果事故得以避免，那么当车辆重回平稳受控的状态后，反向保护措施会被取消。前部安全带重新被松开，其他经过调节的系统可由车内人员重新调节到起始位置。

五、约束保护系统

全新 C 级轿车可装备以下约束保护系统（图 4-3-1）：

① 驾驶员和前排乘客安全气囊；

图 4-3-1　全车气囊

② 驾驶员膝部安全气囊（各国配置情况不同）；

③ 驾驶员和前排乘客侧部安全气囊；

④ 左后和右后侧部安全气囊；

⑤ 右侧和左侧车窗安全气囊；

⑥ 带燃爆式电动反向安全带拉紧器及安全带拉紧力限制器的驾驶员和前排乘客三点式安全带；

⑦ 后排中间座椅三点式安全带；

⑧ 后排外侧座椅带安全带拉紧器和自适应安全带拉紧力限制器的三点式安全带；

⑨ 安全带拉紧功能。

六、行人保护

全新 C 级轿车集成的行人保护装置经过了进一步的开发和改进。行人保护装置可在与行人发生碰撞时降低其受伤程度。A 柱区域的发动机罩铰链会骤然升起，从而增加发动机罩与下面部件之间的空腔体积，这样行人就不会直接碰撞到发动机罩下面的部件。

第四节　空调控制系统

一、功能

自动空调（AAC）通过控制相关设备将车内温度调节到驾驶员和乘客所希望的水平。发动机一启动自动空调立即进入启用状态，并恢复到上次锁车前最后存储的温度控制状态。自动空调根据车内温度和湿度进行操作。

即使车外温度较低，来自蒸发器的冷空气首先将车内空气温度降下来，然后通过热交换机将空气加热，进而将车内温度调整到驾驶员和乘客希望的水平。自动空调对驾驶员和乘客侧的温度及空气分配分别进行调节。

1. 自动空调的功能

① 加热器回路。

② 通风回路。

③ 冷却液回路。

④ 除霜功能。

⑤ AC 关闭功能。

⑥ 空气再循环功能。

⑦ 发动机余热利用功能。

⑧ 废气排放控制空气再循环功能。

⑨ 空气再循环方便功能。

2. 控制

自动空调电动调节通过多个控制单元和温度传感器来实现，它们通过 Telematics CAN、内部 CAN、底部 CAN、中央 CAN 和 AC LIN 相连。通过对空气进行制冷和加热使车内温度达到或持续保持在驾驶员和乘客希望的水平。

3. 操作

所有自动空调的功能都通过前中央操元（A40/9）和上部控制面板（N72/1）来操作（图 4-4-1），并显示在 COMAND 显示屏上（A40/8）。

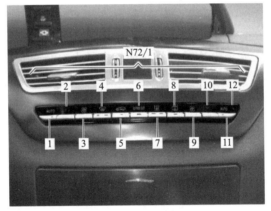

图 4-4-1　上部控制面板

上部控制面板控制单元（N72/1）开关所代表的功能：

① 驾驶员/前排乘客自动空调（1 或 11）；

② 调高/调低的车内温度（2 或 10）；

③ 提高/降低驾驶员/前排乘客侧风扇的速度（3 或 9）；

④ 除霜（4）；

⑤ 空气再循环（5）；

⑥ 空调关闭（6）；

⑦ 发动机余热利用（7）；

⑧ 后风挡玻璃加热（8）。

空调系统如图 4-4-2 所示。

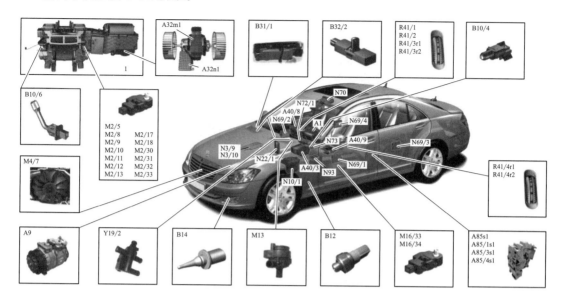

图 4-4-2 空调系统

A1—仪表盘；A9—压缩机装置；A32m1—风扇电动机；A32n1—风扇调节器；A40/3—COMAND 控制单元；A40/8—驾驶室中央显示屏；A40/9—驾驶室中央显示屏；A85s1—左前翘板开关；A85/1s1—右前翘板开关；A85/3s1—左后翘板开关；A85/4s1—右后翘板开关；B10/4—车内温度传感器；B10/6—蒸发器温度传感器；B12—制冷剂压力传感器；B14—车外温度显示温度传感器；B31/1—多功能传感器；B32/2—2 个日光传感器；M2/5—新鲜空气/空气内循环风门执行元件电机；M2/8—左侧除霜出风口风门执行元件电机；M2/10—左侧脚坑风门执行元件电机；M2/12—空气风门执行元件电机，左侧中央出风口；M2/17—左侧出风口风门执行元件电机；M2/30—左上方混合空气风门执行元件电机；M2/31—左下方混合空气风门执行元件电机；M2/32—右上方混合空气风门执行元件电机；M2/33—右下方混合空气风门执行元件电机；M4/7—带有集成控制的发动机和空调电子抽风扇；M13—冷却液循环泵；M16/33—左侧 B 柱气流分配执行元件电机；M16/34—右侧 B 柱气流分配执行元件电机；M2/9—右侧除霜出风口风门执行元件电机；M2/11—右侧脚坑风门执行元件电机；M2/13—右侧中央空气风门执行元件电机；M2/18—右侧出风口风门执行元件电机；N22/1—AAC 控制单元；N69/1—左前车门控制单元；N69/2—右前车门控制单元；N69/3—左后车门控制单元；N69/4—右后车门控制单元；N3/9—CDI 控制单元；N3/10—ME 控制单元；N10/1—前部 SAM 控制单元；N70—上方控制面板控制单元；N72/1—上部控制面板控制单元；N73—EIS 控制单元；N93—中央网关控制单元；R41/1—左侧出风口电位计；R41/2—右侧出风口电位计；R41/3r1—左前中央出风口电位计；R41/3r2—右前中央出风口电位计；R41/4r1—左后中央出风口电位计；R41/4r2—右后中央出风口电位计；Y19/2—空调水阀

二、旋转/按压控制装置（A40/9）

1. 任务

旋转/按压控制装置（A40/9）作为 COMAND（A40/3）和用户之间的机械/电子接口。来自用户的命令通过按钮和旋转/按压控制装置被接收，并使用旋转/按压控制装置（A40/9）中的电子装置，通过 Telematics CAN 传递到 COMAND（A40/3）（图 4-4-3）。

2. 通过旋转/按压控制装置设置气流分配

该功能只能使用旋转/按压控制装置（A40/9）改变。当使用"自动"翘板开关关闭整个自动系统或在旋转/按压控制装置（A40/9）中选择"气流分配"按钮时，手动气流分配开启。

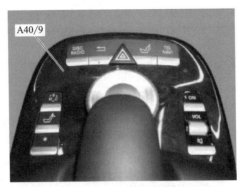

图 4-4-3　旋转/按压控制装置（A40/9）

三、AAC 控制单元（N22/1）

AAC 控制单元（N22/1）是车内气候控制的主要控制单元（图 4-4-4）。

图 4-4-4　AAC 控制单元（N22/1）

AAC 控制单元（N22/1）的任务如下。

① 开启/关闭空调。

② 开启/关闭整个自动系统。

③ 调节脚坑温度。

④ 除霜功能。

⑤ 设置空气流量的强度。

⑥ 开启/关闭空气再循环功能。

⑦ 将所有区域的设置与驾驶员侧的设置相一致。

⑧ 发动机余热利用系统。

⑨ 左右两侧独立的风扇设置。

⑩ 左右两侧独立的空气分配设置。

⑪ 左右两侧独立的内部温度控制。

⑫ 后排自控遥控（适用于编码为 582 的后部空调）。

四、出风口电位计（R41/1～R41/4）

出风口电位计为 AC 控制单元（N22/1）提供所需出风口位置（中央、侧面和后部）和空气量的反馈（图 4-4-5）。AC 控制单元（N22/1）调节空气量并控制相关的气流分配执行元件（开启/关闭或在中间位置）。

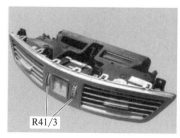

图 4-4-5　出风口电位计

根据来自 AC 控制单元（N22/1）的命令，空气风门促动元件电机通过 LIN 总线与 AC 控制单元（N22/1）进行信息交流，并开启/关闭相应的空气分配风门。开启后，每个促动元件电机被告知相关空气风门在关闭前的实际位置。

调节过程中，AC 控制单元（N22/1）将一个特定的值传送到每个促动元件电机自己的地址中，电机根据这个值将风门调整到所需的位置。相应地，促动元件电机将其当前的位置反馈给 AC 控制单元（N22/1）（图 4-4-6）。

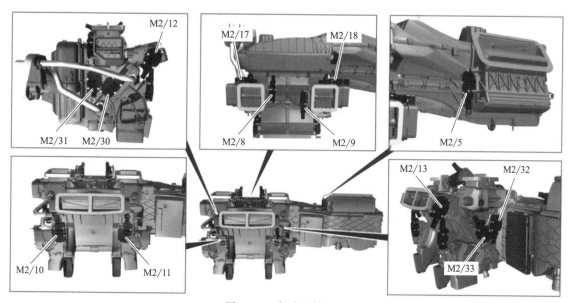

图 4-4-6　促动元件电机

五、左右 B 柱气流分配执行元件电机（M16/33、M16/34）

左右 B 柱气流分配执行元件电机控制后部脚坑或 B 柱后部侧出风口的气流分配。AC 控制单元（N22/1）通过 LIN 总线控制左右 B 柱执行元件电机，并读取其当前位置（图 4-4-7）。

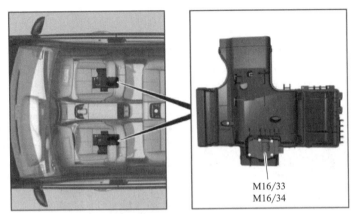

图 4-4-7　左右 B 柱气流分配执行元件电机

六、侧出风口和脚坑温度传感器

　　侧出风口和脚坑温度传感器探测相应的左侧/右侧出风口空气风门和左侧/右侧脚坑空气风门处的温度（图 4-4-8），并将该信息发送至 AC 控制单元（N22/1）。AC 控制单元（N22/1）将所记录的出风口空气温度值与空调设置进行比较。根据结果，启动混合空气风门调节。此外，在该测量过程中，也探测内部再循环空气温度。

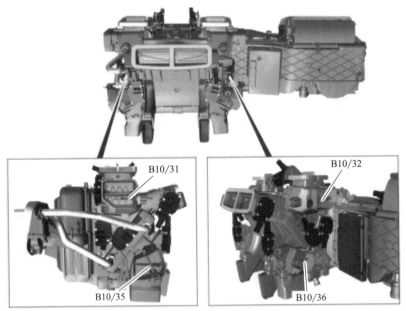

图 4-4-8　侧出风口和脚坑温度传感器

七、车内温度传感器（B10/4）

　　车内温度传感器（B10/4）测量车内空气温度并将测量值发送至 AC 控制单元（图 4-4-9）。

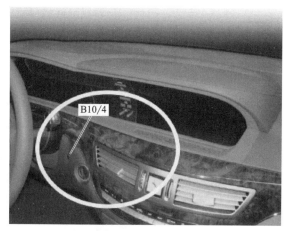

图 4-4-9　车内温度传感器

八、蒸发器传感器（B10/6）

蒸发器传感器（B10/6）探测蒸发器出风口制冷剂的温度（图 4-4-10）。当蒸发器温度为 2℃时，空调压缩机（A9）关闭，这样做是为了防止蒸发器结冰。

图 4-4-10　蒸发器传感器

九、日光传感器（B32/2）

日光传感器（B32/2）探测车辆上阳光辐射的强度和角度。按照强度调节车内温度和风扇转速。

如果只在一侧有阳光辐射，则将在左侧和右侧特定的控制温度之间设定适当的温度差。

日光传感器（B32/2）的信息通过 LIN 总线传送至 AC 控制单元（N22/1）（图 4-4-11）。

十、多功能传感器（B31/1）

多功能传感器（B31/1）探测空气湿度和温度，以及一氧化碳和氮氧化合物等空气污染物的浓度（图 4-4-12）。前部空调根据多功能传感器（B31/1）测得的值进行气候控制、空气

图 4-4-11　日光传感器

再循环控制以及启动压缩机。

多功能传感器的信号通过 LIN 总线传送给 AC 控制单元（N22/1）。

图 4-4-12　多功能传感器

十一、后部空调

1. 后部空调控制面板（N22/4）

通过后部空调控制面板（N22/4），用户可以控制后部自动空调的所有功能。这里，控制操作通过内部 CAN 发送到 AC 控制单元（N22/1），它是空调功能的主要控制单元。

2. 后部空调控制面板的按键分配（图 4-4-13）

① 左后温度（1）。

② 左后气流分配（2）。

③ 后部/REST 风扇（3）。

④ 关闭/自动/手动（4）。

⑤ 右后气流分配（5）。

⑥ 右后温度（6）。

图 4-4-13　后部空调控制面板的按键分配

3. 功能

通过 AAC 控制元控制后部空调。它通过内部 CAN 和 AC-LIN 与车辆电子系统相连（图 4-4-14）。这使它可以整合其他与气候相关的功能，从而改善调节质量，并降低能量消耗。

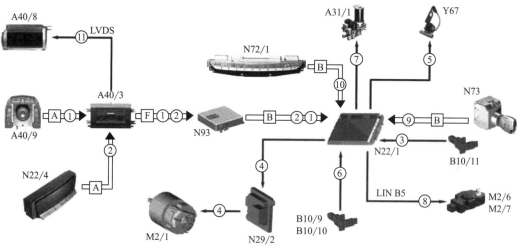

图 4-4-14　网络连接

4. 后部空调的子功能

① 加热器回路。

② 通风回路。

③ 冷却剂回路。

④ 发动机余热利用。

5. 后部电子空调风扇调节器（N29/2）

如果通过 AC 控制单元（N22/1）选择了后部空调功能，电子风扇调节器则调节后部风扇。后部电子风扇调节器直接被 AC 控制单元（N22/1）启动（图 4-4-15）。

6. 后部空调蒸发器温度传感器（B10/9）和左右两侧热交换器温度传感器（B10/10 和 B10/11）

后部空调蒸发器温度传感器（B10/9）探测后部空调蒸发器出风口制冷剂的温度，以防

图 4-4-15　后部电子空调风扇调节器

蒸发器结冰。

左右两侧热交换器温度传感器（B10/10 和 B10/11）分别探测左右两侧热交换器后的被加热空气的温度。热交换器温度传感器为热敏电阻。

传感器将测得的温度值（实际值）与在 AC 控制单元（N22/1）中预选的温度进行比较（左右两侧分别进行）。通过实际值与选定选值的比较，AC 控制单元（N22/1）决定左右两侧空调开启的时间，并分别启动左右两侧的空调（图 4-4-16）。

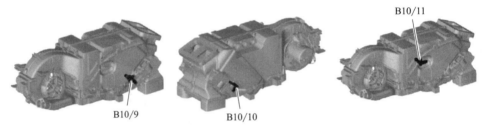

图 4-4-16　后部空调蒸发器温度传感器和左右两侧热交换器温度传感器

第五节　音频和通信系统

一、远程信息处理系统

1. 第 5 代远程信息处理系统

新一代设备从基本型号 Audio 20 开始即可提供大量的装备。

① 通过 AM 调谐器或带择优多相式天线（多天线设计）的 FM 双调谐器以模拟方式接收无线电。

② 互联网功能（前提是客户的移动电话支持蓝牙 PAN 或 DUN 配置文件，或者安装了带蓝牙 SAP 的电话模块特殊装备）。

③ 梅赛德斯-奔驰专有互联网服务，例如 IP 收音机或梅赛德斯-奔驰 APP。

④ 中央控制台中的 2 个带综合媒体接口的 USB，用于连接 iPod 或 iPhone 等苹果设备。

⑤ 用于快速关键词查找的搜索引擎（例如不限媒体类型地查找音乐）。

⑥ Cover Flow，显示各种来源的音乐专辑封面。

⑦ 数字使用说明。

⑧ 带 USB 接口的收音机。

2. Audio 20 CD 另外提供以下功能范围扩展

① CD 驱动器。

② 中央控制台中的 SD 读卡器。

③ SD 卡导航（特殊装备，仅限欧盟）。

④ 数字收音机（特殊装备）。

⑤ 触摸板（特殊装备）。

⑥ 音响系统（特殊装备）。

⑦ 便捷电话（特殊装备，仅限欧盟）。

⑧ 带蓝牙 SAP 的电话模块（特殊装备，仅与便捷电话配套提供）。

3. COMAND Online 另外提供以下的功能范围扩展

① DVD 驱动器，视国家而定提供 6 碟 DVD 换碟机。

② 带扩展导航功能（导航娱乐系统）、实时交通数据（Pre-mium-Taffic）、语音控制系统音乐注册器和图片浏览器的硬盘导航系统。

③ WLAN 功能（COMAND 可以作为车内热点使用）。

④ 视频播放器。

⑤ 电视接收（特殊装备）。

⑥ 数字收音机（特殊装备）。

⑦ MB eCall Europe（特殊装备）。

⑧ 通过 USB 实现的附加互联网访问功能（前提是客户的移动电话支持 USB 级 RNDIS、CDC/NCM 或 CDC/ACM，或者安装了带蓝牙 SAP 的电话模块特殊装备）。

4. 触摸板

利用触摸板（图 4-5-1），首次可以通过触敏式操作面板进行触屏操作。

中央控制台上除了已知的 Audio/COMAND 操作单元外，还安装有触摸板。触摸板能识别操作手势、手写字体，并提供手腕支撑。触摸板上还有具备常用功能的 3 个固定按钮。

图 4-5-1　触摸板

A105—触摸板；A105s1—"返回"按钮；A105s2—背景音乐按钮；A105s3—Home 和收藏按钮

二、数字用户手册

数字用户手册可通过主机内的车辆菜单调出。该手册包含了迄今为止车辆或 COMAND 在线用户手册的全部内容，并附带一本缩减版的基本安全操作印刷手册。

数字用户手册具有以下优点：

① 所有信息都可以通过主机提供，具有多种语言版本；

② 车辆专用说明同时考虑了个性化选择的特殊装备；

③ 通过输入关键词以及目录表可快速便捷地进行查找；

④ 通过可 360°旋转的车辆模型进行查找（视觉搜索）；

⑤ 提供最多 8 个书签用于直接访问常用内容（例如新移动设备的配对）；

⑥ 布局直观，带有简短文本以及单独的警告和安全提示，并可链接至导航栏中的相关主题；

⑦ 带有声音信息的高品质动画（仅限 COMAND Online）。

三、Audio 2.0 采用的 SD 卡导航

作为特殊装备提供的 Audio 2.0 CD 导航解决方案替代了 NTG 4.5 上已知的手套箱导航盒。

车辆侧预装的主机用于接收 GPS 信号，并可通过分析车辆数据进行基本定位。SD 卡上保存有导航软件和地图数据组。第一次使用时，SD 卡会与车辆的主机进行数字连接，以后只能与该装置配合用于导航。

基于 SD 卡的导航可以通过 Audio/COMAND 操作单元、触摸板或导航专用的语音控制系统进行操作。客户可以使用家里的计算机将软件和地图更新下载到 SD 卡中。

四、音响系统

1. 前部重低音系统

全新 C 级轿车同时批量装备了被授予戴姆勒研发与创新大奖的前部重低音系统。前部重低音系统位于前围板处前排乘客脚部空间内。

2. 音响系统概述

音响系统特殊装备包括 13 个大功率扬声器和一个采用数字声音处理技术（DSP）、最大功率达 590W 的放大器（图 4-5-2）。与标准装备相比，它多了一个安装在驾驶员侧的前部重低音扬声器、一个安装在仪表板中部的中音扬声器、分别安装在前后车门内的高音扬声器，以及分别安装在后窗台板内左右两侧的中音扬声器。

五、通信接口（KOM）模块

1. 远程信息服务通信模块（各国配置情况不同）

远程信息服务通信模块在标准装备范围内拥有梅赛德斯-奔驰紧急呼叫系统，在 COMAND Online 中还提供有实时交通数据服务"Premium-Traffic"（图 4-5-3）。

2. 移动电话系统

这里分为以下几个型号：

① 基本电话功能；

② 便捷电话功能（代码 386）；

③ 带蓝牙电话模块（SAP 配置文件）的电话功能（代码 379）。

带蓝牙电话模块（SAP 配置文件）的电话功能（代码 379）必须首先装备便捷电话功能（代码 386）。

带蓝牙的电话模块（SAP 配置文件）取代移动电话托座（附件）插在移动电话的接触

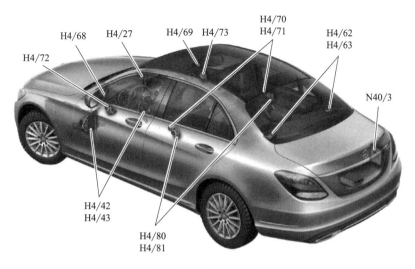

图 4-5-2　音响系统

H4/27—仪表板中部扬声器；H4/42—左侧脚部空间重低音扬声器；H4/43—右侧脚部空间重低音扬声器；H4/62—环绕立体声音响系统左后中音扬声器；H4/63—环绕立体声音响系统右后中音扬声器；H4/68—左前门高音扬声器；H4/69—右前门高音扬声器；H4/70—左后车门/左侧饰板高音扬声器；H4/71—右后车门/右侧饰板高音扬声器；H4/72—左前门中音扬声器；H4/73—右前门中音扬声器；H4/80—左后车门/左侧饰板中音扬声器；H4/81—右后车门/右侧饰板中音扬声器；H40/3—音响系统放大器控制单元

板上。所有型号均使用蓝牙技术进行数据传输。只要使用的移动设备支持转接或电话会议，那么在车辆中也可以实现转接或电话会议功能。

全新 C 级轿车首次将便捷电话功能（代码 386）的电话天线安装在左右侧外部后视镜内。

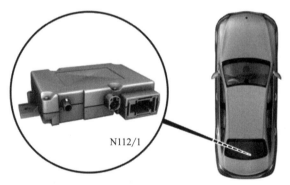

图 4-5-3　通信接口（KOM）模块的位置

N112/1—远程信息通信服务模块

第六节　防盗系统

一、防盗警报系统功能

防盗警报系统（ATA）监测所有静态情况的相关输入。如果探测到其中一个被监测的

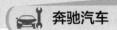

输入的情况发生改变，则会触发符合所在国家规定的声音和视觉警报。

声音警报信号通过一个警报信号喇叭发出，该喇叭中装备有一个额外的电池（H3/1）和一个一体式倾斜传感器（B27）。视觉信号是通过外部照明发出的。另外，内部照明（前后）也通过上方控制面板控制单元（N70）被开启。

后 SAM 控制单元（N10/2）担负主控功能。相关的控制单元通过内部 CAN 交换 ATA 功能所需的数据。防盗功能总览如图 4-6-1 所示。

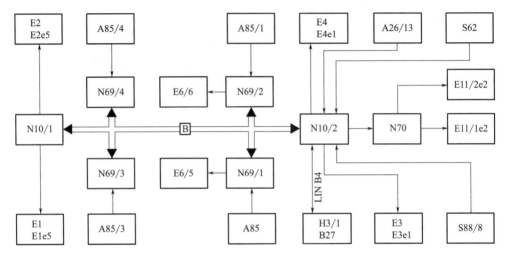

图 4-6-1　防盗功能总览

A26/13—超声波回声探测传感器；A85—左前车门锁止传感器；A85/1—右前车门锁止传感器；A85/3—左后车门锁止传感器；A85/4—右后车门锁止传感器；B27—ATA 倾斜传感器；E1—左前照明装置；E1e5—左侧转向信号灯；E2—右前照明装置；E2e5—右侧转向信号灯；E3—左后照明装置；E3e1—左侧转向信号灯；E4—右后照明装置；E4e1—右侧转向信号灯；E6/5—左侧外部后视镜中的转向信号灯；E6/6—右侧外部后视镜中的转向信号灯；E11/1e2—左后内部照明；E11/2e2—右后内部照明；N10/1—前 SAM 控制单元；N10/2—后 SAM 控制单元；N69/1—左前车门控制单元；N69/2—右前车控制单元左；N69/3—左后车门控制单元；N69/4—右后车门控制单元；N70—上方控制面板控制单元；S62—ATA 发动机舱开关；S88/8—行李厢前盖外部开关

二、超声波回声探测传感器（A26/13）

任务：监测车内活动。

超声波回声探测传感器的状态与后 SAM 控制单元（N10/2）发送给该传感器的每个请求一道返回给超声波回声探测传感器（图 4-6-2）。针对这类状态反馈会出现如下回答：

图 4-6-2　超声波回声探测传感器（A26/13）

① 超声波回声探测传感器硬件故障；

② 启用/未启用超声波回声探测传感器；

③ 超声波回声探测传感器信号不合理；

④ 超声波回声探测传感器报警。

三、倾斜/滑动天窗（SHD）雨天关闭功能

雨天关闭功能启用时，不会响起内部保护警报。在雨天关闭过程中，ATA 系统的其他警报源仍处于启用状态，随时准备触发。通过中央锁止车辆来激活 ATA 功能。如果该功能处于启用状态，ATA 则监测以下方面：

① 车门；

② 后备厢盖；

③ 发动机盖；

④ 车辆位置的改变（防拖车保护）；

⑤ 带额外电池和一体式 ATA 倾斜传感器的警报信号喇叭的电线及数据线。

四、带额外电池（H3/1）的警报信号喇叭

1. 组成

① 一个在发生故障时确保喇叭正常工作的电池。

② 用于分析车辆倾斜情况的 ATA 倾斜传感器（B27）（图 4-6-3）。

③ 一个发出声音警报的警报器。

④ 一个连接后 SAM 控制单元（N10/2）的 LIN 接口。

2. 信息

位于上部控制面板右边外侧的状态指示灯。

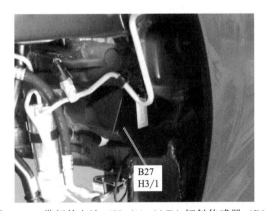

图 4-6-3 带额外电池（H3/1）/ATA 倾斜传感器（B27）

五、ATA 发动机罩开关（S62）

1. 任务

ATA（EDW）发动机罩开关（S62）充当了 ATA 的一个警报触点。该开关的相关数据被读入后 SAM（N10/2）控制单元（图 4-6-4）。

图 4-6-4　ATA 发动机罩开关（S62）

2. 信息

可以通过 COMAND 停用拖车保护和内部保护功能，使其在车辆锁止后不工作。

通过带编码为 550 的拖挂装置的拖车监视器来触发警报。通过将来自拖车识别控制单元（N28/1）的一个控制电压施加到拖车用电器上，来监测线路是否中断。一旦探测到线路中断，"未识别到拖车"的状态通过内部 CAN 被传送到带熔丝和继电器模块的后 SAM 控制单元，这样就会触发声音和视觉警报。

第七节　无钥匙启动系统

一、系统总览

无钥匙启动系统总览如图 4-7-1 所示。

功能要求：

① 至少有一把遥控钥匙在车外，位于被激活车门把手的附近（半径约为 1m）；

② 所有车门关闭车门解锁（否则，只能利用舒适传感器功能来解锁车门）。

图 4-7-2 中的左前车门功能顺序：

① 如果触摸左前车门外侧的把手，无钥匙启动控制单元开始在车外搜索无钥匙启动钥匙；

② 如果在车外探测到遥控钥匙，遥控钥匙中的数据通过后风挡玻璃天线放大器（A2/12）传送给无钥匙启动控制单元。

二、无钥匙启动控制单元（N69/5）（图 4-7-3）

除了其他选装件，无钥匙启动组件包括：

① 两把具有无钥匙启动功能的遥控钥匙；

② 各个车门拉手有三个电容传感器和一个霍尔传感器；

③ 确定无钥匙启动（A8/1）位置的 5 根天线；

④ 电子点火开关中用于发动机的启动和停止按钮。

目的：

① 接收所有车门 KG 传感器信号；

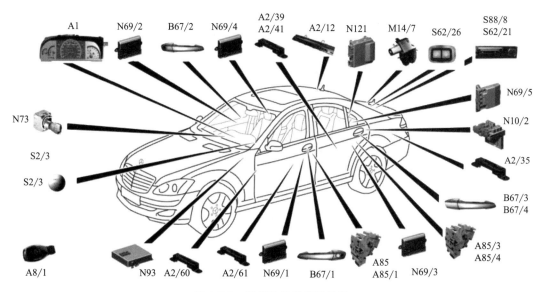

图 4-7-1　无钥匙启动系统总览

A1—仪表盘；A2/12—后风挡玻璃天线放大器；A2/35—后备厢无钥匙启动天线；A2/39—左后车门无钥匙启动天线；
A2/41—右后车门无钥匙启动自动天线；A2/60—中央控制台无钥匙启动天线；A2/61—车内无钥匙启动天线；
A8/1—遥控钥匙；A85—左前车门锁止机构；A85/1—右前车门锁止机构；A85/3—左后车门锁止机构；A85/4—右
后车门锁止机构；B67/1—左前无钥匙启动传感器单元；B67/2—右前无钥匙启动传感器单元；B67/3—左后
无钥匙启动自动传感器单元；B67/4—右后无钥匙启动传感器单元；M14/7—后备厢盖中央锁止（CL）
电机；N10/2—后 SAM 控制单元；N69/1—左前车门控制单元；N69/2—右前车门控制单元；N69/3—左后
车门控制单元；N69/4—右后车门控制单元；N69/5—无钥匙启动控制单元；N73—EIS 控制单元；
N93—中央网关控制单元（CGW）；N121—TLC 控制单元；S2/3—无钥匙启动的启动/停止按钮；
S62/21—后备厢盖无钥匙启动自动按钮；S62/26—TLC 按钮；S88/8—后备厢盖外部开关

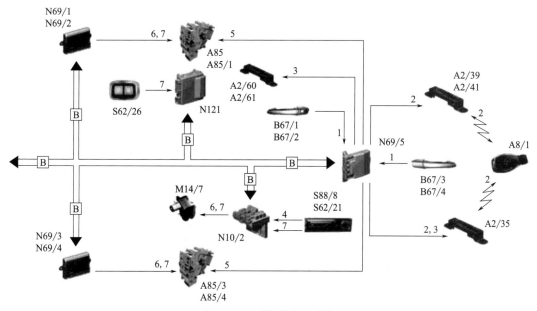

图 4-7-2　无钥匙启动系统

图 4-7-3　无钥匙启动控制单元（N69/5）

② 控制与遥控钥匙（A8/1）间的通信；

③ 通过某些天线进行检查，从而确定遥控钥匙的位置；

④ 评估后备厢盖上的 KG 控制元件，如后备厢盖无匙起启按钮（S62/21）；

⑤ 将车门钥匙插入电子点火开关中就能停用无钥匙启动系统。

三、无钥匙启动传感器

车门拉手中总共有 4 个不同的传感器。所有传感器的信号被读入无钥匙启动控制单元（N69/5），并通过它进行处理（图 4-7-4）。

任务：

① 车辆锁止；

② 车辆解锁；

③ 方便功能；

④ 识别拉动车门把手的动作。

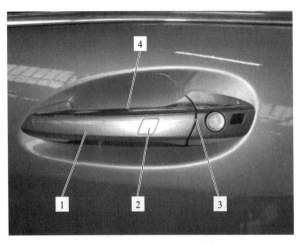

图 4-7-4　无钥匙起动启动传感器

1—车门把手外部的电容触点传感器；2—电容舒适型传感器（在凹陷处）；

3—霍尔传感器；4—车门把手内部的电容传感器

四、无钥匙启动和停止按钮

无钥匙启动和停止按钮位于电子点火开关控制装置（N73）中（图 4-7-5）。如果需要，可以从点火开关上拆下按钮，使得可以插入钥匙。

图 4-7-5　无钥匙启动和停止按钮

五、方便关闭和紧急开启

如果在锁车后触摸位于车门外侧把手中的一个安全传感器［左前安全传感器（B67/1b1）、右前安全传感器（B67/2b1）、左后安全传感器（B67/3b1）、右后安全传感器（B67/4b1）］超过 15s，首先，倾斜/滑动天窗（编码为 414 的电动倾斜/滑动天窗）或顶部滑动天窗（编码为 413 的带顶部滑动天窗的全景式玻璃天窗）和所有侧车窗关闭；然后，遮阳卷帘（编码为 297 的后车门遮阳卷帘）关闭。前提条件是所有车门关闭。

六、中断方便关闭

① 最多 90s 后。
② 不再触摸方便传感器。
③ 相应车门把手中的其他传感器被促动。
④ EIS 控制元接收到其他 CL 命令。

七、紧急开启

如果同一个车门把手在方便关闭过程中或在方便关闭后最多 2s 内被拉动，这被视为紧急开启。在这种情况下，车窗、遮阳卷帘和滑动天窗在开启方向上被促动。

在装备车顶滑动天窗的车辆上，滑动天窗和可移动玻璃天窗被开启。促动至少延续 2s，如果一直拉住车门把手，最长可持续 90s。

八、关闭车门把手传感器的注意事项

当电路 15 关闭后，所有车门把手传感器关闭。当电路 15 关闭，而一个车门开启的情况下，或当一个车门在电路 15 关闭后开启的情况下，传感器开启。

为保护车辆蓄电池，电容性传感器在最后一次开启车门把手（在"点火开关关闭"后开启）后约 72h 后关闭。要解锁系统，必须拉动某个车门把手。如果一个有效的遥控钥匙在相关天线的接收范围内，则车辆被解锁。为保护系统，安全传感器必须被促动。只有在开启或关闭点火开关后才能将电容传感器重新设置到启用状态。

第八节 雨刮系统

扫一扫 视频精讲

一、概述

雨刮系统总览如图 4-8-1 所示。

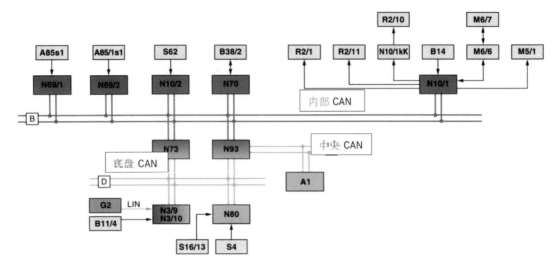

图 4-8-1 雨刮系统总览

A1—仪表盘；A85s1—左前翘板开关；A85/1s1—右前翘板开关；B11/4—冷却液温度传感器；B14—车外温度显示温度传感器；B38/2—雨水/光线传感器；G2—发电机；M5/1—风挡玻璃清洗液泵；M6/6—主雨刮器电机；M6/7—副雨刮器电机；N3/9—CDI 控制单元；N3/10—ME 控制单元；N10/1—前部 SAM 控制装置带熔丝和继电器模块；N10/2—后部 SAM 控制装置带熔丝和继电器模块；N69/1—左前车门控制装置；N69/2—右前车门控制装置；N70—上方控制面板控制装置；N73—EIS 控制装；N80—转向柱模块；N93—中央网关控制装置；R2/1—清洗器喷嘴加热器；R2/10—雨刮器驻车加热器；R2/11—风挡玻璃喷嘴软管加热器；S4—组合开关；S16/13—选挡开关；S62—ATA（EDW）发动机罩开关

主（M6/6）、副（M6/7）雨刮器电机位于风挡玻璃下方的发动机室中；驾驶员侧的电机为主电机（图 4-8-2）。

雨刮器电机由集成在电机中的换向电子装置启动。两个电机雨刮器系统通过串行单线接口接收来自前部 SAM/SRB 控制装置（N10/1）的请求。通过雨刮器电机换向运转完成雨刮器叶片的向上和向下刮水。这是通过转换雨刮器电机端子电压的电极实现的。操作特性：

① 组合开关有 4 个雨刮器刮水级；

② 等级 1 和 2 为间歇式刮水；

③ 等级 3 为慢速连续刮水；

④ 等级 4 为快速连续刮水。

组合开关可以转到位置 1 或 2。两个间歇等级变化灵敏。等级 1 比等级 2 对于雨水/光线传感器（B38/2）的灵敏度低。

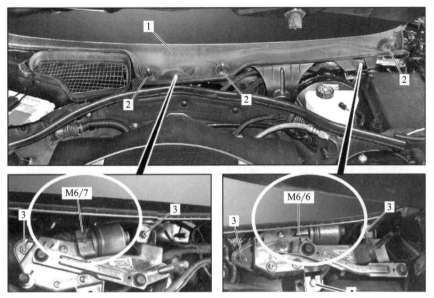

图 4-8-2　雨刮电机

二、大灯清洗系统

在装备了大灯清洗系统的车辆中，在启动水泵（M5/1）15 次后（近光灯或停车驻车灯的情况下），用于清洗大灯的大灯清洗水泵（M5/2）自动启动。

信息：通过前 SAM 控制单元（N10/1）的继电器为雨刮器驻车位置加热器供电。

第九节　电动座椅

一、概述

电动座椅系统总览如图 4-9-1 和图 4-9-2 所示。

二、前排座椅控制单元

1. 位置

右前/左前座椅控制单元 N32/1 和 N32/2 位于驾驶员座椅 1 坐垫框架上（图 4-9-3）。

2. 任务

① 右前/左前座椅控制单元完成以下任务：

a. 启动座椅调节；

b. 启动腰部支撑；

c. 启动后排脚坑照明；

d. 启动安全带舒适佩戴功能。

② 在装备编码为 275 的记忆组件（驾驶员座椅、转向柱和后视镜）的车辆中的任务：

a. 启动座椅调节记忆；

b. 启动方便出入功能。

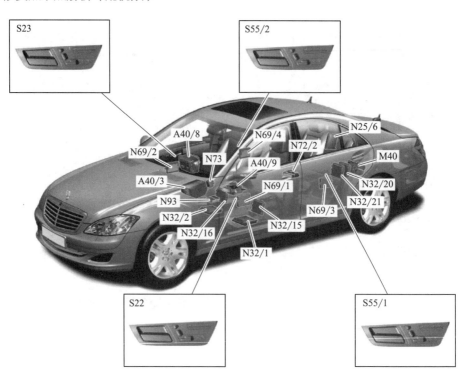

图 4-9-1　电动座椅系统总览（一）

A40/3—COMAND 控制单元；A40/8—驾驶舱中央显示屏；A40/9—前中央操纵单元；M40—多仿形座椅空气泵；
N25/6—后排座椅 s 控制单元；N32/1—左前座椅控制单元；N32/2—右前座椅控制单元；N32/15—左前多仿形
座椅靠背控制单元；N32/16—右前多仿形座倚靠背控制单元；N32/20—左后多仿形座椅靠背控制单元；
N32/21—右后多仿形座椅靠背控制单元；N69/1—左前车门控制单元；N69/2—右前车门控制单元；
N69/3—左后车门控制单元；N69/4—右后车门控制单元；N72/2—RCP（HBF）控制单元

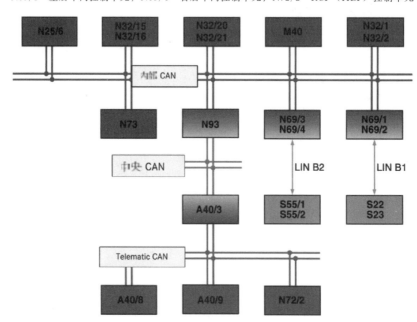

图 4-9-2　电动座椅系统总览（二）

N73—EIS 控制单元；N93—中央网关控制单元（CGW）；S22—左前座椅操控开关组；S23—右前
座椅操控开关组；S55/1—左后座椅操控开关组；S55/2—右后座椅操控开关组

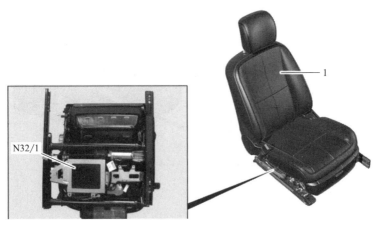

图 4-9-3　右前座椅控制单元（N32/1）

③ 在装备编码为 873 的左前和右前可加热座椅或编码为 401 的前排豪华座椅，包括座椅加热和座椅通风功能的车辆中的任务：启动座椅加热功能 HS（SIH）。

3. 左前/右前控制单元负责为以下元件供电

① 后排左/右脚坑照明。

② 左前座椅前/后调节电机。

③ 左前/右前座椅头枕电机。

④ 左前座椅靠背角度调节电机。

⑤ 左前/右前座椅坐垫前后调节电机。

离散输入：

① 电路 30；

② 电路 31；

③ 调节电机的霍尔传感器；

④ 腰部支撑调节器电位计。

4. 在装备 PRE-SAFE 功能的车辆中的任务

在装备 PRE-SAFE 车辆中，在有碰撞风险的情况下，将前排乘客座椅调整至一个更好的位置，以便在碰撞发生时为乘客提供更好的保护。

CAN 信号：左前/右前座椅控制单元是内部 CAN 的组成元件之一，有两种变形，即左舵车和右舵车。

三、后排座椅控制单元

1. 位置

后排座椅控制单元位于后备厢右侧饰板的后面（图 4-9-4）。

2. 任务

① 后排座椅控制单元有以下任务：

a. 控制后排座椅调节；

b. 启动座椅舒适佩戴功能；

c. 在装备 PRE-SAFE 的车辆中，启动座椅调节。

② 在装备编码为 276 的后排记忆组件的车辆中的任务：启动座椅调节记忆。

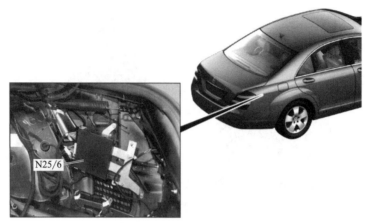

图 4-9-4　后排座椅控制单元

③ 在装备编码为 872 的电动加热左后和右后座椅或编码为 402 的后排豪华座椅，包括座椅加热和座椅通风功能的车辆中的任务：启动座椅加热功能（SIH）。

④ 在装备编码为 402 的后排豪华座椅，包括座椅加热和座椅通风功能的车辆中的任务：启动座椅通风功能。

3. 供电

后排座椅控制单元为以下部件供电：

① 左后头枕倾斜度调节电机（M18/15）；

② 右后头枕倾斜度调节电机（M18/16）；

③ 左后座椅前/后调节电机（M18/17）；

④ 右后座椅前/后调节电机（M18/18）；

⑤ 左后座椅坐垫倾斜度调节电机（M18/19）；

⑥ 右后座椅坐垫倾斜度调节电机（M18/20）；

⑦ 左后座椅靠背角度调节电机（M27/11）；

⑧ 右后座椅靠背角度调节电机（M28/11）。

离散输入：

① 电路 30；

② 电路 31；

③ 调节电机霍尔传感器。

4. CAN 信号

后排座椅控制单元是内部 CAN 的组成元件之一。座椅调节电机位置如图 4-9-5 所示。

对于座椅的调节功能，在绝对调节位置和控制单元探测到的座椅位置之间创建一个配置是很必要的。利用一个正常化过程来创建一个配置，在这个配置中，单个的调整功能必须移动到止动位。如果出现下列情况，则为非正常化调整：

① 探测到霍尔传感器出现故障；

② 霍尔或座椅位置传感器信号在有效范围之外；

③ 探测到电机电流信号有误（电机故障）；

④ 探测到一条与电机的连线断开。

通过诊断仪器也可以使调整非正常化。

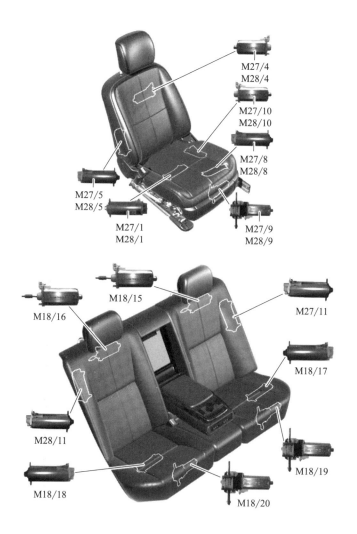

图 4-9-5　座椅调节电机位置

M18/15—左后座椅头忱倾斜度调节电机；M18/16—右后座畸头忱倾斜度调节电机；M18/17—左后座椅前/后调节电机；
M18/18—右后座椅前/后调节电机；M18/19—左后座椅坐垫倾斜度调节电机；M18/20—右后座椅坐垫倾斜度调节电机；
M27/1—左前座椅前/后调节电机；M27/4—左前座椅头枕调节电机；M27/5—左前座椅靠背角度调节电机；M27/8—左前
座椅坐垫前/后调节电机；M27/9—左前座椅坐垫倾斜度调节电机；M27/10—左前座椅高度调节电机；M27/11—左后
座椅靠背角度调节电机；M28/1—右前座椅前/后调节电机；M28/4—右前座椅头枕调节电机；M28/5—右前座椅
靠背角度调节电机；M28/8—右前座椅坐垫前/后调节电机；M28/9—右前座椅坐垫倾斜度调节电机；
M28/10—右前座椅高度调节电机；M28/11—右后座椅靠背角度调节电机

信息：通过诊断使调整正常化。未经过正常化记忆功能无法执行。

四、多仿形座椅

1. 多仿形座椅概述

多仿形座椅提供了进一步改善的轮廓设置和更多的个性设置选择，并且可以通过 CO-MAND（驾驶室管理及数据系统）进行操作，因而大大提高了座椅的舒适性。多仿形座椅的五区域自适应性以及座椅硬度调节功能更加先进，并且为乘客提供了根据个人的体形以及坐姿需要和喜好对靠背轮廓与座椅的坐垫长度进行调节的可能。这是通过对多仿形座椅内各个空气室的压力进行独立调节而实现的。

其中，座椅硬度的调节是通过多仿形座椅的坐垫前部和侧面空气室同时充气而实现的。

左前/右前多仿形座椅（图4-9-6）：

① A位于坐垫腿部区域上部的气垫；

② B位于坐垫侧面区域的气垫；

③ C位于座椅靠背侧面区域的气垫；

④ D位于座椅靠背腰部支撑区域的气垫；

⑤ E位于座椅靠背肩部区域的气垫。

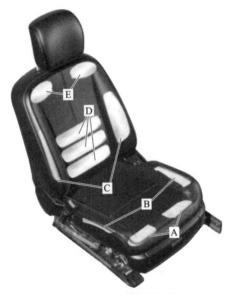

图4-9-6　多仿形座椅

2. 带有按摩功能的动态多仿形座椅

除了多仿形座椅的功能外，带有按摩功能的动态多仿形座椅还可提供以下功能：

① 根据驾驶风格对座椅的横向支撑进行自适应控制；

② 动态座椅有两个调整级，通过COMAND进行操作；

③ 按摩功能有四个调整级，通过COMAND进行操作。

与以往的系统相反，现在的按摩功能通过独立的空气室实现，因此不受设定的座椅轮廓的影响。

五、后排多仿形座椅

后排多仿形座椅如图4-9-7所示。

多仿形座椅（MKS）能独立进行调解。通过对各个气垫进行充气和放气可以对座椅靠背、坐垫的轮廓和表面硬度单独进行调节。

Pre-Safe：在危急情况下，侧面区域的气垫在事故发生前充气，以便使乘客的位置更安全、居中。

记忆功能：在带记忆组件的车辆中，当前的座椅调节信息被存储，并通过左前/右前座椅操控开关组（S22和S23）或左后/右后座椅操控开关组（S55/1和S55/2）调出。

空气泵是内部CAN的组成元件之一。空气泵（M40）位于蓄压罐的下面，后备厢左侧

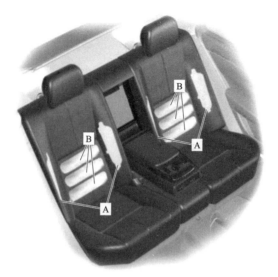

图 4-9-7 后排多仿形座椅

A—座椅靠背侧面区域的气垫；B—座椅靠背腰部支撑区域的气垫

饰板的后面。空气泵的任务：

① 开启和关闭电磁阀以便抽出蓄压罐中被压缩的潮湿空气；

② 将压缩空气供给蓄压罐；

③ 在连续工作 60s 后自动切断；

④ 空气系统泄漏识别。

离散输入：电路 31；电路 30。

第十节 供电系统

一、车载电气系统管理的功能

车载电气系统管理的任务是，根据需要和情况，为车辆中的所有电气设备和部件提供电源。

车载电气系统分为两个独立的车载电气系统电路，以保持车辆的启动能力。根据车载电气系统中的不同情况，车辆供电系统控制单元（N82/1）调节两条车载电气系统电路，起动机蓄电池电路和车载电气系统蓄电池电路。如果有必要确保车辆的可操作性，可以将两条电路结合在一起。

电路分开主要用于保护车辆的启动能力，这就是为何起动机和起动机蓄电池（G1/4）分配给起动机蓄电池电路，只有在极特殊的情况下，才允许用电设备从该处分流能量。与车载电气系统中所有用电设备相连的发电机为车载电气系统蓄电池（G1）和供电蓄电池电路提供电源（图 4-10-1 和图 4-10-2）。

车辆供电系统控制单元（N82/1）中的微控制器监视车载电气系统蓄电池（G1）和起动机蓄电池（G1/4）中的电压（图 4-10-3）。

如果耦合，它确定来自两个蓄电池的耦合系统的电压。这些测量为所有车辆供电系统控制单元功能、耦合开关或冷启动耦合继电器启动和用电设备关闭阶段的产生提供数据。

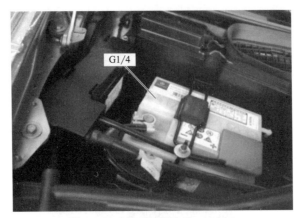

图 4-10-1　起动机蓄电池（G1/4）

图 4-10-2　车载电气系统蓄电池（G1）

图 4-10-3　车辆供电系统控制单元（N82/1）

车辆供电系统控制单元（N82/1）的基本功能：

①　在紧急情况下和冷启动（发动机油温度为－10℃）时耦合起动机蓄电池（G1/4）和车载电气系统蓄电池（G1）；

②　通过充电转换器给起动机蓄电池（G1/4）充电；

③ 开启和关闭静态电流开关；

④ 关闭车载电气系统管理和用电设备；

⑤ 保护 F32 前熔断器。

1. 高温熔丝

车辆供电系统控制单元（N82）中的高温熔丝保护接至前熔断器（F32）的车载电气网络线路。高温熔丝由车载电气网络线路的温度监视装置触发。高温熔丝将在电缆温度为 140℃时被触发。被触发过的高温熔丝被存储在故障存储器中。高温熔丝只在车辆供电系统控制单元（N82）未处于睡眠模式时才能被监视。

高温熔丝作为单独的更换零件提供，可以调换。

2. 静态电流开关（继电器）

如果车辆静止，车载电气系统蓄电池（G1）为所有用电设备供电。为延长车辆在静止状态下的供电时间，静态电流开关减小静态电流。静态电流开关只能由车辆供电系统控制单元（N82/1）启动，方法是在预先设定的一段时间后断开大部分用电设备电源。如果点火开关关闭或钥匙从点火开关中拔出，静态电流开关在 6h 后开启，或在车载供电系统电压降至 11.8V 之下后开启。

静态电流开关可作为单独的更换零件提供，可以更换。

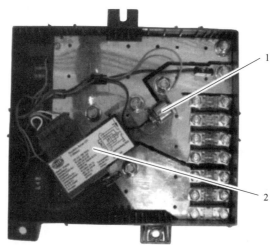

图 4-10-4　高温熔丝（1）和静态电流开关（继电器）（2）

前熔断器（F32）连同车辆供电系统控制单元（N82/1）和主电源线路一起，形成车载电气系统的基本结构。与车辆供电系统控制单元（N82/1）一样，前熔断器（F32）也有一个前熔丝部分，大功率电路 30（+30）的用电设备连接到该处。

连接至电源分配器：

① 前部 SAM/SRB 控制单元（N10/1）；

② 后部 SAM/SRB 控制单元（N10/2）；

③ 转换电路 30 左侧仪表板熔断器（F1/7）；

④ 电路 30 右侧仪表板熔断器（F1/6）；

⑤ 专用车辆多功能控制单元［SVMCU（MSS）］（N26/9）。

3. 车载电气系统功能

在开启车门并将遥控钥匙插入电子点火开关（EIS）中后，底盘 CAN 和车辆供电系统控制单元都被唤醒。

静态电流开关关闭，前提是先前静态电流开关因电池电压过低或超过特定的时间限制而处于开启状态。

在启动过程中，两个蓄电池的电路被分开。起动机蓄电池确保车辆的启动，而车载电气系统蓄电池为所有的车载用电设备供电。

当车辆启动后，车辆供电系统控制单元通过充电转换器控制起动机蓄电池 1h，根据电量而定，最大为 25W（相当于最大约 2A，根据电荷状态而定），即使在此过程中车辆再次被关闭。只有出现下列情况，充电转换器才会被关闭：

① 如果发动机"关闭"（电路 61"关闭"），且点火开关（电路 15）再度"开启"；

② 车载电气系统蓄电池的电压低于 10.5V（如果点火开关"关闭"）；

③ 耦合或冷启动耦合继电器关闭。

4. 启动车辆，如果车载电气系统蓄电池（G1）完全放电，可按以下操作

如果车辆处于驻车状态，且车载电气系统蓄电池（G1）的电压降至 9V 以下，只能利用机械钥匙机械开启中控锁。

当把遥控钥匙插入电子点火开关 EIS 控制单元（N73），或按下车辆内无钥匙启动功能（KG）的启动/停止按钮时，电子点火开关 EIS 控制单元（N73）中的微动开关关闭。这可用于唤醒车载电气系统控制装置（N82）并启动所有与启动相关的电子设备和部件的供电。

汽油发动机车辆中的耦合继电器或柴油发动机车辆中的冷启动耦合继电器被激励，为车载电气系统提供来自起动机蓄电池的能量达 5min。

为了用起动机蓄电池给车载电气系统供电一段时间，电路 15R 供电 5min，电路 15 供电 30s，汽油发动机车辆中的耦合继电器被激活。

驾驶员必须在这一时间范围内启动车辆，否则耦合继电器将再次开启（断开电路）。如果在 30s 内未启动发动机，耦合继电器再度断开（断开电路）。为启动车辆，必须重新插入遥控钥匙。在之后的驾驶周期中，耦合继电器始终保持闭合状态（图 4-10-5）。

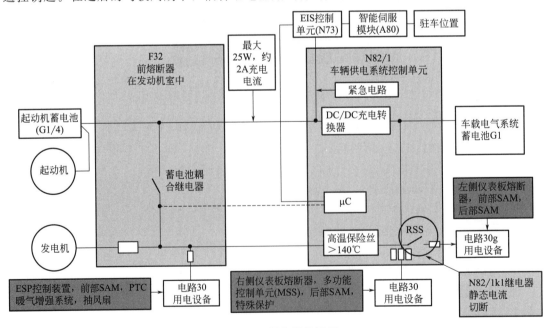

图 4-10-5　紧急操作原理

二、充电/跨接电池

注意：在将蓄电池从车载电气系统上断开之前，车载电气系统的内部部件必须没有电压。

① 总是通过使用下述关键步骤完成。

a. 将钥匙转到位置 0。

b. 将钥匙转到位置 2。

c. 等待 30s。

d. 将钥匙转到位置 0。

e. 不要拔下钥匙。

② 为进行维修和焊接工作，断开/连接接地线的步骤：

a. 执行关键步骤；

b. 断开起动机蓄电池上的接地线；

c. 断开后备厢横梁上车载电气系统蓄电池的接地线；

d. 按照相反的顺序重新连接。

③ 拆除和安装起动机蓄电池的步骤：

a. 执行关键步骤；

b. 断开起动机蓄电池上的接地线；

c. 断开起动机蓄电池上的正极导线；

d. 拆卸起动机蓄电池。

④ 拆除和安装车载电气系统蓄电池的步骤：

a. 执行关键步骤；

b. 断开起动机蓄电池上的接地线；

c. 断开车载电气系统蓄电池上的接地线；

d. 断开车载电气系统蓄电池上的正极导线；

e. 拆卸车载电气系统蓄电池。

⑤ 拆除/安装下列控制单元时，两条接地线必须始终处于断开状态：

a. 蓄电池控制单元（N82/1）；

b. 前部熔丝架（前 SAM）；

c. 后部熔丝架（后 SAM）；

d. 气囊控制单元（ARCADE）；

e. 发电机、起动机。注意：在拆装或连接/断开车载电气系统蓄电池后，无需对车辆进行基本编程。

⑥ 给车载电气系统蓄电池充电：

a. 充电过程通过蓄电池和起动机蓄电池进行；

b. 正极至前蓄电池的长接线柱（图 4-10-6）；

c. 负极至起动机负极。注意：只使用最低充电电流为 30A 的充电器，因为 W221 耗电量很高。

⑦ 为起动机蓄电池充电。

充电过程通过起动机蓄电池和车身接地来进行：正极接到起动机蓄电池的正极。注意：负极接到车身接地或发动机接地（图 4-10-7）。

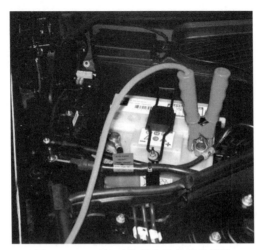

图 4-10-6　正极至前蓄电池的长接线柱

图 4-10-7　发动机接地

　　⑧ 跨接启动。跨接启动过程通过起动机蓄电池和车身接地来进行：正极接到起动机蓄电池的正极。

三、通过仪表盘显示车载电气系统

　　车载电气系统蓄电池电压能被显示在仪表盘"车辆数据"菜单中。通过下列步骤进入"车辆数据"菜单：

　　① 仪表盘显示设置为"里程"，并切换到"里程计算机"；

　　② 按下并放开多功能方向盘左侧按钮块中的"OK"按钮一次（"复位里程表"显示在仪表盘中）；

　　③ 再次按住多功能方向盘左侧按钮块中的"OK"按钮，同时按下多功能方向盘右侧按钮块中的"接听电话"按钮，并按住这两个按钮约 5s（"车辆数据"显示在仪表盘中）；

　　④ 按下"OK"按钮，进入"车辆数据"菜单，显示的第一项就是车载电气系统蓄电池（UB）电压。

第十一节 中控锁系统

一、系统部件位置及原理图

系统部件位置及原理图如图 4-11-1 和图 4-11-2 所示。

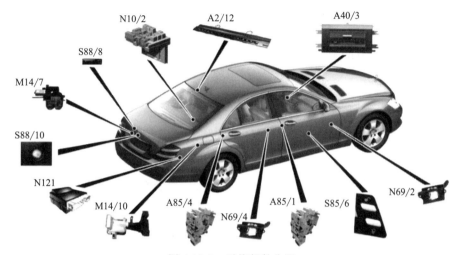

图 4-11-1　系统部件位置

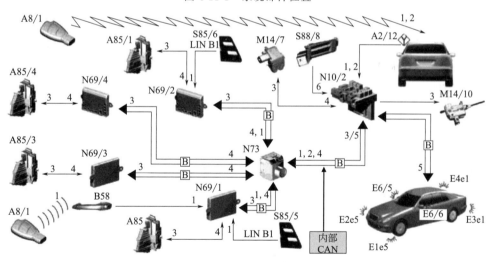

图 4-11-2　原理图

A1—集成电路仪表盘；A2/12—后车窗天线放大器模块；A40/3—COMAND 控制单元；A85—左前车门锁装置；A85/1—右前车门锁止开关；A85/3—左后车门锁装置；A85/4—右后车门锁装置；B58—驾驶员车门红外线传感器；E1e5—左转向信号灯；E2e5—右转向信号灯；E3e1—左后转向信号灯；E4e1—右后转向信号灯；E6/5—左侧车外后视镜转向信号灯；E6/6—右侧车外后视镜转向信号灯；M14/10—加油口盖板中央锁止电机；N10/1—前部 SAM 控制单元及熔丝和继电器模块；N10/2—后部 SAM 控制单元及熔丝和继电器模块；N69/1—左前车门控制单元；N69/2—右前车门控制单元；N69/3—后部驾驶员侧车门控制单元；N69/4—后部乘客侧车门控制单元；N73—电子点火开关控制单元；N121—遥控后备厢关闭/开启控制单元；N93—中央网关控制单元；S20/1—驾驶员电动车窗、车外后视镜和后备厢盖开关组；S85/5—左侧中央锁止车内操作开关；S85/6—右侧中央锁止车内操作开关；S88/8—后备厢盖外部操作开关；S88/10—后备厢盖紧急开启开关

二、功能

中央锁止包括锁止和解锁车门、后备厢盖及油箱盖板。可以利用多种方式操作中央锁止功能：

① 利用遥控钥匙（A8/1）；

② 利用车内左右两侧的中央锁止开关；

③ 通过从车内开启车门；

④ 通过后备厢盖开启/关闭开关（S20/1s6）遥控关闭和开启后备厢。

三、锁止和解锁的功能顺序

后 SAM 控制单元作为闪烁器主控单元。当按下遥控钥匙上的"锁止或解锁"按钮后，钥匙将无线电信号传送给后风挡玻璃天线放大器模块。该信号通过带熔丝和继电器模块的后 SAM 控制单元传送给 EIS 控制单元。

在传送无线电信号的同时，一个红外线信号被传送给驾驶员侧车门红外线传感器（必须对准）。该信号被左前车门控制单元读入，然后通过乘客舱 CAN 总线传送给 EIS 控制单元。在这两种情况下，EIS 控制单元检查遥控钥匙的进车授权的有效性。

如果进车授权有效，EIS 控制单元通过内部 CAN 总线将"锁止或解锁"命令传送给车门控制模块和后 SAM 控制单元。然后，启动相应的电机。当车辆被解锁后，上方控制面板控制单元（N70）利用由暗到亮的逐渐开启功能将所有车内照明开启。

四、自动功能

① 随动锁止（车速超过 3km/h，后备盖锁止，速度超过 15km/h，车门锁止）。

② 自动再锁止。

③ 发生事故后紧急开启。

五、车门锁

除了中央锁止电机 1 外，还有用于加速解锁的第二个电机包含在 SA 无钥匙启动功能中。辅助电机 2 直接由无钥匙启动控制单元（N69/5）启动，以开启翘板开关。电动关闭功能 3 集成在车门锁的第三个部件中。各个后车门还有一个附加的锁止/儿童安全锁电机 4（图 4-11-3）。

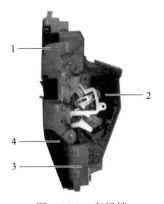

图 4-11-3　车门锁

各个车门锁也有一个将车门状态（开启或关闭）传递到适当车门控制单元的翘板触点开关和用于电动关闭的驱动棘轮开关。

有了左前/右前和左后/右后车门中装备的电动关闭功能，在车门接近第一个锁止位置时，该功能将车门完全关闭。电机是相关车门锁的组成部分。

六、后备厢遥控关闭功能总览

后备厢遥控关闭（TLC）使得液压开启和关闭后备厢成为可能。TLC 液压泵利用其液压缸和后备厢盖位置传感器（B24/16）来开启和关闭后备厢盖。液压缸位于后备厢盖左侧的铰链中。

1. 开启后备厢盖

利用下列控制开始液压开启后备厢：

① 通过遥控钥匙发出的无线电波（A8/1）；

② 通过车辆内部的后备厢盖开关；

③ 通过外部后备厢盖开关。

2. 关闭后备厢盖

利用下列控制开始液压关闭后备厢：

① 通过车辆内部的后备厢盖开关；

② 通过位于后备厢盖上的 TLC 按钮；

③ 通过无钥匙启动钥匙上的后备厢开启按钮。

后备厢盖开启角度限制（车库位置）：

① 在完全开启和完全关闭两个位置之间有一个工厂设置的能被起用的后备厢盖中间位置（车库位置）。

② 车库位置能被设置为新端点位置（最大开启），以防车辆中装载的超长物品（如滑雪箱、冲浪板等）损坏后备厢盖。

该功能可以通过 COMAND 控制单元在"车辆"菜单中起用/停用。该菜单显示在前中央操纵单元中。后备厢液压系统由三个部件组成（图 4-11-4）：

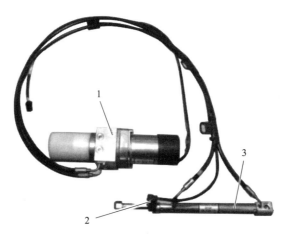

图 4-11-4　后备厢液压系统

① 后备厢遥控关闭液压泵（M51）1；

② 后备厢盖位置传感器 2；

③ 液压缸 3。

后备厢遥控关闭液压泵（M51）控制后备厢盖的举升活动。后备厢盖位置传感器监测液压缸的行程，正是液压缸的行程导致了后备厢盖的开启和关闭。

3. 后备厢遥控关闭液压泵（M51）和后备厢遥控关闭控制单元（N121）安装位置

后备厢遥控关闭液压泵（M51）和后备厢遥控关闭控制单元（N121）位于后备厢的右后侧（图 4-11-5）。

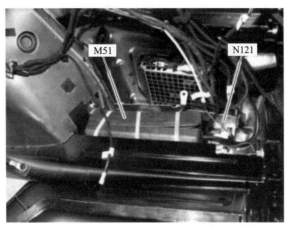

图 4-11-5　液压泵（M51）和控制单元（N121）

（1）后备厢遥控关闭液压泵（M51）的任务/功能　液压驱动后备厢盖的开启和关闭运动。

（2）后备厢遥控关闭控制单元（N121）的任务/功能

① 控制中间位置（车库位置）。

② 评估后备厢盖位置传感器传来的信号。

③ 对带止动功能的自动开启的过载保护。

④ 后备厢盖关闭过程中遇阻造成驱动力反转的过载保护。

⑤ 后备厢盖关闭正常化。

⑥ 启动后备厢遥控关闭液压泵（M51）。

4. 后备厢盖位置传感器（B24/16）的安装位置

后备厢盖位置传感器（B24/16）1 位于后备厢盖铰链上的液压缸中（图 4-11-6）。

（1）功能/任务　后备厢盖传感器指示后备厢盖的位置，并将后备厢盖运动速度可能发生的变化传送给后备厢遥控关闭/开启控制单元（N121）。

（2）防锁止装置

① 关闭过程：如果识别到后备厢盖关闭过程中遇到阻碍，则驱动力反转，后备厢盖返回到遇到阻碍前的起始位置。

② 开启过程：如果识别到后备厢盖开启过程中遇到阻碍，则驱动力切断，后备厢盖保持在当前位置不动。

七、后备厢遥控关闭正常化

必须在车辆最初启用时或更换系统元件后进行后备厢盖正常化。必须让系统记住后备厢盖关闭（锁入主锁槽中）和完全开启位置。在对上止点位置进行正常化前，无法液压关闭后

图 4-11-6　后备厢盖位置传感器（B24/16）的安装位置

备厢盖。

1. 后备厢盖关闭正常化（下止点正常化）

功能要求：

① 后备厢盖锁打开；

② 上止点正常化完成；

③ 下止点正常化未进行。

为了对下止点进行正常化，要开始一个在关闭方向上的自动运动。后备厢盖被促动，并沿关闭方向运动直到后备厢盖位于预锁止锁槽中。然后，后备厢盖锁执行元件（S49）在关闭方向被后 SAM 控制单元（N10/2）促动。

如果后备厢盖在当时的关闭位置正常化范围内，且位置传感器提供了一个合理的正常化值，在后备厢盖位于主锁槽中后，位置传感器的值将被设置为"后备厢盖关闭"位置。

如果在正常化过程中探测到一个正常化范围外的障碍物，则系统关闭。该点之前被定义的正常化值被删除，正常化过程必须重新开始。

2. 后备厢盖完全开启正常化（上止点正常化）

功能要求：

① 后备厢盖锁打开；

② 先前未进行正常化。

在蓄电池断开后，启动后备厢盖外部开关（S88/8），导致后备厢盖自动开启。当系统识别到后备厢盖已到达正常化范围内的止点（可以通过诊断仪器进行调节），则后备厢遥控关闭液压泵（M51）延迟 2s 关闭，这个位置被设置为 0 位置（后备厢盖开启）。之后，液压泵关闭，无论是否还处于启动状态。

第十二节　电气系统故障诊断

一、仪表上显示白色的蓄电池符号和要求维修

（1）车型　164/251。

（2）故障原因　如果充电电压太低或附加蓄电池有故障，会显示上述信息。另外，前SAM 中有故障码 9061/9062。

（3）解决方案　按照 DAS 的检测步骤检测，如果必要，则更换附加蓄电池；如果没有充电电压，则更换前 SAM。

二、仪表上显示红色的电瓶要求维修

（1）车型　221。

（2）故障现象　仪表上显示红色的蓄电池需要维修，当这个信息出现时，故障"内部充电故障"将会储存在电源供给电脑中。这个故障只是一个信息而已，不会对电路系统有影响。

（3）故障原因　电源供给电脑软件故障。

（4）解决方案

① 升级电源供给电脑软件用 221 442 06 55，09/06 后的 DAS 有此软件。

② 不允许更换控制电脑。

三、后窗没有自动上升功能

（1）车型　164。

（2）故障现象　后窗没有自动上升功能。

（3）故障原因　前 SAM 中的记忆功能故障。

（4）解决方案　升级前 SAM 用最新版本软件，06/06 后的 DAS 可以解决此问题。

四、由于蓄电池漏电导致车辆不能启动

（1）车型　底盘号 220 至 137742 带防盗系统（551a）。

（2）故障现象　由于蓄电池漏电导致车辆不能启动。

（3）故障原因　驾驶员侧 SAM 软件故障，防盗激活后，车辆的耗电量为 150mA。受影响的配件号：020 545 17 32 12/00。

（4）解决方案

① 检查车辆的耗电量，防盗激活前锁止车辆，防盗激活后测量耗电量至 150mA。

② 从驾驶员侧 SAM 拔下防盗喇叭的插头。

③ 再检查耗电量，耗电量大约为 50mA。

④ 更换驾驶员侧 SAM。配件：A 002 545 20 01。

五、在低温情况下仪表的显示很难看清

（1）车型　W221。

（2）故障现象　在 −9～0℃ 的条件下，启动车辆，仪表的显示很难看清。10～20min 后，显示正常。

部件设计的意图是在低温情况下，发动机启动 3min 内，仪表中间的显示区和两侧的指针区会有亮度的差异。这是由于 LCD 技术造成的，所以不要更换仪表。

（3）故障原因　仪表故障。

（4）解决方案　按以下方法改变仪表的亮度：Actuation—Change brightness of instrument illumination。

六、防盗被触发后内部灯光常亮

（1）车型　211，219 带编码 551。

（2）故障现象　一旦防盗被触发后，内部灯光常亮。

（3）故障原因　后 SAM 软件故障，导致在防盗触发后，CAN 处于睡眠模式，警报结束后内部灯光不再关闭。受影响的配件如下：

① A211 545 33 01；

② A211 545 34 01；

③ A211 545 35 01；

④ A211 545 36 01。

（4）解决方案　更换后 SAM。

配件：

① A211 545 49 01 for 211 with Classic/elegance；

② A211 545 51 01 for 211 with avantgarde/for 219。

七、遥控无法为车辆解锁或者上锁

（1）车型　W164.182。

（2）故障现象　客户抱怨当车辆放置一段时间，操作尾门开启或者关闭后，无线电中控锁解锁、上锁遥控以及尾门自吸（辅助关闭）失效。红外线遥控解锁、上锁可以正常操作（故障频率为半个月至两个月）。

（3）检查过程

① 每一次故障出现均没有故障码。

② 该段期间也有另外两台 W164 车型有同样的故障，如果断开蓄电池或者断开后 SAM 供电后故障消失。

③ 经过几次诊断后逐渐缩小范围，关注了 A2/93 到后 SAM 之间的无线信号传递。

④ 故障现象出现的同时，在不断开任何电线的情况下，使用 HMS990 测量 A2/93 天线滤波器与后 SAM 之间的无线信号，信号错误。至此已经进行了后 SAM 进行升级，后 SAM、无线天线接收器放大器、尾门门锁模块倒件，故障依旧出现。

⑤ 无意之中有了新发现，当钥匙插入 EIS 再拔出后无线电遥控恢复正常，但操作后备厢尾门开关后，故障再次出现。再次将钥匙插入 EIS，除了尾门不能开启外，无线信号遥控可以正常使用。

⑥ 技师尝试将同款没有故障车型的 CAN B 信号以两条电线引至有故障的 ML300 上（从 EIS 处抽出 B.3 和 B.4 线束），这时故障消失。

（4）故障原因　EIS 导致 A2/93 天线滤波器与后 SAM 之间的无线信号错误。

（5）解决方案　更换 EIS 后与客户一直保持联系，至今故障没有出现。

（6）总结　故障现象出现的时候：A2/93 天线滤波器与后 SAM 之间的无线信号，在没有任何无线遥控操作的情况下，信号线上一直都有波形（图 4-12-1）。

故障现象消失的时候：A2/93 天线滤波器与后 SAM 之间的无线信号，在没有任何无线遥控操作的情况下，信号线上只有 12V 的电压（图 4-12-2）。

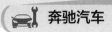
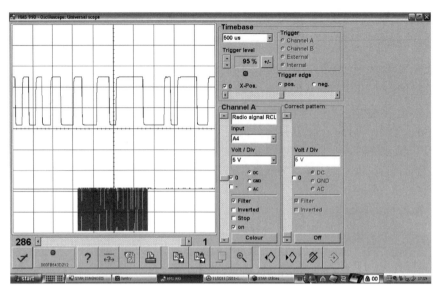

图 4-12-1　故障现象出现的时候

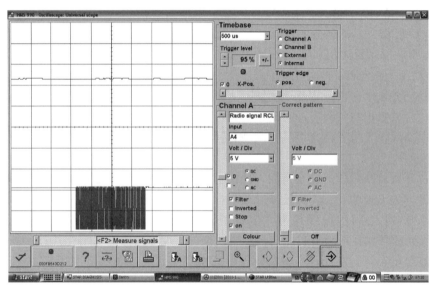

图 4-12-2　故障现象消失的时候

八、仪表有时显示预防性安全故障

（1）车型　E260。

（2）故障现象　仪表有时显示预防性安全故障，且在着车的情况下 COMAND 开机 10s 后自动关机，座椅加热和后窗加热无法打开。SD 检测时间过长，发现多个控制单元报出供电低的当前或者储存故障，蓄电池传感器实际值不正常，低于正常值。

（3）故障原因　蓄电池传感器有时工作不正常，在蓄电池电压正常的情况下，误报出蓄电池电压低于正常值。

（4）解决方案　更换蓄电池传感器。

九、左前座椅无法调节，发动机无法启动

(1) 车型　E200。

(2) 故障现象　车辆行驶中左前座椅下冒出一股白烟，伴有焦煳味，发动机熄火后无法启动，多项车内调节功能失效。

(3) 故障原因　左前座椅前后调节电机线路橡胶皮在座椅靠背处磨损搭铁，导致座椅电脑损坏，CAN B 短路（图 4-12-3）。

(4) 解决方案　维修线路，更换左前座椅电脑 N32/1。

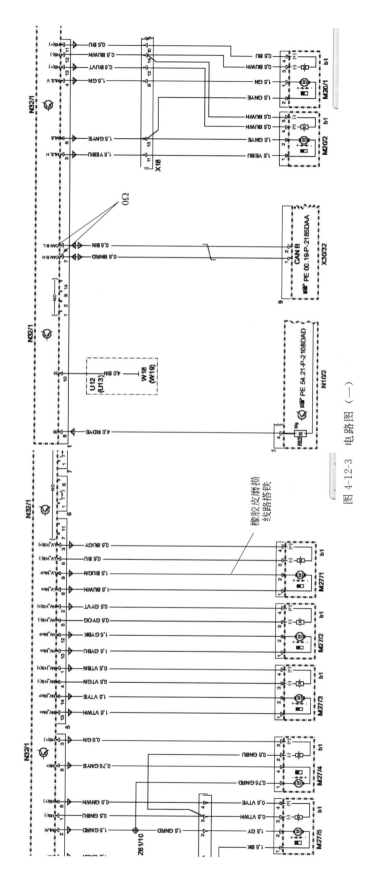

图 4-12-3　电路图（一）

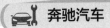
十、起动机运转但发动机不能启动，仪表上多项报警

（1）车型　S350-4matic。

（2）故障现象　仪表上出现多项报警，起动机工作但发动机不能着车，油轨内没有汽油。

（3）故障原因　静态电流继电器 F32/4k2 损坏，无法闭合，30g 无供电（图 4-12-4 和图 4-12-5）。

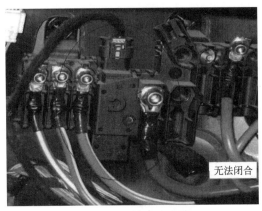

图 4-12-4　故障继电器

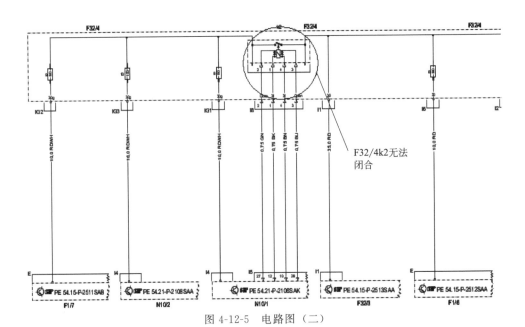

图 4-12-5　电路图（二）

（4）解决方案　更换车内预熔断器 F32/4。

第五章

驾驶辅助系统

第一节　系统概述

新款 C 级轿车上所使用的辅助系统大部分都是已知车型系列中的系统，但其功能范围则有所扩展。此外上市时还提供了全新的辅助系统，如 360°摄像头。有些系统并不单独提供，而是需要与装备套件组合，或作为其组成部分提供。

辅助系统概览：

① Attention Assist（注意力辅助系统）；

② 带电子限速功能（Speedtronic）的定速巡航控制系统；

③ 交通标志辅助系统；

④ 碰撞预防辅助系统增强版（Collision Prevention Assist Plus）；

⑤ 限距控制系统增强版（Distronic Plus）；

⑥ 带转向辅助系统的限距控制系统增强版（Distronicplus）；

⑦ 带交叉口辅助的辅助制动系统增强版（Bas Plus）；

⑧ 带行人识别的预防性安全系统（Pre Safeb）制动功能；

⑨ 车尾预防性安全系统（Pre-Safe）；

⑩ 主动式车道保持辅助系统；

⑪ 主动式盲点辅助系统；

⑫ 带驻车定位系统（Parktronic）的主动式驻车辅助系统；

⑬ 后视摄像头；

⑭ 360°摄像头。

第二节　注意力辅助系统

注意力辅助系统（Attention Assist）的扩展功能范围，除了人们已在最新车型系列 222 中见识过的部分之外，还包括以下特征：

① 车速范围扩大（60～200km/h）；

② 可选"标准""灵敏"和"关闭"模式；

③ 以 5 段段块状指示条显示所确定的注意力状态（注意力水平）；

④ 显示自上次休息或开始行驶起的总行车时长（点火开关调用）。

注意力辅助系统"被动"状态，例如当车速 $v<60$km/h 或 >200km/h 时，如图 5-2-1 所示。

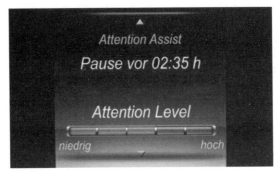

图 5-2-1　注意力水平显示

在"灵敏"工作模式下，注意力辅助系统将做出灵敏的反应，会比"标准"工作模式更早地发出警告信息。"注意力水平"被相应调整。在"关闭"工作模式下，警告输出被抑制且不显示"注意力水平"。当在行驶过程中开启系统时，会分析考虑从行车开始起的整个行车过程，因为即使在系统关闭的情况下，行车情况仍会得到分析。如果注意力辅助系统已被关闭，它会在发动机关闭后自动重新开启。这时所选的灵敏度与上次所激活的选项相同（"标准"或"灵敏"）。

第三节　带电子限速功能的定速巡航控制系统

新款 C 级轿车提供了带电子限速功能（Speedtronic）的定速巡航控制系统（图 5-3-1）。该系统在多个已知车型系列所提供的系统基础上，经过了进一步的开发。

车型系列 205 中新的一项新特性，是一旦踩下油门踏板时超过压力点，可变限速器功能

图 5-3-1　定速巡航控制杆（欧规）

1—存储当前车速或更高车速；2—LIM 指示灯；3—存储当前车速或调出最后存储的车速；4—储当前车速或更低车速；5—在定速巡航控制系统或限距控制系统增强版（Distronic Plus）和可变电子限速功能（Speedtronic）之间进行切换；6—可变电子限速功能（Speedtronic）

便不再被关闭。设定的限速在后台保持生效。当驾驶员再次将车速下降到设定的限速以下后，可变限速器功能重新被激活。

新款 C 级轿车以选装装备的形式，配备了超越以往限速辅助系统所提供功能的交通标志辅助系统（图 5-3-2）。位于挡风玻璃内侧的摄像头可采集诸如路边、桥形路标牌或道路施工地点标示的车速限制。摄像头的数据会与导航系统中的信息进行对照，然后同时显示在仪表盘和导航地图视图中。

图 5-3-2　仪表盘中的交通标志辅助系统显示
10—车速限制；11—辅助标志

禁止超车和相应的取消标志也会被记录并显示。在带有相应标志的禁止驶入地点，系统额外还会在仪表盘中发出视觉和声音警告。根据装备情况，交通标志辅助系统安装在单目式多功能摄像头或立体式多功能摄像头中。

第四节　碰撞预防辅助系统增强版

碰撞预防辅助系统增强版（Collision Prevention As-Sist Plus）用于持续检查与前方车辆之间的安全距离，并在可能与其他车辆发生碰撞（例如追尾事故）时，向驾驶员发出视觉和声音警告，从而有助于大幅度降低事故风险。

碰撞预防辅助系统增强版包含自适应制动辅助系统的全部功能，后者在车速 7～250km/h 的范围内处于运行准备就绪状态。在碰撞危险逼近的情况下，碰撞预防辅助系统增强版会在必要时自行采取部分制动措施（图 5-4-1）。

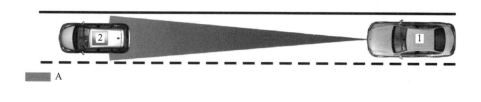

图 5-4-1　集成雷达测距传感器的探测范围
1—配备碰撞预防辅助系统增强版的汽车；2—被雷达测距传感系统探测到的前方目标车辆（目标物体）；A—探测范围

在碰撞预防辅助系统增强版控制单元内，集成了以下部件：雷达测距传感器；控制单元。

第五节 限距控制系统增强版

选装装备限距控制系统增强版（Distronic Plus）提供的驾驶员辅助系统，能将自动车速控制和与前方行驶车辆间的距离控制结合在一起。利用限距控制系统增强版，可进一步提高驾驶员的专注力，从而使驾驶变得更加放松。该系统具有以下特征：

① 控制范围为车速 0～200km/h；

② 能在时走时停的车流中减速至静止；

③ 驾驶员通过短促点踩油门踏板或朝自身方向拨定速巡航控制杆，便能开启自动重新起步功能；

④ 对于插队车辆及早做出反应；

⑤ 自己变换行车道时，在考虑转向信号灯操纵的情况实现迅捷加速，该系统的新特征是提高了最大减速度；

⑥ 在没有目标对象的情况下，也可在低于 30km/h 时开启系统。

该系统的全新动态特征包括：

① 加速度动态性更强，最高可达 3.5m/s^2；

② 跟车或变换车道时反应更快；

③ 车距控制表现总体上更具运动性。

以下部件为限距控制系统增强版的组成部分：

① 仪表盘；

② 限距控制系统警告灯；

③ 多功能显示器；

④ 牵引系统液压单元；

⑤ 限距控制系统电气控制单元；

⑥ 仪表盘扬声器；

⑦ 辅助防护装置控制单元；

⑧ 共轨喷射系统柴油机（CDI）控制单元（用于柴油发动机）；

⑨ 发动机电子设备（ME）控制单元（用于汽油发动机）；

⑩ 电控车辆稳定行驶系统控制单元；

⑪ 电子点火开关控制单元；

⑫ 转向柱模块控制单元；

⑬ 传动系统控制单元；

⑭ 组合开关；

⑮ 定速巡航控制杆；

⑯ 限距控制系统调节器；

⑰ 存储器重新调用开关；

⑱ 减速和确定开关；

⑲ 加速和确定开关；

⑳ 关闭开关；

㉑ 全集成化变速箱控制系统控制单元；

㉒ 发动机控制器区域网路（CAN）；

㉓ 传动系统控制器区域网路（CAN）；

㉔ 动态行驶控制器区域网路（CAN）；

㉕ 用户界面控制器区域网路（CAN）；

㉖ 底盘 FlexRay。

第六节　带转向辅助系统和停走向导的限距控制系统增强版

带转向辅助和停走向导的限距控制功能（Distronic Plus），是驾驶员辅助系统套件的组成部分。除了已知的在纵向控制方面为驾驶员提供的支持以外，现在还能在方向稳定性方面为驾驶员提供支持。同时，在整个车速范围内，横向操控均以道路标志为准，在低速条件下还将根据前方行驶车辆进行调整（图 5-6-1）。

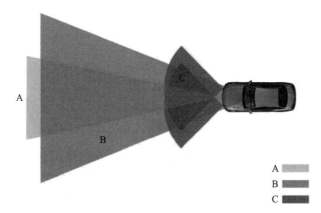

图 5-6-1　雷达测距传感系统/立体式多功能摄像头的探测范围

A—前部远距离雷达测距传感器的探测范围；B—立体式多功能摄像头的探测范围；
C—前保险杠左右雷达测距传感器的探测范围

第七节　带交叉口辅助的制动辅助系统增强版

制动辅助系统增强版（Bas Plus）能在临界制动状态下为驾驶员提供支持。为此所需的制动助力将根据具体情况进行计算。也就是说，系统会根据需要自动进行尽可能强力的制动（最大减速度约为 $a = 10\mathrm{m/s^2}$）。这样便能防止正在逼近的碰撞威胁发生，或者至少减轻碰撞的后果。在车速 $v = 7 \sim 250\mathrm{km/h}$ 范围内，制动辅助系统增强版的功能会在可能出现危险的情况下被激活。制动辅助系统增强版在新款 C 级轿车中增加了对横穿道路的对象和人员的识别（交叉口辅助）。

选装装备"带交叉口辅助的制动辅助系统增强版"可在车速 $v = 7 \sim 72\mathrm{km/h}$ 范围内，根据对象特征（高度、宽度）及其接近速度，识别横穿道路的对象。

对象探测通过以下传感器或摄像头实现：前部远距离雷达测距传感器；立体式多功能摄像头；近距离雷达。

第八节　主动式车道保持辅助系统

当相邻车道有车，变换车道有碰撞危险时，即使无意中压到虚线，经过进一步开发的主动式车道保持辅助系统现在也会进行干预。该系统可根据立体式摄像头和雷达系统的信息对此进行识别。雷达系统增加了一个车尾传感器，可配合前后保险杠上的其他传感器共同作用。

主动式车道保持辅助系统（图 5-8-1）能够识别出的危急情况，包括正在超车的车辆，需要超越的车辆或并行车辆，该系统在迎面来车时同样会起作用。如果识别出相邻车道有车，则压到车道标志线时，系统不仅通过脉动式方向盘振动发出触觉警告，而且还会通过 ESP 进行单侧制动干预，以修正行车轨迹。这样，它便对主动式盲点辅助系统做了最佳的补充，从而能够在有迎面来车的情况下，避免发生可能造成严重后果的碰撞事故。

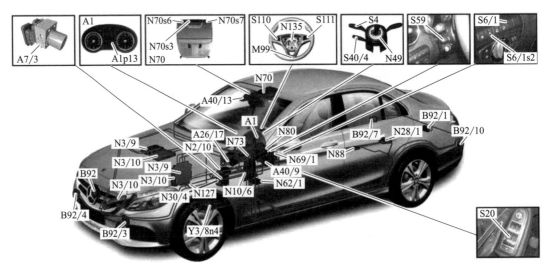

图 5-8-1　主动式车道保持辅助系统

A1—仪表盘；A1p13—多功能显示器；A7/3—牵引系统液压单元；A26/17—主机；A40/9—音频/驾驶室管理及数据系统（COMAND）操作单元；A40/13—立体式多功能摄像头；B92—前部远距离雷达测距传感器；B92/1—后保险杠中部雷达测距传感器；B92/3—前保险杠左侧雷达测距传感器；B92/4—前保险杠右侧雷达测距传感器；B92/7—后保险杠右外侧雷达测距传感器；B92/10—后保险杠左外侧雷达测距传感器；M99—方向盘振动电机；N2/10—辅助防护装置控制单元；N3/9—共轨喷射系统柴油机（CDI）控制单元（用于柴油发动机）；N3/10—发动机电子设备（ME）控制单元（用于汽油发动机）；N10/6—前部信号采集及促动控制模组（SAM）控制单元；N28/1—挂车识别控制单元；N30/4—电控车辆稳定行驶系统控制单元；N49—方向盘角度传感器；N62/1—雷达测距传感器控制单元；N69/1—左前车门控制单元；N70—车顶操作单元控制单元；N70s3—车内照明灯自动功能开关；N70s6—左前阅读灯开关；N70s7—右前阅读灯开关；N73—电子点火开关控制单元；N80—转向柱模块控制单元；N88—轮胎充气压力监控系统控制单元；N127—传动系统控制单元；N135—方向盘电子系统；S4—组合开关；S6/1—驾驶员侧仪表板按钮组；S6/1—s2 主动式路线偏离警告系统按钮；S20—驾驶员侧电动车窗升降器及外部后视镜位置开关组；S40/4—定速巡航控制杆；S59—转向柱调节开关；S110—多功能方向盘左侧按钮组；S111—多功能方向盘右侧按钮组；Y3/8n4—全集成化变速箱控制系统控制单元

主动式车道保持辅助系统在 $60 \sim 200$km/h 的车速范围内处于激活状态。当识别出驾驶员的操作后，例如主动转向制动或加速，以及操作转向信号灯，警告和轨迹修正制动干预便会被抑制。

第九节 主动式盲点辅助系统

主动式盲点辅助系统利用近距离雷达监控无法通过外部后视镜看到的、驾驶员视野之外的左右两侧区域（盲角），当有车辆处于这个区域时，系统会告知驾驶员（图 5-9-1）。

除了车外后视镜上的警告显示之外，系统还会在仪表盘上显示一条警告信息（系统车辆以及在左侧或右侧盲角内探测到的车辆）。此外，主动式盲点辅助系统还能在因车道变换而即将发生侧面碰撞之前，结合系统车辆（本车）周围环境的情况采取制动干预以修正轨迹。

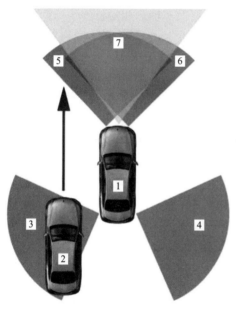 

(a) 主动式盲点辅助系统和监控区域　　　　(b) 仪表上的盲点辅助系统警告信息

图 5-9-1 　主动式盲点辅助系统
1～8—盲区

第十节 主动式驻车辅助系统

新款 C 级轿车的主动式驻车辅助系统拥有以下新功能：
① 横向车位泊车；
② 在半自动泊车和出库时进行主动式制动干预（仅针对配备自动变速箱的车辆）。
驻车系统利用超声波测量系统探测车辆与障碍物之间的距离。行驶过程中，将在车速低

于 36km/h 时，测定并保存车辆两侧的纵向和横向车位，然后车辆根据驾驶员的要求，以半自动方式泊车或出库。同时，车辆将根据情况进行制动干预。

系统会通过仪表盘中的"驻车系统警告显示"和后部顶篷上的驻车系统警告显示，向驾驶员通报车辆和障碍物之间的距离信息。此外，距离小 30cm 时会发出声音警告。

1. 监控区域

距离传感器会根据行驶方向被激活。前后区域和前后转角保护区域通过相应的传感器进行监控。所监控的前部区域约为 100cm，所监控的后部区域约为 120cm。

2. 利用主动式制动干预泊车和出库

系统会通过主动式制动干预，在泊车和出库时为驾驶员提供支持。该系统会随着发动机启动而自动激活，但也可以通过按下驾驶员侧仪表板按钮组中的"驻车系统"按钮，以手动方式关闭和重新激活。以往只有在车速＜10km/h 时，才支持泊车和出库过程。

识别到相应的车位时，挂入倒车挡位"R"后，仪表盘中会显示问题"是否启动驻车辅助？"。按下"OK"按钮后，驻车辅助系统即被激活。仪表盘中显示信息"请自行踩踏油门，并注意周围环境"。此时驾驶员可以将手从方向盘上拿开，只需要进行换挡和踩油门。驻车系统控制单元将根据所测得车位的大小和位置，以及车辆的相对位置，计算出所需的转向角度。

如果与车位边界的距离小于 30cm，系统会通过亮起相应一侧的第一个红色显示元件，来向驾驶员发出信号。同时，驻车系统控制单元会向 ESP 控制单元发送当前距障碍物剩余行驶距离的信息。后者将计算车辆所需的制动转矩，使车辆得以制动。车辆将在所需的调车点以及目标驻车位置被刹停。

只有在车辆事先采用半自动方式泊车的情况下，才能以半自动方式从纵向车位中驶出。当主动式驻车辅助系统将车辆定位到可以以直行方式驶出车位的位置时，出库过程结束。仪表盘中会显示信息"驻车辅助结束，请接手车辆"。

第十一节 倒车摄像头

倒车摄像头是一个视觉驻车及调车的辅助工具。其任务包括记录倒车区域的周围环境，生成动态和静态辅助线，以及向 COMAND Online 控制单元发送图像数据。以扩展视角（＞180°）记录到的图像，将由倒车摄像头进行相应处理。

基于车辆尺寸、车速和转向角，当前的行车轨迹会显示在音频/驾驶室管理及数据系统（COMAND）显示屏中。

摄像头盖可防止倒车摄像头的镜头受到污染。摄像头盖会根据倒车摄像头的状态（激活或关闭），自动打开或关闭。它会在车速＞30km/h（无论是否可能需要校准）时，或端子 15 被切换到"点火开关关闭"后，自动关闭。如果不进行校准，倒车摄像头会在调车过程结束后不久关闭。

通过倒车摄像头的功能，驾驶员可在以下驻车模式之间进行选择：调车模式；挂车模式；广角模式。相应的选择通过驾驶室管理和数据系统以及联网功能（COMAND online）与控制单元相应操作层面的系统菜单进行。

第十二节　360°摄像头

C级轿车中全新装备了360°摄像头。这是一套由四个数码摄像头组成的辅助系统，用于在驻车和调车操作以及出库时，帮助驾驶员进行视觉控制。

散热器格栅、左右车外后视镜护罩和后备厢盖的拉手饰条中各有一台摄像头。除了摄像头记录的原始图像数据之外，360°摄像头控制单元还会计算出一幅合成图（"虚拟视角"）。

360°摄像头将通过音频/COMAND显示屏，以"车辆俯视图"（鸟瞰图）的形式进行显示。360°摄像头的显示区域为车辆前后各3m以及侧面2.5m（在地面上进行测量）。在"车辆俯视图"中，还会显示打开的车门或打开的后备厢盖等。而由相应摄像头采集的区域则会在相应的视图中消失。当车外后视镜护罩被折起后，车辆这一侧的区域便无法再进行采集。在这种情况下，音频/驾驶室管理及数据系统（COMAND）显示屏上相应的区域同样也会消失。

车辆前进时，该摄像头在车速最高为30km/h时激活，当车速高于该值时，它便会自动关闭。该功能必须由驾驶员重新激活，同时当车速＞30km/h时，主机上会显示一条信息，并且摄像头在下一次车速低于该值时才会被重新激活。倒车时，只要驾驶室管理和数据系统以及联网功能（COMAND online）中的相应设置被激活，无论车速多快，环绕视野系统均始终处于激活状态。

摄像头镜头以约180°的水平视角和约123°的垂直视角，生成各种无法从车内看到的视图。图中将显示动态和静态辅助线，这些辅助线会根据转向角标出车辆尺寸和行车轨迹。驾驶员可在以下车辆环境视图之间进行选择：

① 车辆俯视图和前方视野；
② 车辆俯视图和后方视野；
③ 车辆俯视图和前轮两侧视野；
④ 车辆俯视图和后轮两侧视野；
⑤ 车辆俯视图和拖车挂钩视野；
⑥ 前方视野，广角全图；
⑦ 后方视野，广角全图；
⑧ 车辆俯视图，车辆前方视图放大；
⑨ 车辆俯视图，车辆后方视图放大。

360°摄像头系统可通过操作驾驶员侧仪表板按钮组上的"360°摄像头"按钮［按压音频/驾驶室管理及数据系统（COMAND）操作单元上相应的软键或个性化设置的按钮］激活或关闭。或者，该系统还可在挂入倒车挡位"R"时自动激活。为此，必须在主机上将系统设置调整为"挂倒车挡位R时激活"。

根据所选的行驶挡位，系统会自动在后方和前方视图之间进行切换。除了自动选择之外，驾驶员也可以手动方式，通过驾驶室管理和数据系统以及联网功能（COMAND online）控制单元，在不同的详细视图之间进行选择。音频/驾驶室管理及数据系统（COMAND）显示屏的背光可根据环境亮度进行手动调整。背光调整可通过驾驶室管理和数据系统以及联网功能（COMAND online）控制单元在系统菜单"360°摄像头"的功能栏上，通过选择图标"太阳"来进行。

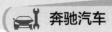
为了确保在黑暗中也能对周围环境信息进行采集，可根据环境亮度激活相应车外后视镜护罩中的环境照明灯。前部360°摄像头和后部360°摄像头分别有一个摄像头盖，可防止摄像头被污染。该翻盖的功能与倒车摄像头类似。

第十三节　预防性安全系统制动功能

行人识别系统对预防性安全系统（Pre-Safe）制动功能进行了扩展，增加了对位于道路上的人员的探测功能。Pre-Safe制动器在 $v=7\sim200$km/h 的车速范围激活。当存在障碍物时，Pre-Safe制动器只能在不超过最高车速72km/h的情况下激活，并对以下情况做出反应：障碍物，例如道路上正在停靠或泊车的车辆，或位于道路上的行人。

当预防性安全系统制动功能识别出与雷达传感系统或立体式多功能摄像头探测范围内的障碍物有碰撞危险时，仪表盘中会输出一个视觉或视觉/声音警告。如果驾驶员未做出反应［避让操作、辅助制动系统增强版（Bas Plus）支持的临界状态制动］，系统便会自主采取部分制动措施。

如果在这样的情况下，驾驶员仍未做出反应，系统会在满足所有前提条件的情况下，通过全力制动将车辆减速至静止。这样可在最有利的情况下，避免车速在50km/h以下的事故。

第十四节　车尾预防性安全系统

车尾预防性安全系统的功能增加了在因后方车辆所造成的危险情况下，对于驾驶员及乘客的预防性保护。位于后保险杠中部的雷达测距传感器将探测本车后方的交通情况。

雷达测距传感器控制单元将根据位于中部的雷达测距传感器所提供的信息，分析后方车辆的接近速度和距离。据此将采取不同的措施，以减轻事故可能对乘客造成的后果。

可能的措施会在图5-14-1中按照时间先后顺序列出。

1. 探测后方车辆并发出警告（威胁阶段 t_1）

当后保险杠中部的雷达测距传感器识别到一辆车正从后方接近，且雷达测距传感器控制单元将其列为事故临界等级时，会通过输出车位报警闪烁功能，向该车的驾驶员发出警告。

2. 令车辆做好碰撞准备的功能流程（威胁阶段 t_2）

撞击在约 $t=300$ms 后发生。如果雷达测距传感器控制单元未探测到后方接近车辆的接近速度有任何降低，或降低幅度不足，便会通过提高制动压力，将车辆预防性"驻停"。

驻停后，一方面可明显降低对于驾驶员和乘客的冲击（颈椎过度屈伸损伤）；另一方面可为对方车辆提供保护。同时，车辆在追尾后发生的不受控运动得到降低，这样能够减少二次碰撞（与前方车辆的碰撞、在路口与行人或道路上其他车辆的碰撞）的危险。

3. 激活驾驶员和乘客保护措施的功能流程（威胁阶段 t_3）

撞击在 $t=50\sim100$ms 后发生：当雷达测距传感器控制单元根据后方接近车辆的接近速度计算出即将发生追尾后，会采取预防性措施以保护驾驶员和乘客。通过激活可逆式安全带紧急拉紧器，驾驶员或前排乘客将被固定在座椅上，这样可优化这一常规约束保护装置的保

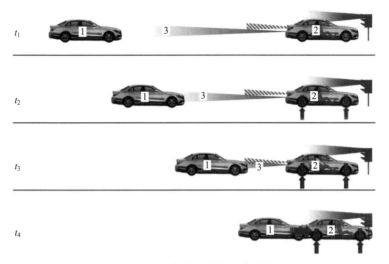

图 5-14-1　车尾预防性安全系统

1—从后方接近的车辆；2—配备车尾预防性安全系统的车辆；3—后保险杠中部雷达测距传感器
的探测范围；t_1—探测后方车辆并发出警告；t_2—使静止的车辆对碰撞做好准备；t_3—激活
驾驶员及乘客保护措施（所显示的车辆处于驻停状态）；t_4—碰撞后为车辆提供安全保护

护作用。

4. 碰撞后为车辆提供安全保护的功能流程（威胁阶段 t_4）

撞击发生后约 $t=2000\text{ms}$ 时：追尾后，制动压力会保持 $t=2000\text{ms}$ 的时间。

扫一扫

视频精讲

第六章

底盘系统

第一节　车轴和悬挂系统

一、底盘

全新 C 级轿车装备了一款带有车道选择被动减振系统的传统钢悬挂系统作为标准装备。它具有以下特点：

① 较低车速时提高减振力；

② 避免摇摆；

③ 优化转向性能。

以前轴悬挂减振柱为例进行说明。

前轴悬挂减振柱通过一个三通道顶盖轴承固定在车身上。这样，静态的支撑力可通过一个塑料垫片直接传递到车身上。较大的作用力（例如减振器的冲击）由一个单弹簧缓冲器吸收。该功能模块由一个小型弹性体活塞构成。当行程激励较小时，它除了提供传统的减振器护板外，还向机油液流提供了一条旁路。

因此，当冲击振荡较小时，减振效果被降低到 $-5\sim5\,mm$ 的范围内。从而明显地改善了滑行舒适性和底盘的感知性能，而无需削弱行驶安全性。当车道冲击较大时，通过减振器的选择性作用可重新激活充分的减振功能（图 6-1-1）。根本性的新变化包括以下几点：

① 铝制四连杆前轴；

② 调整了轮距和轮胎尺寸；

③ 优化了独立多连杆后轴；

④ 改进了运动学性能，使用轻质材料；

⑤ 底盘支座就行驶舒适性和行驶动态性经过优化；

⑥ ETS/ESPB、ABS/BAS 的动态行驶功能性得到扩展。

二、前轴

四连杆前轴的基本特征是下部连杆平面由拉杆和弹簧导杆组成。位于上方的叉形控制臂承担其他车轮的导向功能，例如采取制动措施时的转矩支持（图 6-1-2）。

除了通过使用铝材实现轻量化以外，转向节的车轮外倾刚性得到提高，同时所选材料的

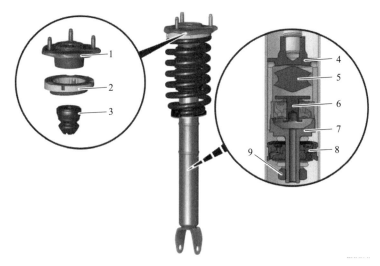

图 6-1-1 减振器

1—顶盖轴承；2—塑料垫片；3—单弹簧缓冲器；4—工作壳体；5—弹性体活塞；6—带旁通
分隔功能的舒适性阀门；7—节流阀；8—带旁通分隔功能的工作活塞；9—螺母

固有频率保证道路冲击不会引起共振。因此在转弯时可以获得良好的响应性能和出色的噪声
舒适性。

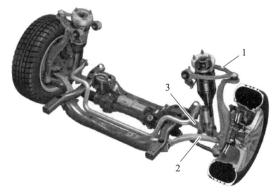

图 6-1-2 带空气悬挂系统（Airmatic）的前轴

1—上部叉形控制臂；2—拉杆；3—弹簧导杆

三、后轴

全新 C 级轿车五连杆后轴的主要特征是明显降低的重量以及无与伦比的车轮导向质量。

全新后轴支架提供了两种型号，其区别在于使用的材料不同。4 缸汽油发动机车型、
Eco 柴油发动机车型和全轮驱动车型采用轻质铝板规格（客户选择不包含轻质车身的特殊装
备除外）。客户选择不包含轻质车身的特殊装备，以及采用 6 缸以上的发动机配置时，车辆
会安装久经考验的高强度钢板，以便能够承受相对较高的作用力（图 6-1-3）。实现轻量化的
其他特征包括：

① 铝制锻造轮架；

② 由高强度成形钢板制成的单层弹簧导杆（针对钢悬架）；

③ 铝制锻造弹簧导杆［针对空气悬挂系统（Airmatic）]。

图 6-1-3　带空气悬挂系统（Airmatic）的后轴
1—弹簧导杆；2—推杆；3—转向横拉杆；4—拉杆；5—车轮外倾支撑杆

四、空气悬挂系统

空气悬挂系统以特殊装备形式提供。该系统将空气悬挂与持续调节减振组合在一起，减振器性能可根据车道平整度进行调整（图 6-1-4）。

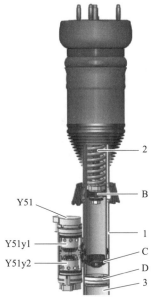

图 6-1-4　带无级减振控制的空气悬挂系统（Airmatic）
1—减振器管；2—活塞杆；3—平衡气室；B—工作活塞；C—底部阀门；D—分隔活塞；Y51—减振阀单元；
Y51y1—电磁阀；Y51y2—电磁阀

这款完全承载式空气悬挂被设计成了开放系统，也就是说，车辆的高低位置和调节过程是通过空气的输入和排出实现的，并且完全自动运行。车辆的高低位置通过相应车轮所对应的电磁阀调节。空气悬挂的压力供应由电动压缩机确保。通过操纵下部操作面板中的车辆水平高度按钮，驾驶员可以个性化设置车辆水平高度。

电子控制单元中存储有自动锁止位置功能，在通过"千斤顶更换车轮"或"车辆停放在升降台"等特定情况下，从悬挂减振柱中排出空气或压缩机运行等各种调节动作将被禁止。电子调节式持续减振系统为全自动运行。与传统的钢悬架相比，它对滑行舒适性和行驶安全性进行了进一步改善。

五、敏捷选择

敏捷选择（Agility Select）功能集合了决定驾驶体验的几种基本车辆系统。它们涉及车辆的电动转向系统、空气悬挂系统（Airmatic）、ECO 启动/停止功能和传动系统。加速后的反应转向系统速度感应助力、自动变速箱的切换点和手动挡车辆的油门踏板特性曲线等特性都会相应受到影响。此外，ECO 启动/停止功能可在"个性化行驶程序"中激活或关闭。

驾驶员通过敏捷选择开关可以在预设的不同行驶程序和个性化行驶程序之间进行选择。驾驶员通过操作敏捷选择开关选中某个行驶程序，然后会在仪表盘和主机中收到操作反馈（图 6-1-5）。

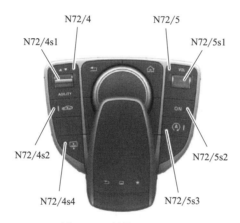

图 6-1-5　敏捷选择开关

N72/4—下部左侧操作面板；N72/4s1—敏捷选择开关；N72/4s2—车辆水平高度按钮；
N72/4s4—后窗遮阳卷帘按钮；N72/5—下部右侧操作面板；N72/5s1—音量调节
按钮；N72/5s2—按钮"ON"（主机）；N72/5s3—ECO 启动/停止功能按钮

第二节　铝制后轴齿轮箱

全新 C 级轿车首次装备全新开发的铝制后轴齿轮箱 183。这款铝制后轴齿轮箱被设计成了 4 齿轮差速器（4 个差速器小齿轮），同时增大了传动比范围（图 6-2-1）。

通过使用串联式角面接触的滚珠轴承和经过优化的准双曲面运行齿轮系统，能够在结构空间不变的情况下传输更大的功率，这也就意味着在相同的功率条件下可以节省结构空间和重量。

提示：全新铝制后轴齿轮箱 183 加注 Fuel-Economy 低黏度准双曲面齿轮润滑剂。

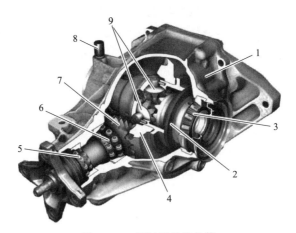

图 6-2-1　铝制后轴齿轮箱

1—铝制壳体；2—轴锥齿轮；3—差速器轴承；4—环齿；5—小齿轮法兰盘轴承；

6—小齿轮顶盖轴承；7—主动锥齿轮；8—排气孔；9—差速器小齿轮（4 个）

第三节　转向系统

全新 C 级轿车标配电动机械助力式转向机。电子动力转向由齿条齿轮式转向机、电子动力转向转矩传感器、电子动力转向伺服电机和电子动力转向控制单元组成。电动助力转向可实现转向助力的无级随速调节。相比液压助力转向，其优点包括：

① 改善了转向感觉；

② 节约燃油；

③ 无需液压油；

④ 结构紧凑；

⑤ 标配速度感应转向助力；

⑥ 转向回正助力；

⑦ 具有诊断功能。

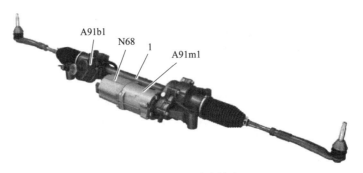

图 6-3-1　电子动力转向

1—齿条齿轮式转向机；A91b1—电子动力转向转矩传感器；A91m1—电子
动力转向伺服电机；N68—电子动力转向控制单元

第四节　制动系统

一、复合制动盘

全新 C 级轿车装备了一款全新的复合制动盘。该复合制动盘被设计为两部分，由一个作为内部件的成形钢制件和一个啮合的灰铸铁制动环组成。为此新开发的组合式防腐方案由钢制件的电镀涂层以及整个部件上附加的一层涂料构成。

优点：与传统制动盘相比，每个部件的质量视尺寸而定，可节约 0.8～1.5kg。

二、电动驻车制动器

电动驻车制动器（EFB）与车型系列 222 一样，采用电动操作方式。此外，还使用了一款带电动驻车制动功能的组合浮式制动钳（图 6-4-1）。提示：全新 C 级轿车的 EFB 系统本身没有控制单元。EFB 的伺服电机由电控车辆稳定行驶系统（ESP）控制单元控制。

扫一扫

视频精讲

图 6-4-1　制动系统
1—制动环；2—成形钢制件

第五节　底盘系统故障诊断

一、转向助力太小

（1）车型　204。

（2）故障原因　助力泵损坏。

（3）解决方案　打开助力泵（图 6-5-1）检查叶片，如果叶片损坏，需要更换整个转向系统。

注意：转向系统包含助力泵、助力油罐、3 个高压油管、1 个低压油管、助力油冷却器和转向机。

二、当刹车时方向盘下降

（1）车型　W166。

图 6-5-1　助力泵

（2）故障现象　当刹车时，可以感觉到方向盘下降，同时车辆前端也会下沉。

（3）故障原因　转向拉杆会有不连续的滑动力。

（4）解决方案　更换转向拉杆。

三、倒车时刹车异响

（1）车型　212。

（2）故障现象　在倒车制动过程中前桥制动发出"咔哒咔哒"异响。

（3）故障原因　制动片与制动分泵挂架之间自由间隙大。

（4）解决方案

① 更换制动片。

② 附加更换制动分泵挂架。

四、轮速传感器故障

（1）车型　164/216/221/251。

（2）故障现象　前轮/后轮轮速传感器故障。

（3）故障原因　传感器插头进水。

① 传感器头湿气导致寄生电阻。

② 车辆停止时会产生车速信号。

钥匙关闭/打开后结果：

① ESP 警报灯闪烁，挡位不能从"P"挂出。

② 2min 后，在车辆静止时，车速表显示车速为 260km/h；

③ 分里程和总里程会增加；

④ 仪表显示"ABS/ESP 失效，请到维修站"信息；

⑤ 在不同的控制单元存储关于轮速传感器的故障码（ESP、仪表、发动机、变速箱）；

⑥ 车辆可以自动上锁。

（4）解决方案　为避免重复维修，更换所有的轮速传感器。

五、驻车辅助功能不能正常操作

（1）车型 164/204/212/463（第四代超声传感器）。

（2）故障原因 湿气进入后保险杠上的超声传感器外部（图 6-5-2）。

图 6-5-2 超声传感器

（3）解决方案 更换超声传感器。

六、车辆在低速时抖动或闯车

（1）车型 221。

（2）故障现象 车辆在低速（车速低于 10km/h）时抖动或闯车。

（3）故障原因 由于液力变矩器的激发，在传动系统内产生共振，从而导致此故障的出现。

（4）解决方案

① 更换改进后的液力变矩器。

② 更换电液执行器。

③ 在 DAS 中输入改装码 004 后，用 08/07 后的 DAS 进行系统升级。

DAS 中的工作步骤：

① 在"Main groups"菜单中，选择"Input for aftermarket installations and modifications"；

② 输入编码（＋）004（oh-zero-4）；

③ 按确认键进行确认；

④ 按 F5 键，完成表格填写，发送至技术支持部门；

⑤ 按 F2 键，完成所有步骤；

⑥ 对变速箱电脑进行正常的升级。

七、前轴区域内有噪声

（1）车型 164 带空气悬挂。

（2）故障原因 当车辆启动行驶时，ADS 电脑调节空气悬挂，突然的气压建立导致悬挂有噪声。如选择运动模式，则 ADS 阀不起作用，就不会有噪声。

（3）解决方案 更换带新软件的控制单元。

八、更换胎压传感器后仪表显示"胎压检测故障"

（1）车型

① 211/219/230 带编码 475、806。

② 164/221/251 带编码 475。

（2）故障原因　安装胎压传感器后，学习程序没有完成或学习条件不满足。

（3）解决方案

① 驾驶车辆至少 5min，车速高于 25km/h 以致传感器取消检测模式，继续驾驶车辆至胎压显示在仪表上。若车速小于 25km/h，工作必须从头开始。

② 若经过正确的无间断的驾驶，胎压没有显示，说明传感器没有完成学习但已经取消了检测模式，这种情况，需停车至少 20min（关钥匙），确保传感器处于停车模式，之后学习步骤完成。路试，几分钟后胎压正确显示。

九、仪表显示"ESP 故障"／"BAS 故障"

（1）车型　　221/216。

（2）故障原因　系统内的电子部件故障或其线束故障。

（3）解决方案

① 按照 DAS 对故障码进行诊断，如不能解决，则检查雨刷臂下边的线束（图 6-5-3）。

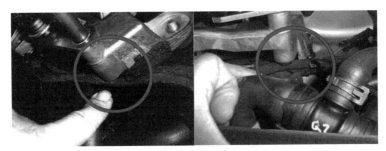

图 6-5-3　检查雨刷臂下边的线束

② 如果必要，维修线束。

③ 松开线束的固定点（图 6-5-4）。

图 6-5-4　松开线束的固定点

④ 固定线束（图 6-5-5）。

图 6-5-5　固定线束

十、空气悬挂前减振器噪声

（1）车型　164。

（2）故障原因　在个别的案例中，减振器里的一个金属垫片没有装到位。

（3）解决方案　更换最新的减振器。

第七章

新技术通报及典型案例

第一节 新技术通报

一、多个气缸同时缺火

（1）有效性　车型 215、216、220、221、230，带发动机 275。

（2）故障　仪表盘中的发动机诊断警告灯亮起。

发动机有可能会以应急运行模式运行。汽油发动机控制单元中可能存储有多个气缸缺火的故障码。

（3）原因　发动机线束的套管连接器 Z7/43z1 和 Z7/43z2 中可能存在过渡电阻。

（4）补救　执行诊断系统中存储的关于所出现故障码的所有检测步骤。

如果所有检测结果均正常，则利用焊接头对套管连接器 Z7/43z1 和 Z7/43z2 进行维修。

二、正时箱机油滤清器壳体区域内的螺纹有漏油迹象

（1）有效性　发动机 276。

（2）故障　正时箱机油滤清器壳体区域内的螺纹有漏油迹象（渗出液珠）（图 7-1-1）。

（3）原因　铸件上有细孔。

图 7-1-1　漏油位置

（4）补救

① 用清洁剂（例如 Loctite 7063 或类似清洁剂）去除螺纹上的油脂。

② 用压缩空气小心地吹洗螺纹（用抹布遮盖该区域），以去除清洁剂。

③ 安装新的微密封螺栓 A002 990 11 03（M6×12）。

螺栓紧固扭矩为 4.5N·m。

三、发动机启动后发出"咔哒"声且噪声持续数秒

（1）有效性

① 发动机 157：截至发动机 1579××60 022333。

② 发动机 2768：截至发动机 2768××30 001280。

③ 发动机 2769：截至发动机 2769××30 406602。

④ 发动机 278：截至发动机 2789××30 103674。

（2）故障　发动机启动后发出"咔哒"声且噪声持续数秒。

（3）原因　次级链条张紧器发出"咔哒"声，直至发动机油压逐步增加。估计不会造成进一步的损坏。

（4）补救　更换左侧和右侧次级链条张紧器，在左侧和右侧气缸盖内次级链条张紧器的供油孔内各安装一个止回阀（图 7-1-2）。

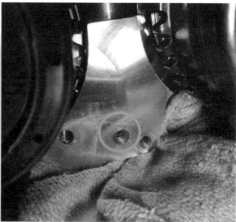

图 7-1-2　安装止回阀

依据部件清单和发动机号码在备件部门订购链条张紧器。

测量供油孔直径后在备件部门订购止回阀。

发动机 157：

① 截至发动机 1579××60 017984，安装链条张紧器和止回阀；

② 自发动机 1579××60 017985 至发动机 1579××60 022333，仅安装止回阀。

发动机 2768：

① 截至发动机 2768××30 000790，安装链条张紧器和止回阀；

② 自发动机 2768××30 000791 至发动机 2768××30 001281 仅安装止回阀。

发动机 2769：

① 截至发动机 2769××30 365996，安装链条张紧器和止回阀；

② 自发动机 2769××30 365997 至发动机 2769××30 406603 仅安装止回阀。

发动机278：

① 截至发动机2789××30 073273，安装链条张紧器和止回阀；

② 自发动机2789××30 073274至发动机2789××30 103675，仅安装止回阀。

四、发动机启动后立即熄火

(1) 有效性

① 发动机276，在车型166、172、204、207、212、218、231中。

② 发动机278，在车型X166中。

(2) 故障

① 发动机启动后偶尔会立即熄火。再次启动后，发动机启动并不再熄火。

② 短暂行驶和短暂驻车后重新启动时，这种情况更加常见。

③ 汽油发动机控制单元内没有存储故障条目。

(3) 原因　通过汽油发动机控制单元应用程序促动喷油嘴。

(4) 补救

发动机276：首先下载以下Xentry Diagnose插件，然后更新汽油发动机MED 17.7控制单元软件。

对于Xentry 11/2012版数据状态：插件2693。

对于Xentry 01/2013版数据状态：插件2694。

对于Xentry 03/2013版数据状态或更高：不需要插件。

车型系列166中的发动机278：下载以下Xentry Diagnose插件，然后更新汽油发动机MED 17.7控制单元软件。

对于Xentry 11/2012版数据状态：插件2582。

对于Xentry 01/2013版数据状态或更高：不需要插件。

不要更换汽油发动机或燃油系统的任何部件。若是由软件问题引起的，则更换部件无法排除故障。

五、从高压泵和/或喷油嘴区域发出"滴答"或"嗒嗒"的噪声

(1) 有效性

① 发动机152。

② 发动机157。

③ 发动机276。

④ 发动机278。

(2) 故障　从高压泵和/或喷油嘴区域发出高频率的"滴答"或"嗒嗒"的噪声。

(3) 原因

① 对于高压泵：泵往复式活塞进入活塞座内。

② 对于喷油嘴：喷射之后喷嘴尖端有关闭噪声。

这两种噪声都是正常的部件运行噪声，是高压喷射系统必然的噪声。

(4) 补救　在出现噪声时，所有情况下都必须使用对比车辆，以便对噪声水平进行评估。比较带有和不带高压泵泡沫隔声罩时，以及发动机罩关闭时和从车内听到的噪声。

六、仪表盘内的机油液位查询无法使用，或在 AMG 菜单中不显示机油温度

（1）有效性

① 166.074/874。

② 172.475。

③ 212.074/274。

④ 216.374。

⑤ 218.374/974。

⑥ 221.074/174。

⑦ 231.474。

⑧ 463.272/273。

（2）故障　仪表盘内的机油液位查询无法使用，或在 AMG 菜单中不显示机油温度。

提示：故障码 U104787（与机油传感器之间的通信有故障，信息缺失）已存储在发动机控制单元中。

（3）原因　点火线圈导致了局域互联网（LIN）总线上和机油传感器供电导线上出现干扰脉冲。

（4）补救　检测范围：检查所安装点火线圈的零件号。

如果所安装的点火线圈带零件号为 A 276 906 0160，则执行工作步骤：更换所有的点火线圈。

对于车型系列 166：遵照气缸 1 和 5 点火线圈部件提示。

七、故障信息，冷却液液位过低

（1）有效性　W/X 166。

（2）故障　仪表盘显示冷却液液位过低的故障信息。

（3）原因

① 由于错误安装了 Y 形适配器造成前围板上的冷却液渗漏。

② 由于安装了错误的 Y 形适配器，冷却液软管未能正确安装。

（4）补救

① 检查 Y 形适配器上的所有软管是否均正确安装。如果某根软管未正确安装，则按规定安装该软管。

② 根据车辆的特殊装备，相应地安装不同的 Y 形适配器（例如驻车加热器、加热式风挡玻璃清洗液罐）。

八、发动机散热器风扇发出"嗡嗡"声

（1）有效性　车型 166，带发动机 278。

（2）故障　发动机散热器风扇在运行中发出噪声。

（3）原因　污物可能沉积在发动机散热器风扇的扇叶上，尤其是越野行驶时。由此可能造成风扇的不平衡，以致产生振动/噪声。

（4）补救　用蒸汽清洁器清洁风扇。

提示：不要更换发动机散热器风扇。

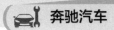
九、当转速为 1000~1600r/min 时车辆反冲

（1）有效性

① 发动机 272DE（350CGI），带变速箱 722.9。

② 发动机 276（350CGI），带变速箱 722.9。

（2）故障　在车辆加速（发动机温度＞60℃）时以及部分负荷状态下，在转速为 1000~1600r/min 时可以感觉到车辆反冲。

车辆反冲与变矩器锁止离合器的不顺畅接合或换挡不顺畅类似。

（3）原因　在发动机运行模式从均匀模式转换到层状进气模式时转矩阶跃突然增加。

（4）补救

① 通过试驾再现故障情况。

② 拔出氧化氮存储式催化转换器的传感器上的插头（以此抑制层状进气模式，必要时激活发动机诊断警告灯）。

③ 通过试驾检查故障的再现性。

④ 重新插入氧化氮存储式催化转换器的传感器上的插头，并删除故障记忆。

如果已经进行了检测，并可以再现故障，则进行如下操作，对于 M272：用自 01/2011 版 DVD 起的 DAS/Xentry 和插件 1704 更新发动机控制单元软件。故障仍可重现，接着进行试。

M276：请检测控制单元记录中的发动机控制单元软件版本。如果发动机控制单元上升级的软件版本低于 VC8，则请将发动机控制单元升级到最新软件版本（VC9 或更高）。

十、后备厢盖控制功能故障

（1）有效性　型号 222，带代码 881。

（2）故障　后备厢盖偶尔无法完全打开或无法关闭（完全）。

在出现故障时，会有额外的下列现象。

① 后备厢盖控制按钮（S62/26）的照明失灵。

② 后备厢盖锁（A85/5s1）主卡钩开关的实际值显示为"闭合"，尽管后备厢盖已打开。

③ 若敲击后备厢盖锁（A85/5），后备厢盖控制按钮（S62/26）的照明闪烁并且后备厢盖锁（A85/5s1）主卡钩开关的实际值。

在"打开"和"关闭"之间来回跳动。可以在 Xentry Diagnostics 中通过以下路径找到后备厢盖锁（A85/5s1）主卡钩开关的实际值。

Xentry Diagnostics→控制单元→SAM-H（N10/8）→实际值→后备厢盖→后备厢盖主卡钩开关。

（3）补救　更换后备厢盖锁。

十一、限距控制系统增强版有时反应过于灵敏

（1）有效性　车型 166、172、204.9、216、218、231，生产日期从 2013 年 4 月 1 日~2013 年 6 月 30 日，带限距控制系统增强版/代码 233。

（2）故障　限距控制系统增强版在多车道道路上工作时，系统偶尔对相邻车道上的车辆反应过于灵敏。

（3）原因　在雷达传感器控制单元中可能存储了前部近距离雷达传感器默认的角度修正

值，而不是车辆的特定修正值。特定的角度修正值可优化相应车辆近距离雷达传感器的探测范围。

（4）补救　用 XENTRY 诊断系统执行雷达传感器控制单元（N62/1 或 N62/2）的试运行。

十二、空气悬挂系统控制单元中故障码无法删除

（1）有效性

① 车型 166，带空气悬挂系统（特殊装备代码 489）。

② 不带车型 166.074（AMG 车辆）。

（2）故障

① 故障码（FC）U042700（接收到来自电子点火开关的不可信数据）存储在快速测试中且无法删除。

② 存储的故障码（FC）对空气悬挂系统的功能无影响。

③ 无法显示信息。

（3）原因　空气悬挂系统控制单元中有内部软件故障。

（4）补救　进行 Xentry 升级：

① 对于 5/2012 DVD 版 Xentry Diagnostics，使用插件 2306；

② 对于 3/2012 DVD 版 Xentry Diagnostics，使用插件 2285。

然后通过控制单元编程将空气悬挂系统控制单元软件升级到 A166 902 5602。

十三、路面情况不良时前轴和/或后轴区域发出"砰砰"噪声

（1）有效性

① 车型 166，带空气悬挂系统（特殊装备代码 489）。

② 不带车型 166.074（AMG 车辆）。

（2）故障　在最高为 20km/h 的车速范围内，路面情况不良时前轴和/或后轴区域发出"砰砰"噪声。

（3）原因　如果部件的公差不良，则切换自适应减振系统（ADS）减振模块时，压力波动可能导致"砰砰"噪声。

（4）补救　进行 Xentry 升级：

① 对于 5/2012 DVD 版 Xentry Diagnostics，使用插件 2306；

② 对于 3/2012 DVD 版 Xentry Diagnostics，使用插件 2285。

然后通过控制单元编程将空气悬挂系统控制单元软件升级到 A166 902 5602。

如果升级软件不能解决问题，则原因在其他方面。在这种情况下用 Chassis Ear 找出噪声源。

十四、车辆一个或多个悬挂减振柱下降

（1）有效性　车型系列 166，带特殊装备（SA）代码 489（空气悬挂）。

（2）故障

① 车辆偶尔有一个或多个悬挂减振柱下降。

② 空气悬挂系统图标显示在多功能显示器内。

存储的故障码（FC）如下。

故障码 C155664：系统压力的压缩空气传感器有故障，存在不可信信号。

故障码 C157200：充气时恢复时间过长。

故障码 C156C00："压缩空气分配"系统泄漏。

（3）原因　压缩机排气阀偶尔停止响应。因此压缩空气从空气悬挂系统中逸出，阀体促动悬挂减振柱，使得车辆高度水平下降。

（4）补救　更换压缩机。

十五、在将方向盘转到底时前轴区域发出噪声

（1）有效性　所有采用前轮驱动和四轮驱动的梅赛德斯-奔驰车辆。

（2）故障　在将方向盘转到底时前轴区域发出噪声（吱吱声）。

（3）原因　由于在生产过程橡胶防尘罩被喷漆，所以在将方向盘转到底时，外万向节区域可能发出吱吱声。

（4）补救　抬起车辆前轴，然后将方向盘向左和向右转到底，同时用手转动车轮。如果在方向盘打到底的区域发出"吱吱"噪声，必须执行以下工作步骤。

① 清洁左右外万向节上的防尘罩。

② 用润滑剂 A 000 989 36 60 润滑左右外万向节上的防尘罩。

提示：在出现此故障时勿更换侧轴。

十六、前轴驱动轴上的负荷改变时发出"咔嚓"声

（1）有效性　所有梅赛德斯-奔驰前轮驱动乘用车辆和 4×4 车辆。

（2）故障　起步时，侧轴负荷改变时发出"咔嚓"声（可在同一侧听到）。从向前行驶改为倒车时（反之亦然），会听到一声"咔嚓"声。

（3）原因　如果能通过试着松开车轮上的凸缘螺母（1 转）而排除故障，则说明原因在于车轮轴承内圈和侧轴万向节壳体的连接中有轻微移动。

提示：凸缘螺母必须在松开后更换，然后用规定的扭矩拧紧。

（4）补救　用摩力克漆（Molykote）涂抹侧轴与车轮轴承的接触面，为此按以下步骤操作。

① 拆卸车轮侧轴（将外部万向节啮合齿从轮毂中拉出）。

② 涂抹摩力克漆前先清洁接触面（无尘且无油脂）。

③ 用摩力克漆涂抹接触面，并在拆卸状态下干燥 1h。

④ 装回侧轴。

提示：使用前先将低摩擦系数涂料（Molykote）搅拌或晃动均匀。

十七、当车辆制动或起步时，或悬挂压缩及回弹时，前轴出现噪声

（1）有效性　车型 166，截至车辆代号 A084981。

（2）故障　当车辆静止或起步时，或悬挂压缩及回弹时，前轴发出"劈啪"声、轻微"砰砰"声。

此外有时也会感觉到方向盘在抖动几次。

（3）原因　转向联轴节滑块中出现黏滑效应。

（4）补救　更换转向联轴节。

十八、电动转向系控制单元内出现不可信的故障

（1）有效性　166.074。

（2）故障　电动转向系控制单元内出现不可信的故障条目。

提示： 已储存故障码 U044700（接收到来自中央网关的不可信数据）。

电动转向系无功能障碍。

（3）原因　电动转向系软件有问题。

（4）补救　更新电动转向系控制单元软件版本。

十九、发动机诊断警告灯亮起

（1）有效性　车型 166/207/212/216/218/221，带发动机 278 相应仅带特殊装备（SA）代码 801 且不带 K01，或带特殊装备（SA）代码 802 且不带 K01。

（2）故障　发动机诊断警告灯亮起，以下故障码可能已存储在发动机控制单元中。

① P262600"氧传感器 1（气缸列 1）的微调电阻器的连接有电气故障或断路"。

② P262900"氧传感器 1（气缸列 2）的微调电阻器的连接有电气故障或断路"。

（3）原因　氧传感器的加热元件损坏。

（4）补救

① 更换催化转换器上游的左侧和右侧氧传感器。

② 在 VeDoc 中进行特殊装备（SA）代码 K01 的文档再记录。

③ 使用最新软件对发动机控制单元进行编程。

提示： 如果已安装最新的发动机控制单元软件，则在更换氧传感器并进行文档再记录后，一个软件校准编号（SCN）设码已足够。

二十、在发动机控制单元中可能存储了故障码 P042812 或 P043812

（1）有效性　所有车型，带发动机 276 和带层状进气的汽油直喷装置/特殊装备代码 920。

（2）故障　发动机诊断警告灯亮起，发动机控制单元中可能存储了以下故障码。

① P042812"催化转换器的温度传感器 1（气缸列 1）对正极短路。存在对正极短路"。

② P043812"催化转换器的温度传感器 1（气缸列 2）对正极短路。存在对正极短路"。

（3）原因　温度传感器故障。

（4）补救　更换左侧和右侧温度传感器（B16 和 B16/1）。

二十一、排气系统区域发出振动异响

（1）有效性　车型 166，带发动机 276，截至生产日期 2012 年 3 月 27 日。

（2）故障　排气系统区域发出振动异响。

（3）原因　在某些情况下，排气系统的正常操作振动可能无法通过先前安装的悬挂环完全消除。

（4）补救　将改进型悬挂环按照零件列表安装在中部和尾部消声器上。

二十二、转向柱区域内发出高频"吱吱"声

（1）有效性　车型 166，截至车辆识别号（VIN）尾号 A069291，截至生产日期 2012 年 3 月。

（2）故障　方向盘向左转时发出高频"吱吱"声。

（3）原因　在转向柱管开关模块（MRSM）中：蜗轮传动装置的拖曳指针振动。

（4）补救　更换转向柱管开关模块（MRSM）。

提示：不要更换整个转向柱管。

二十三、侧车窗在上升和下降过程中发出噪声或在上升时反向运行

（1）有效性　车型 166.0。

（2）故障　侧车窗在上升和下降过程中发出噪声或在上升时反向运行。

（3）原因

① 内部插口密封条：有故障的防摩擦漆涂层可能会导致摩擦更严重，以及密封唇折合。

后果：摩擦过大，引起噪声以及车窗玻璃反向运行。

② 车窗导轨：侧窗玻璃可能滑至底板密封唇后，底板密封唇折合。

后果：车窗玻璃在裸露的橡胶上运行，摩擦过大，导致噪声以及车窗玻璃反向运行。

③ 在前车门上，车窗导轨上的密封唇可能折合至 B 柱区域腰线以下。

后果：摩擦过大，引起噪声。

（4）补救

① 对内部插口密封条的上部和下部密封唇进行目检。

如果密封唇折合，则更换相应的内部插口密封条。

② 目检车窗导轨前后，查看底板密封唇是否折合。

打开车窗，再次上行一段距离。

用一块塑料楔将车窗玻璃上方的车窗导轨撬下，直到露出底板密封唇。

如果密封唇折合，则更换相应的车窗导轨。

注意：安装侧窗玻璃时请确保底板密封唇不会贴在车窗玻璃侧面。

③ 目检车窗导轨上的密封唇是否折合。

为此拆卸腰线装饰条。

如果密封唇折合，则必须更换车窗导轨。

更换之前：

a. 新车窗导轨必须剪短 50mm；

b. 剪短后必须将密封唇剪下 50mm。

注意：对于该故障，不允许更换包括车窗升降器在内的车门模块。

二十四、无法对车库门遥控开关编程或编程设置丢失或作用距离过短

（1）有效性　车型 204、207、212、218、166、172，带代码 231 或代码 232。

（2）故障

① 无法将手持式车库门遥控发射器与集成式车库门遥控开关匹配（在内部后视镜中）。

② 集成式车库门遥控开关的作用距离过短。

③ 集成式车库门遥控开关的编程设置丢失。

（3）原因

① 已对集成式车库门遥控开关预编程。

② 车库门驱动装置与车辆系统不兼容。

③ 通过可变编码系统遥控车库门驱动装置工作。

④ 手持式车库门遥控发射器与集成式车库门遥控开关匹配过程中的距离过短/过长，或编程过早中断。

⑤ 超出了手持式发射器的时间设定（10～20s后便已关闭）。然而车库门遥控开关学习代码的时间长达30s。

⑥ 超出了集成式车库门遥控开关的时间设定（约60s后关闭）。

⑦ 更换后无法编程集成式车库门遥控开关（不涉及美国/加拿大型号）。

⑧ 手持式车库门遥控发射器的电池电力不足。

⑨ 集成式车库门遥控开关未正确学习编程，因为部分信号未采集到。

⑩ 在装有红外线小窗的车辆上可能出现发射功率低。

⑪ 在车外测试手持式车库门遥控发射器。

⑫ 将手持式车库门遥控发射器对准车库门，而车辆处在其他位置。

⑬ 按钮卡住：如果集成式车库门遥控开关在有供电时识别到3个按钮之中有一个卡住，则会将其停用。其他按钮/存储位置仍正常工作。如果按钮不再卡住，则会重新激活其功能。这导致记录故障码B226901。

⑭ 激活了误用保护：有一条局域互联网（LIN）总线连接至驾驶员侧信号采集及促动控制模组（SAM）。如果集成式车库门遥控开关接收到错误的或接收不到保安密码，则会删除该编程。国家设码保留。启动系统时信号采集及促动控制模组（SAM）会发送一个替代值，集成式车库门遥控开关由此删除编程设置。

（4）补救 提示：解决措施的编号对应各原因的编号。

① 在匹配手持式发射器之前，必须对集成式车库门遥控开关进行一次复位。为此同时按下并按住集成式车库门遥控开关上的按钮1和3约20s，直至LED快速闪烁。

② 通过HomeLink热线订购并安装通用接收器。

③ 对于使用可变编码系统的车库门驱动机构，编程后还必须执行一次与车库门驱动装置的同步。

④ 注意编程时的距离，该距离取决于系统，为5～30cm不等。可能会需要多次尝试编程，此时要在每次尝试的调整位置停留至少30s。如果编程成功，则会通过集成式车库门遥控开关的LED闪烁加以显示。

⑤ 再次操纵手持式发射器。一旦手持式发射器上的LED不再亮起，就立即松开手持式发射器上的按钮，然后再次按下，直至集成式车库门遥控开关上的LED快速闪烁。

⑥ 改变手持式发射器的位置，再次开始编程。

⑦ 备件一直预编程为"非欧洲国家"。对于其他国家型号，适用其他区域代码。因此备件必须通过Xentry Diagno-stics投入运行。在更换车内后视镜时也同时在此对安全代码进行编码。

⑧ 更换手持式车库门遥控发射器的电池。

⑨ 再次进行集成式车库门遥控开关的编程过程。可能需要多次重复此过程。

⑩ 这种情况大多数只是驾驶过不带红外线小窗的旧车型或曾有不带红外线小窗的别车进入其车库的客户才会察觉到。这种信号损失受技术所限，如在车窗玻璃中装有一层薄金属箔。更换部件不能解决问题！同时注意装备代码：代码595意味着风挡玻璃仅为红外线小窗；代码596意味着所有车窗玻璃都是红外线小窗。常常在车辆行驶在街道上时就开始操纵集成式车库门遥控开关，因此无线电波仅通过风挡玻璃中的发射槽口离开车辆。无线电波仅

能向前方传播，因此错过车库门。如果侧窗没有安装红外线玻璃，则无线电波可以侧向朝车库门方向离开车辆。

⑪ 在相同条件下，对集成式车库门遥控开关和手持式车库门遥控发射器进行一次对比测试（手持式车库门遥控发射器必须在车内）。

⑫ 客户会自然而然地将手持式车库门遥控发射器对准车库门的方向。然而，集成式车库门遥控开关的发射方向取决于后视镜或车辆的位置。对此也可阅读第⑪步中的相关信息。因此更换零件也解决不了问题。

⑬ 更换车库门遥控开关/车内后视镜。请检查是否为客户方面的责任。

⑭ 通过 Xentry Diagnostics 执行集成式车库门遥控开关的试运行。

为此在驾驶员侧信号采集及促动控制模组（SAM）下选择局域互联网（LIN）组件"车库门遥控开关（A67n2）"。在该处调整→配置→手动设置→安全代码下可以找到启动自动编码的选项。改进的试运行例行程序自 2010 年 5 月版 DVD 或带 AddOn 1412 的 2010 年 3 月版 DVD 或带 AddOn 1411 的 2010 年 1 月版 DVD 起可用。

如果带代码 231 的车辆（车型 207、212 或 204，生产日期自 2009 年 12 月 1 日）不能访问 Xentry Diagnostics，在此之前还要进行驾驶员侧信号采集及促动控制模组（SAM）软件校准编号（SCN）设码（见 GI68.05-P-049152）。

二十五、自动尾门偶尔无法打开

（1）有效性　车型 166。

（2）故障

① 掀开式尾门处于关闭状态时，虽已解锁，但有时不会自动向上打开。

② 掀开式尾门控制装置的打开过程偶尔中断。

（3）原因　位置传感器信号不可信。

（4）补救　将掀开式尾门控制单元（HKS）驱动单元霍尔传感器的针脚从掀开式尾门控制单元（HKS）插头上按照如下步骤脱开。

① 依据维修间资料系统（WIS）文档记录［见维修间资料系统（WIS）参考］，拆下掀开式尾门控制单元（HKS）。

② 将插头（蓝色）从掀开式尾门控制单元（HKS）上脱开。

③ 将针脚 1（GY）、2（YE）和 5（BN）从插头 2 上脱开。

④ 将单个针脚用绝缘带绝缘。

⑤ 将脱开的导线捆扎到线束上。

⑥ 将插头（蓝色）与掀开式尾门控制单元（HKS）连接。

⑦ 依据维修间资料系统（WIS）文档记录［见维修间资料系统（WIS）参考］，安装掀开式尾门控制单元（HKS）。

提示： 如果脱开针脚后掀开式尾门控制单元（HKS）无法运作，则必须额外进行试运行并删除掀开式尾门控制单元（HKS）的故障记忆！

二十六、远光灯辅助功能有时不可用

（1）有效性

① 车型 204、212、207、221、216、218、166。

② 带特殊装备代码 608（远光灯辅助）而不是 513/476/238。

③涉及的生产时间段：2010 年 8 月 1 日～2011 年 1 月 31 日或 2011 年 5 月 1 日～2011 年 8 月 30 日。

（2）故障

①远光灯辅助激活时，仪表盘中显示信息"远光灯辅助功能不可用"。

②远光灯辅助接通条件：

a. 仪表盘菜单中远光灯辅助"接通"。

b. 多功能开关调到远光灯调节。

c. 光线传感器识别到"夜晚"。

（3）原因　偶尔可能会出现多功能摄像机在温度范围（－5～5℃和 20～30℃）时未能连上控制器区域网络（CAN）数据总线。无法输入故障码。在重新点火和更改部件温度后，系统可重新正常运作。

（4）补救　更换多功能摄像机，利用特殊工具"夜视辅助校准目标"（Romess Rogg GmbH 公司，零件号：09840-10）校准。

二十七、CD/DVD 无法弹出

（1）有效性　所有车型系列。

（2）故障　CD/DVD 无法从驾驶室管理及数据系统（COMAND）（A40/3）、Audio 50（A2/56）或 Audio 20（A2）的驱动器中弹出。

（3）原因

① CD/DVD 驱动器有故障。

②使用了过厚的 CD/DVD（见使用说明）。

③使用了"异形"CD/DVD（非圆形的 CD/DVD）。

④贴签分离的情况或标签脱落，导致 CD/DVD 驱动器卡止。

（4）补救

①保持按压弹出按钮长于 10s（驱动器会被重新初始化，Audio 20）。

②切断装置电压，重新按下弹出按钮。

③如果 CD/DVD 弹出，则无需更换装置。如果 CD/DVD 无法弹出，则进行如下操作：

a. 拆卸位于驱动器中的 CD/DVD，不要打开或损坏装置。

b. 通过所在国相应的一贯流程将装置送至保修或退还流程。

c. 在尝试取出 CD/DVD 时装置被打开或损坏，可能不再符合保修/优惠条件。

二十八、空调功能不可用

（1）有效性　W/X 166。

（2）故障

①空调控制面板功能不可用，无法进行操作（显示屏关闭）。

②空调功能不可用，有时不制冷。

③空调在短暂启动后关闭。

（3）原因

①故障存储器中存储了空调压缩机电磁离合器故障（故障码 91E815）。

在连接至空调压缩机的线束中，磨损位置导致了短路（对于 M276，线束位于真空组件内谐振进气歧管后部），空调压缩机电磁离合器导线受损，线束未正确安装。

空调压缩机已安装，热敏熔丝已触发。

② 空调控制面板不能启动，功能不可用（显示屏关闭），空调控制面板熔丝（对于 M276，熔丝 F19）损坏。

（4）补救

① 故障存储器中存储了故障码 91E815。

如果空调系统功能持续不可用，则必须检查空调压缩机是否卡住。用合适的工具转动空调压缩机轴。

如果空调压缩机未卡住，则检查连接至空调压缩机的线束是否短路和断路（对于 M276，线束位于真空组件内谐振进气歧管后部）。

如果空调压缩机卡住，热敏熔丝已触发且造成断路，此时只能更换空调压缩机。

如果空调系统功能偶尔不可用，则如上所述，检查线束是否短路或断路。

② 自动恒温控制系统（KLA）控制单元熔丝损坏。

如果熔丝损坏，则检查线束是否出现磨损位置和短路（对于 M276，线束位于真空组件内谐振进气歧管后部），如有必要，则进行更换。将线束正确安装在相应的固定点上，为避免磨损位置再次出现，更换熔丝（对于 M276，熔丝 F19）。

更换空调压缩机和空调控制面板不能解决问题。

二十九、在启动发动机后暖风风扇延迟运行/在启动发动机后空调操作单元显示屏关闭

（1）有效性　W/X 166，截至改款年 13/1（代码 804 的车辆不受影响）。

（2）故障

① 启动发动机时，空调操作单元显示屏关闭，风扇未立即促动。空调操作单元和风扇在约 15s 后启动。

② 故障码 A10D00（供电过低）存储在故障存储器中。

（3）原因　空调操作单元上的 12V 输出端被断开。

（4）补救

① 更新空调系统控制单元软件（软件自 05/13 版 DVD 起可用）。

② 不要更换任何空调部件，因为这样不能解决问题！

三十、驻车加热器功能不可用/无法启动，仪表盘内显示故障信息"蓄电池电量不足"

（1）有效性

① W/X 166，带代码 228。

② 车型系列 246，带代码 228。

③ 车型系列 176，带代码 228。

④ 车型系列 463，带代码 228，自生产日期 2012 年 6 月 1 日起（改款）。

（2）故障

① 驻车加热器功能不可用/无法启动。

② 仪表盘内显示故障信息"蓄电池电量不足"。

（3）原因　超过了最大运行周期数。该运行周期计数器用于避免车辆电压过低和确保发动机可以启动。驻车加热器（STH）曾启动了两次，在驻车加热器（STH）的两次启动过

程，发动机均未启动。在故障存储器中，故障码"B1A8400"（超过了最大运行周期数）显示为"当前和已存储"。只要故障为"当前"，就会阻止驻车加热器（STH）的启动。故障信息"蓄电池电量不足"显示在仪表盘中。

（4）补救　启动发动机，运行片刻。现在故障作为"已存储"保存，驻车加热器（STH）重新运行。删除故障记忆，对驻车加热器（STH）进行功能检查。

告知客户，在发动机未运行的情况下，驻车加热器（STH）只能启动两次。否则为了避免电压过低会设置故障码，然后禁用驻车暖风，直到发动机重新运行。将故障状态设置为"已存储"，驻车加热器（STH）可以如常再启动两次。

第二节　典型技术案例

一、机油压力调节阀故障

（1）车型　S400配发动机272948。
（2）故障现象　发动机故障灯亮，故障码为P06DA00（机油压力调节阀电子故障）。
（3）故障原因　机油压力调节阀故障。
（4）解决方案　没有独立部件，须更换机油泵。

二、发动机故障灯亮（故障码为P0068）

（1）车型　B200配发动机266。
（2）故障原因　节气门积炭。
（3）解决方案　清洁积炭。

三、鼓风机常转或不工作

（1）车型　251。
（2）故障原因　露点传感器或鼓风机调节器腐蚀导致鼓风机常转，进而损坏（图7-2-1）。

图7-2-1　元件损坏

（3）解决方案　更换露点传感器和鼓风机。
备注：有些车辆空调格也有腐蚀痕迹，须更换。

四、仪表盘出现保养超期的提示信息

（1）车型　W204（C-class）。

（2）故障现象　车辆还没有到该保养的里程或者保养的时间，仪表盘出现保养过期的信息提示。

（3）故障原因　软件故障。仅限带"代码802"和"便捷多功能方向盘/代码442"的车辆（组合仪表中有大显示屏）。如果车辆电压过低，则主动保养系统（ASSYST）数据会从组合仪表中的存储器中删除，从而触发此保养信息。

（4）解决方案　给蓄电池充电，由此确保车辆始终有足够供电。通过 Xentry-Diagnosis 手动试运行组合仪表。手动重新输入保养日期。

五、车辆无法启动，蓄电池无电

（1）车型　W204（C-class）。

（2）故障现象　车辆长时间停放后，无法启动，蓄电池无电，经过电脑检测，在蓄电池传感器记录中车辆外部照明曾经开启。

（3）故障原因　驾驶员信号采集及促动控制模组（SAM-Fahrer）有硬件故障。

（4）解决方案　更换驾驶员信号采集及促动控制模组。

注意：车辆大灯开关故障，也会引起此问题的发生，并且用电脑检测蓄电池传感器实际值时，故障情形与 F-SAM 电脑故障情形相同，注意区别。

如能捕捉到故障现场，可以简单地区分 F-SAM 故障，故障为前部大灯自行照明大灯开关故障，多为停车灯前后照明同时开启。

六、E-class EIS 故障

（1）车型　V212（E-class）带代码889（无钥匙启动）。

（2）故障现象

① 车辆 KG 功能有时无法使用。

② 开锁后，无法启动。

③ 启动后，无法挂挡。

④ 车辆无法启动，蓄电池亏电或无电。

⑤ 车辆外部反光镜由锁车时的关闭状态自动变为打开状态。

（3）检查流程

① 询问车主车辆 KG 功能是否正常工作。

② 车辆反光镜是否自动打开。

③ 检查车辆故障码。

④ 检查车辆 CGW 中唤醒源记录值。

⑤ 检查车辆蓄电池传感器中是记录数值。

⑥ 根据 XENTRY 中的诊断指导对 EIS 进行检查。

（4）故障原因　EIS 软件问题。

涉及的 EIS 配件号码有：A 212 905 54 00，A 212 905 56 00。

（5）解决方案　更换新的 EIS。

七、极端低温条件下，前轴或后轴区域发出"砰砰"噪声

（1）车型　W204（C-class）。

（2）故障现象　极端低温条件下（最低约 −20℃），前轴减振器支柱或后轴减振器可能会发出"砰砰"噪声。

注意：不要将此故障与常温条件下前轴减振器的"砰砰"噪声混淆。

（3）故障原因　减振器内的减振模块引起"砰砰"噪声。

（4）解决方案

① 提供各种带隔声措施的前轴减振器支柱或后轴减振器作为解决措施。

② 常温下的响声，应区别对待。正常状态下检查，如果确认是减振器响声，请用：

a. 204 车型配件为 Q10 或者 Q10 以后的减振器；

b. 212 车型配件为 Q6 或者 Q6 以后的减振器。

八、空调不凉，亏 R134a，有时从空调泵泄压阀喷 R134a

（1）车型　221156 S350。

（2）故障现象　空调不凉，亏 R134a，有时从空调泵泄压阀喷 R134a。

（3）故障原因　冷凝器堵塞，造成空调泵压力过高，压力传感器及高压接口都在冷凝器之后，无法监测空调泵压力。

（4）解决方案　拆下空调泵及干燥罐，都没有发现异物，更换冷凝器及干燥罐。

九、仪表有时显示预防性安全故障

（1）车型　212047 E260。

（2）故障现象　仪表有时显示预防性安全故障，且在着车的情况下 COMAND 开机 10s 后自动关机，座椅加热、后窗加热无法打开。SD 检测时间过长，发现多个控制单元报出供电低的当前或者储存故障，蓄电池传感器实际值不正常，低于正常值。

（3）故障原因　蓄电池传感器有时工作不正常，在蓄电池电压正常的情况下，误报出蓄电池电压低于正常值。

（4）解决方案　更换蓄电池传感器。

十、发动机/点火无法关闭

（1）车型　164.172-ML 500 4MATIC。

（2）故障现象　有时即便是拔出钥匙发动机/点火无法也关闭，EIS 中有故障码 900516（30 火不存在）。

（3）故障原因　连接保险 F3/f14 的内部插针松动，无法输出 30 火电压（图 7-2-2）。

（4）解决方案　重新安装和固定 F3/f14 插针。

十一、电子扇最大转速运行

（1）车型　212.047-E250 CGI。

（2）故障现象　电子扇紧急模式，其保险 N10/1 f22 烧蚀，电子扇以最大转速运行。

（3）故障原因　87M 与接地短路，大线的线卡子导致空气转换阀（Y101）太紧。

（4）解决方案　维修线路。

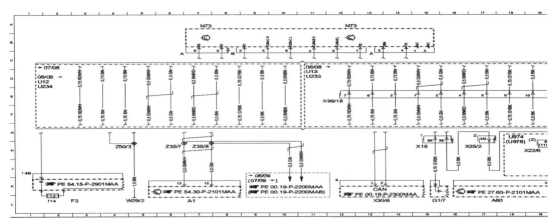

图 7-2-2　电路图（一）

十二、车辆低速行驶过程中，车身左右摇晃时左前侧有时有异响

（1）车型　R350。

（2）故障原因　在左前侧车辆地板夹层中，有一个不明的金属物体，导致车辆低速行驶过程中，左右摇晃时左前侧有时有异响（图 7-2-3）。

图 7-2-3　取出异物

（3）解决方案　取出不明金属物体，异响排除。

十三、空调系统失控，LIN BUS 所有部件报故障

（1）车型　W221 S300。

（2）故障现象　空调不制冷，出热风，无法关闭。

（3）故障原因　阳光传感器和车内温度湿度传感器插头混淆，导致 LIN BUS 信息传输错误，空调系统瘫痪。

（4）解决方案　调换插头之后故障解除。

十四、刹车灯长亮，一键启动失灵

（1）车型　S300。

（2）故障现象　车辆无需踩刹车就可以启动，没有1挡和2挡，且刹车灯长亮。仪表中没有任何故障灯显示。电脑检测没有任何故障码。

（3）故障原因　W221设置了电磁感应式刹车灯开关（图7-2-4），刹车灯开关安装支架掉落导致刹车灯处于长开状态。

图7-2-4　刹车灯开关

（4）解决方案　重新安装，故障解除。

十五、车辆在行驶中车身震动，速度越快现象越明显

（1）车型　R300（非四驱）。

（2）故障现象　车辆行驶中车身震动。

（3）故障原因　该车是后驱车，但是仍然有分动箱壳体，内部有一个花键轴，花键轴变形，导致车辆在行驶中震动。

（4）解决方案　更换变速箱后部的分动箱壳体（花键轴不能单独更换）。

十六、ESP、ME灯亮

（1）车型　C230。

（2）故障现象　行驶中，仪表板内ESP、ME故障灯亮起，加油没响应（进入紧急模式）。

（3）故障原因　左侧排气凸轮轴调节电磁阀内部泄漏机油，机油顺着线束到达ME，使得ME插头接触不良（图7-2-5）。

（4）解决方案　清理插头处机油，并更换左侧排气凸轮轴调节电磁阀。

十七、车辆不能进行电脑检测

（1）车型　E260。

（2）故障原因　SRS实际值30电压为10V，测蓄电池电压正常，为12V。当断开B95蓄电池传感器后可以进行快速检测（图7-2-6）。

（3）解决方案　更换蓄电池传感器。

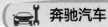
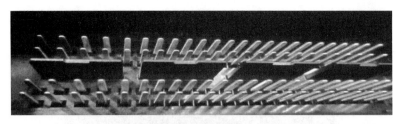

图 7-2-5　线束插接器

图 7-2-6　数据流

十八、发动机灯、ESP、ABS 均报警喇叭失灵

（1）车型　C280。

（2）故障现象　发动机灯、ESP、ABS 均报警喇叭失灵，STAR-D 检测 CAN-E 通信故障。

（3）故障原因　CAN-E 实际值不正常，测波形不正常。当断开右前安全带后波形正常（图 7-2-7）。

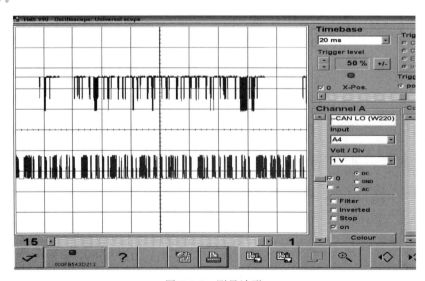

图 7-2-7　测量波形

（4）解决方案　更换右前安全带。

十九、仪表偶尔提示 ABS、ESP 报警

（1）车型　GLK300。

（2）故障现象　仪表偶尔提示 ABS、ESP 报警。行驶中无车速显示，当故障出现熄火后挡位无法解锁。

（3）检查流程

① 快速测试 ESP，没有故障码。但是 ME 和 IC 都有存储故障：ESP 控制单元通信存在故障。

② 检查 ESP 控制单元供电为 12.8V，搭铁为 0.3Ω（图 7-2-8）。

③ 测量 CAN E 结果为 CAN-H 2.8V、CAN-L 2.2V。

④ 升级 ESP 控制单元，结果故障依然存在。

⑤ 检查 ESP 线路，结果发现 ESP 控制单元搭铁线松动。

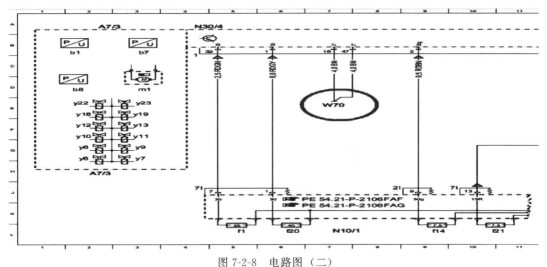

图 7-2-8　电路图（二）

（4）故障原因　ESP 控制单元搭铁线松动（图 7-2-9）。

（5）解决方案　维修并紧固 ESP 搭铁点。

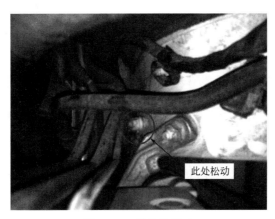

图 7-2-9　搭铁线松动

二十、当转动方向盘时有敲击的声音

(1) 车型　A160。

(2) 故障现象　当转动方向盘时有敲击的声音，发现内轨道拉杆振动（拉杆）。

(3) 故障原因　方向机内的塑料套管锁断裂。

(4) 解决方案　更换方向机总成。

二十一、GPS 信号接收质量差/导航地图指示不准确

(1) 车型　V212。

(2) 故障原因

① GPS 天线安装扭矩异常。

② 线路排列方式异常。

(3) 解决方案

① 检查天线螺栓连接的扭矩（图 7-2-10）。

② 断开电话导线，将 GPS 导线按照逆行驶方向排列并粘贴固定。

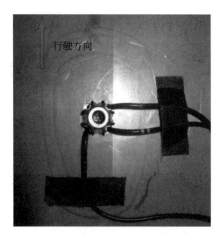

图 7-2-10　检查天线螺栓连接的扭矩

二十二、凸轮轴调节器处漏油

(1) 发动机　272、273。

(2) 故障原因

① 插头表面不平整。

② 凸轮轴调节器 O 形密封圈没有压紧，导致漏油，并且从表面可以看到油渍。

(3) 解决方案

① 使用维修线束 A271 150 69 33。

② 更换 O 形密封圈和凸轮轴位置传感器。

二十三、节气门下游进气压力传感器 B28/7 故障（故障码 FC P010664）

(1) 车型

204、207、212 带 M271.8（EVO）。

（2）故障原因 线束中电阻值有时过高（图7-2-11）。

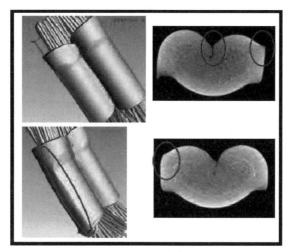

图 7-2-11 线束

（3）解决方案

① 检查所有发动机电脑接地线。

② 检查线束是否有擦破痕迹。

③ 在线束中剪断 Z 绞结点并用焊锡焊接。

二十四、发动机电子扇自行运转

（1）车型

204、207、212、219、221、216、164 和 251（由发动机及 Code 码而定）。

（2）检查流程

① 电子扇进入紧急运行模式，组合仪表防冻液报警。

② 关闭点火钥匙后风扇无故运转。

③ 静态电流增加到大于 10A（蓄电池传感器记录数据）。

（3）故障原因 潮湿气体进入电子扇 ECU 密封处，结果泄漏的电流被电子扇 ECU 认为错误的信号，从而电子扇进入紧急运行模式（100％电子扇运行）。由 Brose/Temic 生产的电子扇受到影响。

（4）解决方案 更换发动机电子扇。

二十五、怠速时有"嘎嚓"声

（1）发动机 270。

（2）故障现象

① 怠速时无规律地有"嘎嚓"声。

② 在水温范围 30～70℃。

③ 发动机转速到 1000r/min 左右。

（3）故障原因 怠速时油压低。

（4）解决方案 增加发动机怠速时油压，更新发动机电脑软件。

二十六、凸轮轴调节器异响

（1）发动机　271.8 EVO。

（2）故障现象　凸轮轴调节器异响、凸轮轴调节器失灵、发动机机油被燃油稀释、机油油位太高。

（3）故障原因　燃油的进入主要是在冷启动或暖机过程中，具体是冷凝在气缸缸壁上的汽油通过刮油环进入。

（4）解决方案　由于带有角度结构设计的磁性喷油嘴生产技术发展水平限制，短期内解决方案：更换机油及滤芯。

二十七、燃油燃烧爆震极限故障

（1）发动机　271.8 EVO。

（2）故障原因　当地炼油及汽油质量随季节性变化。

存储故障码，特别是 P030x00 和 P233x22。

非常敏感的故障反应：

① 相关的缸立即停止工作（跛行回家模式）；

② 发动机警告灯亮起；

③ 动力不足及发动机抖动；

④ 故障仍旧保存在整个点火循环中。

（3）解决方案　软件版本 M80B60 可以获得在 Xentry 版本 01/2012 安装 addon 2274 或版本 03/2012 安装 addon 2275。

软件影响：临时的，逐渐地改变相关缸的点火。

二十八、发动机启动后，DAS 的快速检测中没有功率放大器

（1）车型　164、251 带编码 810。

（2）故障原因　功率放大器软件故障。

（3）解决方案　对控制单元进行电压重置后，若 DAS 可以检测到它，用最新的软件对控制单元进行升级，然后等车辆进入休眠状态。若 DAS 检测不到，功率放大器必须更换，之后用高于 06/07 版本的 DAS 对控制单元升级。

二十九、风机间歇工作或不工作

（1）车型　221、216。

（2）故障原因　风机内的电刷卡住，从而导致供给电压中断，风机停止工作。若有外力影响，风机可以继续转动。

（3）解决方案

① 用 DAS 对风机进行诊断，若没有故障且风机仍不转，请清洁风机的进气道。

② 打开风机，轻拍风机罩，如果风机开始转动，卡住的碳刷就是造成故障的原因。更换风机的电机，不需要更换调节器。

三十、空调太冷/太热

（1）车型　164。

（2）故障原因　光照传感器的参数可以设置，该值根据太阳的辐射，影响风机的输出。

（3）解决方案　此参数的调整范围为 0～150%（从风机没有反应至风机的最大反应）。风机处于最大输出时不受此参数影响。

对于标准风挡玻璃，该值设为 100%，对于带编码 596 的热敏玻璃来说设为 66%。

对于热敏玻璃，太阳光射到光照传感器前，没有被过滤，所以真正进入驾驶室的太阳光的辐射低于光照传感器监测到的数值。

在 DAS 设置光照传感器的参数。

扫一扫　　　　　　　　扫一扫

视频精讲　　　　　　　视频精讲

本书配套视频

序号	视频内容（扫描二维码即可观看）	页码
1	奔驰 M272 发动机检查凸轮轴基本位置	25
2	奔驰 M270 发动机调节凸轮轴基本位置	28
3	奔驰 M272 发动机检查正时	31
4	调出仪表盘中的服务中心界面	33
5	更换曲轴霍尔传感器	67
6	更换火花塞	100
7	更换机油机滤	106
8	拆卸和安装 HERMES 控制单元	128
9	仪表的拆卸和安装	128
10	更换前轮轴承	169
11	动力输出装置的拆卸与安装	178
12	齿轮组壳体的拆卸	180
13	自动变速箱换挡质量诊断	180
14	大灯检查及校正	189
15	雨刮臂的拆卸与安装	214
16	更换冷却液	236
17	更换辅助制动灯	247
18	制动系统保养	253
19	拆卸和安装车门模块	281
20	更换分动箱机油	281